不內傷、不糾結
面對8種棘手同事

艾美・嘉露 AMY GALLO——著
朱靜女——譯

Getting Along

How to Work with Anyone (Even Difficult People)

各界推薦

- 我們去上班的時候，會帶著一份隨身的關係履歷，這份關係履歷塑造了我們對自己的感覺、我們如何建立信任、我們如何溝通，以及我們如何處理衝突。《不內傷、不糾結，面對8種棘手同事》提供我們明確的指南，引領我們在有如混濁之水的工作關係裡航行。

  ——埃絲特．沛瑞爾（Esther Perel），心理治療師；《紐約時報》暢銷書作家；主持播客《我們應該從哪裡開始？》（*Where Should We Begin?*）及《工作面面觀？》（*How's Work?*）

- 艾美．嘉露（Amy Gallo）既是一流思想家，也是出色的作家，這是難得一見的組合。《不內傷、不糾結，面對8種棘手同事》告訴我們如何在工作上過得很好，即使是要跟我們希望他能另謀高就的混蛋一起工作，也能招架。我強力推薦這本書。

  ——丹尼爾．高曼（Daniel Goleman），暢銷書作家，著有《EQ：決定一生幸福與成就的永恆力量》（*Emotional Intelligence*）及《S.Q.I-You共融的社會智能》（*Social Intelligence*）

- 《不內傷、不糾結，面對8種棘手同事》的內容既實用又睿智。艾美．嘉露就是那個你希望在你邁向職業生涯的下一步，可以陪伴在你身邊的人。如果你只是想在下一次的爭論中占上風，或是想要說服別人用你的方式看待事情，那麼這本書不是專爲你而寫的。如果你想把書中明智的建議付諸實踐，你就必須眞正關心別人的想法。你必須有心學習。

——艾美・艾德蒙森（Amy c. Edmondson），哈佛商學院諾華領導力與管理學教授；暢銷書作家，著有《心理安全感的力量》（*The Fearless Organization*）

• 一本通俗易懂、實際可行的書，告訴你如何駕馭最艱鉅的合作關係——並且點石成金把它們變成一些最有意義的工作關係。

——亞當・格蘭特，《紐約時報》暢銷書作家，著有《逆思維》（*Think Again*）；主持《TED WorkLife》播客節目

• 這是職場上的每一個人都必備的一本書。艾美・嘉露的這本指南是一座寶庫，充滿實用的、以證據輔佐的技巧。未來我會一直參考這本必備指南，也推薦給你。

——多莉・楚弗（Dolly Chugh），著有《成為你想成為的人》（*The Person You Mean to Be*）以及《一個更公正的未來》（*A More Just Future*）

• 如果你曾經因爲職場上的關係而失眠，這本書就是爲你而寫的。艾美・嘉露寫了一本以研究爲依據的指南，書中充滿了相關的故事，可以幫助你把最複雜的互動，轉化爲可供學習的東西。

——琳達・希爾（Linda a. Hill），哈佛商學院工商管理學傑出貢獻教授，著有《領導天才集合體》（*Collective Genius*）和《Boss學》（*Being the Boss*）

• 艾美・嘉露在這本充滿智慧之語而且研究深入的書中，向我們展現了一個可以操作的強大框架，幫助我們應付難相處的同事。無論你面對的情況爲何，打造更好的工作關係就從這裡開始。

——丹尼爾・品克（Daniel h. Pink），《紐約時報》暢銷作家，著有《後悔的力量》（*The Power of Regret*）、《什麼時候是好時候》（*WHEN*）和《動機，單純的力量》（*DRIVE*）

• 關於如何處理我們在工作上面臨的困難關係，在我讀過的相關書籍當中，《不內傷、不糾結，面對8種棘手同事》是最有用、最吸引人的一本。艾美・嘉露分辨出八種令人困擾的角色，他們會在每一個組織裡出沒——例如缺乏安全感的老闆、自以爲無所不知的萬事通，還有施虐者——這本書還結合了研究、精彩的故事以及她具有說服力的主張，讓我們知道我們跟難相處的同事之間的關係，如何變得更健康，以及如何讓他們變得更好。她還讓我們知道這些值得你大費苦心。

——羅伯特・蘇頓（Robert i. Sutton），暢銷書作者，著有《拒絕混蛋守則》（*The No Asshole Rule*）、《好老闆，壞老闆》（*Good Boss, Bad Boss*），以及《卓越，可以擴散》（*Scaling Up Excellence*）

• 艾美・嘉露寫了一本探討工作上的人性的書，內容經過深思熟慮而且非常實用。這本書引領我們如何以明智而且富有同情心的方式，跟「難相處的人」一起生活和工作——包括那些我們自己在心中的天人交戰。

——馬蒂亞斯・柏克（Matthias Birk），紐約大學瓦格納公共服務研究所領導力兼任副教授；White & Case合作夥伴開發全球總監

• 終於，有一本不講廢話、以數據爲根據的實用指南，它可以讓我們應付難相處的同事和老闆時，游刃有餘，無論這些人是多麼具有挑戰性。艾美・嘉露實在是太棒了！

——湯瑪斯 查莫洛—普雷謬齊克（Tomas Chamoro-Premuzic），萬寶華集團（Manpower

Group）創新長；倫敦大學學院與哥倫比亞大學商業心理學教授；著有《為什麼我們總是選到不適任的男性當領導人？》（*Why Do So Many Incompetent Men Become Leaders?*）

- 《不內傷、不糾結，面對8種棘手同事》是一本內容鞭辟入裡、實用性高，而且是我們迫切需要的指南，教你如何跟最難相處的同事打交道。這本書充滿了可操作的策略和密切相關的例子，可以引領你改變處理工作關係的方式。

  ——莉茲．佛斯蓮（Liz Fosslien）和莫莉．威斯特．杜菲（Mollie West Duffy），《華爾街日報》暢銷書作家，共同著有《我工作，我沒有不開心》（*No Hard Feelings*）和《寬大為懷》（*Big Feelings*）

- 艾美．嘉露針對如何在工作場所處理具有挑戰性的人際關係，提供我們極具價值的見解。對處於所有職涯階段的人來說，這種實用的、以證據爲基礎的方法都是一大幫助。

  ——凱琳．奎倫奈（Karyn Twaronite），多元化、公平和包容性領域的全球領導者

- 《不內傷、不糾結，面對8種棘手同事》提供我們敏銳的洞察力與同情心還有一套實用的路線圖，讓我們知道如何充分利用具有挑戰性的工作關係，從中學習。你不僅可以學到如何跟難相處的人打交道，你還可以學到如何讓自己成爲更好的同事。

  ——多利．克拉克（Dorie Clark），《華爾街日報》暢銷書作家，著有《長線思維》（*The Long Game*）；杜克大學福夸商學院工商管理兼任教授

- 「這是一本任何想要改善工作關係、提升工作生活品質的人都必讀的書。嘉露不僅提供我們一些可行的策略，幫助我們搞定最具挑戰性的工作特質（沒錯，即使是「最那個

的」，也能搞定！），她還深入探討爲什麼有效處理這些關係，對你的事業成功至關重要。」

——海蒂．邱（Heidi Cho），數位媒體執行長及高績效團隊創辦人

- 在工作上，人既能載舟，也能覆舟，這本書能幫助我們在這個現實裡穩舵航行。這是一項遲來的重要討論，因爲沒有好的工作生活品質，就不可能有好的生活品質。

——吉姆．麥卡錫（Jim Mccarthy），Stellar Live共同創辦人兼執行長；Goldstar共同創辦人兼前執行長；TEDxBroadway共同創辦人

目錄

序章

難道我們就不能好好相處嗎？

我在職業生涯早期，找到了一份工作，頂頭上司是一位出了名難搞的人。我姑且稱她爲愛麗絲（Elise）。很多人警告我說，愛麗絲這個人很難共事，我不是不信邪——我只是覺得我可以應付得來。

我向來對於自己能夠跟任何人相處愉快感到自豪：我可不會讓任何人把我惹惱！我就是有辦法看到每個人最好的一面！萬萬沒想到，在我萌生去意之前，這份工作我居然只做不到兩個月。

愛麗絲比我想像的還要糟糕。她自己一天工作的時間很長，週末也一樣。雖然她沒有明確要求她的團隊也要像她一樣，但是她經常在早上八點半，追蹤她在前一天傍晚六點提出的要求。

她對於我一天能完成的工作量抱持著不合理的期待。每次她要求我進行一些新任務時，我都要跟她解釋，這樣做會排擠掉她在一個星期前指派的另一項「優先處理」任務，而這個任務當時可是被她註記爲「緊急」的啊。但是，她的反應是——「你爲什麼還要花時間在這上面？」

然而，我最糾結的部分在於，她很愛說我隊友的壞話，她會質疑他們的職業道德，以及對公司的忠誠。她會定期滾動檢視同事的行事曆，指出他們在沒有開會的時候，完成的事情少之又少。害我不得不假設，愛麗絲是不是也在背後這樣批評我。

壓垮我的最後一根稻草，是我開始替愛麗絲工作三個月後的一個星期天傍晚，當時我正感嘆週末過得眞快。我故意把工作擱在一旁，甚至連電子郵件也不看一眼，但我並不覺得我在休息。相反地，我居然把大把的時間都拿來「想著」愛麗絲——在遛狗的時候，在帶我女兒參加生日聚會的時候，以及在半夜醒來擔心星期一會發生什麼的時候，我滿腦子想的都跟她有關。

我跟老闆之間的關係強占了我的心靈，而且隨著時間過去，我發現我把自己跟老闆之間的關係，看得比我跟自己最在乎的人的關係還要重要——或者，至少讓我更花時間去傷腦筋。當然，我們會在上班時間以外的其他時間，也在想著我們的工作，這種情況並不少見，尤其當我們的家庭生活和工作生活之間的界限愈來愈模糊時，更是如此。

我們會掛心已經做好的決定、尚未做成的決策、快要滿出來的收件匣，還會擔心工作是不是夠有意義。但是，讓我感到最痛苦的，是跟同事之間的互動，尤其是跟那些會把我惹惱的人。

我知道不是只有我有這種感覺。絕大多數人的表示，他們必須跟某個難搞的人一起共事。一項研究發現，**有九四%的人指出他們在過去的五年中，曾經跟「有毒的人」**（a toxic person）一**起工作，而八七%的人表示，團隊文化因此受到影響**。[1]

另外有一項研究，針對兩千名美國工人進行調查，研究人員發現，有三分之一的人，曾經「因爲令人討厭或傲慢的同事」而離職。[2] 在同一項研究中，受訪者指出，他們在工作上的頭號壓力來源是人際關係。

▼一切都是「關係」在作祟

當我們談到「什麼東西可以讓我們在工作中感到快樂？」時，經常會被專家提到的是：有意義的工作、成就感、知道我們可以對他人產生影響等等。但是，對我來說，在工作上是否能感到快樂，始終脫離不了「人」——像是我跟同事之間的關係是否緊密，我的上司是不是值得我敬重，我跟下屬的相處是否融洽，以及我跟客戶之間能否相互尊重。我今天過得好，還是不好，通常取決於我跟誰互動，以及互動的情況如何。

心理治療師同時也是關係專家的埃絲特．沛瑞爾（Esther Perel）說，我們的生活有兩大支柱：愛和工作。[3]我們在這兩方面，都在尋求歸屬感、意義，以及成就感。我們在這兩個領域所建立的關係，對我們影響很大。我們每天都要工作——因此，我們生活中最緊張、最複雜的人際關係之一，也會發生在我們工作的場合。

當然，如果我們能夠和我們一起工作的每一個人都相處融洽，那就太好了。我曾經和一些同事建立美妙的友誼。以我之前在顧問公司的同事為例，我們是這樣變成閨蜜的：我們那時候要去跟客戶開會，在會議之前，我們被困在飯店，共用一個房間，結果我們徹夜聊天，發現彼此之間有一些驚人的關聯，在那之後，她就成了我終生的朋友。她是我女兒出生後，第一批來看望我的人之一，而我則在她的婚禮上帶頭乾杯祝賀。

我在《哈佛商業評論》（*Harvard Business Review*）曾經有一位直屬上司是我大學時期的朋

友——對於這樣的職務安排我們兩個都戒慎恐懼。因此，我們立了一些規則，來幫助我們確保工作不會影響到我們的友誼，也不會讓她被當成一個會偏袒的人。其中一些規則我們嚴格遵守；至於其他的準則，現在回想起來，似乎很幼稚。

但是**關於界限的討論，是非常重要的**。在我們一起工作的七年裡，我們遇到了一些小問題，但是我們都一一克服。總體而言，我們的相處是融洽愉快的。在我們一起度過的所有時光裡，我們現在的關係顯得更加牢固——成年之後，這樣的友誼是很少見的。我們有一個新的支柱，那就是我們共同的興趣：我們的工作。

這些關係讓工作變得更有趣、更引人投入，也更讓人開心。我也相信這些關係讓我在工作上的表現更好。有無數的研究支持我的論點。沙斯塔·尼爾森（Shasta Nelson）在她的《友誼大業》（*The Business of Friendship*）一書中說：「所有研究都指出，喜不喜歡跟我們一起共事的人，是我們敬業程度、留職率、安全感和工作效率最重要預測指標之一。沒有任何一項研究顯示，我們在工作上沒有朋友，會讓我們表現得更好，或者更快樂。」[4]

我們並不是永遠都有辦法跟同事成爲好朋友，甚至我們也不想這樣。在我接受那份頂頭上司是愛麗絲的工作時，我原本希望可以和一個我敬重的、會讓我見賢思齊的、可以當我的導師的人一起共事。我並沒有期待我們能夠成爲朋友，但我也不想每當看到她的名字出現在我的手機上時，就讓我心生恐懼。

不幸的是，我偏偏就是遇上了。幾個月過去了，每個星期感覺起來都好像是同一個故事，一遍又一遍地上演。我發誓不再在乎她如何對待我，或者對她充滿善意，看看能不能撫平她的稜稜角角。在相安無事的一週，我還可以堅持抱持這樣的意圖。但是當她暗示我工作不夠努力時，所有這些善意都煙消雲散了。我會採取被動攻勢，陽奉陰違——答應要做某事但卻沒有按時完成，或者跟我的隊友抱怨她。

很多時候，我們只是一味地容忍像愛麗絲這樣難相處的人。無論這是我們的第一份工作，還是第十份工作都一樣。我們認爲，由於我們無法選擇我們的同事，所以我們別無選擇，只能忍受不理想甚至有毒的關係。**但是當我們感覺自己被困在負面的動態關係中，會讓我們很難成爲最好的自己**。我們會翻白眼，會口不擇言，講出尖酸刻薄的話，但一言既出駟馬難追。我們以令人遺憾的方式，來回應這樣的關係，這麼做不僅違反了我們的價值觀，降低了工作品質，也讓情況變得更糟，由此產生的壓力甚至會讓我們深陷困頓。

遠距工作也可能會讓棘手的互動關係更加惡化，偏偏現比起過去的任何時候，現在有更多的人需要進行遠距工作。遠距工作時，我們很容易會覺得跟同事之間脫節，因爲我們只能在螢幕上的小方塊中看到他們。而以文字爲基礎的溝通，很容易滋生誤解。即使是簡單的意見不同，也會被誇大。

我們很容易在一時衝動的情況下，寫下一些反駁字眼，而這些話在你面對面看著某人的眼睛時，是說不出口的。而且還會讓出差錯的情況更難修復。我們不能依靠偶然在走廊碰到的閒聊，或是在咖啡機旁的談笑來平息事情。相反地，在虛擬會議中，大多數的人保持靜音，甚至關閉攝影鏡頭，這讓我們的互動感覺起來像是例行公事，少了一點人性。

▼我們能相信我們的直覺嗎？

當我們開始一份新工作或是擔任更具挑戰性的角色時，我們會給自己時間來學習竅門。我們不會期望自己一開始就知道所有的事情，尤其是在我們還不具備新工作所需的技能時，更是如此。

但是不知道爲什麼，當我們面對的是如何跟難搞的人相處時，我們不會像這樣給自己喘一口氣的機會。我們認爲「自己應該知道怎麼做」——靠我們的本能。畢竟，我們一生都在跟人打交道，其中有許多人曾經質疑過我們，想想那個讓你暴跳如雷的親戚，或者是你高中時的假朋友眞敵人。

我不知道你的情況，但是從來沒有人讓我坐下來，對著我說：「這就是你如何反擊一個咄咄逼人的人的萬用解套法」，或是「試試看用這個方法來對付一個不斷反對的人。」我從來沒有上過任何課，教我如何應付在辦公室操弄政治的人，也沒有導師分享見解，建議我如果我發現自己效命的老闆很無能，該怎麼辦。

我跟我的頂頭上司愛麗絲的故事說明了一切，我們的本能不見得能夠幫助我們找到有建設性的方法，來應付這些比較有挑戰性的遭遇。回想起來，我可以看到我的想法，其實是我的絆腳石。我原本是一個有能力、受歡迎的人，但這樣的人設受到了威脅，爲了反擊，我的大腦形成一個這樣的敍事：我是一個無辜的受害者，而愛麗絲是完全不可理喻的。然後，我把每一次互動都視爲這個故事眞實不虛的證據。

研究顯示，我的反應既不是異常的，也不是完全自願的。衝突對生理和情緒的許多影響會被記錄下來，這些影響會讓人很難在當下保持冷靜和淸醒。那個令人討厭的老闆可能會讓我們想起一位讓我們的生活變得悲慘的前主管，或是想到吹毛求疵的爸爸或媽媽，或者我們小時候如何爲了爭取關注，而不得不卯足全力，以至於現況讓我們感覺受到威脅。

研究證實，即使只是輕微的壓力也會導致前額葉的認知能力迅速而明顯地喪失。此時，我們會比較沒辦法接觸到主宰我們的思想、注意力、行爲、情緒和決策的高階思維。簡而言之，**我們沒有辦法想得很淸楚，我們失去做出正確判斷的能力，這絕不是通往有效行動的良方**。我們沒有採取有建設性的行動，卻選擇作繭自縛。我們花時間擔心，小心避開煽風點火的人，甚至離開工作。我們比較沒有創造力，做決定慢半拍，而且決策的品質堪慮。[5]

爲此我們也更容易犯錯，甚至是犯下致命的錯誤。一項針對四千五百名醫生、護理師以及其他醫院的工作人員的調查發現，有七一%的受訪者將辱罵、頤指氣使或是侮辱性等負面行爲，與醫療錯誤連結起來，而有二七%的受訪者將此類行爲與患者的死亡連結起來。[6]

當我們跟同事之間的關係不睦時，我們可不是唯一身受其害的人。我們的組織也同樣遭殃。想到我們在處理工作上的人際衝突所花費的時間、金錢和資源——浪費的精力和對績效的影響，實在讓人大驚失色。

有一項針對跨行業、跨部門、跨地區的數千個團隊所進行的研究發現，造成績效最低與績效最高的團隊間的差異，團隊成員關係好壞的影響就占了七〇%。[7]關於這項研究結果，我在現實生活中看過活生生的範例，你可能也見過。

▼「你絕對不會相信我的同事居然……」

幾年前，我寫了一本關於工作衝突的書。從那以後，我有幸在虛擬環境、會議廳或是面對面的研討會上，跟成千上萬的人交談，跟大家一起討論在工作場所有什麼策略可以處理緊張、尖銳的對話問題。我注意到，每次活動之後，往往會發生同樣的事。在公開問答中——或者更常見的情況是在電梯旁，或是在螢幕側邊的私人對話框，通常會有人怯生生地向我尋求協助。他們會說：

「我有這樣一位同事……」

「我快被我的主管搞死了……」

「你絕對不會相信我的下屬做了什麼事……」

我聽說過一些令人難以置信的故事：像是某個創辦人，每當有人說出他討厭的慣用語，他都會放聲尖叫；有人會在同事休假的時候，占用同事的辦公桌；有個人三個月沒有和她的同事說話，只因爲同事一不小心沒把她加入會議邀請中；有個主管在上午九點前，發了五十封電子郵件給她的下屬，並啟動已讀回條，然後在上午九點十五分打電話給她的下屬，詢問她爲什麼沒有回覆所有的郵件；有一位CEO希望她的一名下屬在度蜜月期間工作，以及要求另一名下屬重新安排他的婚禮，以免跟一個重要的貿易展撞期。

有些例子你可能覺得聽起來很熟悉。現實是醜陋的，每一個工作場所都有一些人行事輕率、模稜兩可、毫無理性，有時甚至是徹頭徹尾的惡意，而這樣的人當中，有許多是有名望和權力地位的人。還有，我們常在事後出於善意，一直想方設法爲扭轉失調的關係而努力，但卻一再失敗：像是試圖釋出善意卻遭到嘲笑，努力想讓上級參與卻適得其反，或者明確設定的界限無論如何就是會被破壞。到底是爲什麼？

透過我自己跟難相處的同事打交道的經驗，以及我對衝突這個議題所做的廣泛研究，我開始相信，有很多關於解決摩擦的建議，所根據的立論基礎其實是幾個錯誤的假設：

一、不管你面對的是哪一種棘手的行爲，靠著一整套策略一定可以奏效。

二、無論種族、性別或個人身份的其他面向，都以同樣的方式，去體驗與感知具有挑戰性的人際關係。

三、期待讀者能夠吸收關於衝突的所有理論，並且能夠成功地把這些理論應用到他們自己的獨特情況中。

這些被提出的解決方案通常是井井有條的、單一面向的、過於簡單化的，然而現實生活往往是混亂而且複雜的。

這就是我想寫這本書的原因：我希望能夠提供一套更細緻、更實用，而且是以證據爲基礎的方法，這套方法承認工作上的不健康關係是很複雜的，也承認它們可能讓我們感到嚴重的不適。我想幫助那些感到被困住、不確定該怎麼做，而且可能嘗試過一些常見的建議，但卻發現那些方法對他們都沒有幫助的人。

▼處理難搞關係的新方法

我在個人和專業經驗中，與許多關於解決衝突的文獻中，遇到的一個根本問題，就是假設所有難相處的人都可以混爲一談，都可以把他們歸到一個廣泛的「混蛋」類別，把他們當做一群無差別的群體。

但讓我們面對現實吧：不良行爲的形式有很多種，想要跟難搞的同事有效合作，需要採取什麼樣的策略，要看你碰到的特定行爲來決定。這就是爲什麼本書找出了八種常見的難相處同事的原型（稍後會詳細介紹），並且針對如何應付每一種原型，提供量身訂做的建議。

同時，重要的是我們必須承認有些人難以歸類，因此我還提供了一些無論你要應付的是何種不良行爲，都可以適用的原則。

在整本書中，我一直都把種族、性別和其他身份類別的問題考慮進來。許多書忽略了偏見如何影響同事之間的關係，並且讓問題變得更複雜。然而本書並沒有迴避這些問題。並不是每個人在工作場所的經驗都是一樣的——特定群體往往會成爲不文明行爲的目標，而且比例偏高。

我試圖指出根據研究結果，人們被對待的方式出現不平等的地方，以及在不同群體中施行某些策略，其有效性有何差異。例如，直接戳破一個被動攻擊型的同僚，這種做法可能比較適合白人男性，相較之下，如果是拉丁裔女性採行這樣的做法，效果則不然，因爲有色人種女性在工作場所被認爲「適當」的行爲，範圍是很受限的。

我是一個白人女性，享有很多特權，因此我是從自己有偏見的角度，來看待歧視的複雜性。不可避免地，我會弄錯一些東西。但是如果我們希望社會進步，我相信我們必須讓身份議題成爲工作關係相關對話的一部分，即使這麼做必須冒著工作不完美的風險，也在所不惜。

市面上的許多建議還有另一個缺點，那就是不夠實用——它們太高層次、太抽象、太籠統了。我寫這本書的目的，就是要讓你即刻就能採取行動。試圖弄清楚如何把理論概念付諸實踐，這不應該是你的工作，這些工作我已經幫你做好了。我一方面借鑑我的經驗，一方面借鑑學術研究，找出可行之道。

我整合了來自多個領域，包括神經科學、情緒智商、談判，以及管理科學的發現和建議，幫助你以有效而且細緻入微的方式，駕馭這些有問題的職場關係。

我最終也最希望的，就是這本書能夠**幫助你建立人際關係的復原韌性**，亦即能夠更快從負面的互動中恢復過來，並且在深陷其中時，減輕你的壓力。工作上的衝突是不可避免的——這是人性的一部分，但是我認爲**我們可以用更好的方式來處理，而不是簡單地忍受，或是只求生存**。

我在說明這八個原型的章節中所介紹的策略，以及第十一章所概述的九個原則，旨在幫助你幾乎和任何人一起工作都沒有問題。**在學習如何改變最困難的人際關係的過程中，你將培養出改善所有的人際關係品質所需的技巧和信心**。

此外，還有附加的紅利，那就是**你因此提升的自我覺察，以及強化的情緒智商，將使你成爲更好的領導者**。要在任何行業的任何位階獲致成功，這些都是必備的技能；如果你能具備解決衝突以及跟任何人和睦相處的能力，你的事業前途也將隨之拓展。

不可否認，跟同事之間的負面互動所造成的壓力，會影響我們的生產力，也會讓工作變得痛苦，甚至會影響到我們生活的其他方面。但是我們不必因爲無能爲力而自慚形穢，或只能期待上級關愛的眼神或是出手干預。

我們可以去了解，爲什麼有問題的同事會以他們的方式行事，我們可以學習掌握處理他們最難搞的特徵有何策略，進而決定何時應該堅持我們的努力，而何時應該瀟灑離去。借助本書所提供的建議，你將能夠平息工作上的衝突，騰出寶貴的時間和精力，去做對你眞正重要的事。

我所提供的見解、工具和技術，是根據我在過去十四年中，對學者、社會心理學家、管理專家以及神經科學家所做的採訪。我還跟那些與你同病相憐的人交談過，你們同樣面臨著艱難的工作關係。這些人透過電子郵件或是填寫調查，和我分享有時候會讓他們很痛苦的經歷。而這些故事將出現在整本書中，但是爲了保護隱私，我在姓名和細節上做了更動。透過這些個人的故事，你將會認識許多有辦法改變關係、化敵爲友的人。有一些人則是擬定應對機制，讓情況變得讓人比較可以忍受，還有一些人爲了保持自己的心理健康，而痛下離職的決定。

▼原型

本書的架構圍繞著八個原型，每一個原型代表一種常見類型的難相處的人：

1. 缺乏安全感的老闆（The insecure boss）。
2. 狂抱怨的悲觀者（The pessimist）。
3. 永遠不會順利的受害者（The victim）。
4. 被動攻擊型同僚（The passive-aggressive peer）。
5. 自以爲無所不知的小聰明（The know-it-all）。
6. 媳婦熬成婆的虐待者（The tormentor）（也許你原本希望他成爲你的導師）。
7. 隱晦的偏見者（The biased coworker）。
8. 政治操弄者（The political operator）。

雖然這些原型可能讓我們覺得很熟悉，而且我相信大家會立即想到誰符合這些原型，但我也想強調這些標籤是有局限性的。辨識你正在處理的行爲類別可能很有幫助——例如被動攻擊，但是把同事歸類爲「被動攻擊型的混蛋」就沒什麼好處了。

這種態度只會讓你們之間的負面關係更加牢不可破，而不是給這段關係一個改善的機會。原型可以幫助你評估情況，但眞正的效用出現在你超越這些原型，進入一個有效的思維框架，保留空間，相信這個人是有可能改變他們的行爲模式的，甚至有可能是你誤解了他們的行爲，或是過度詮釋他們的動作。

同樣重要的是，對於被歸類爲某些原型的人，我們不要自行診斷他們有心理障礙。我常聽到大家在談論他們難相處的同事時，會拋出像是「自戀型人格障礙」（narcissistic personality disorder）甚至是「精神病患者」（psychopath）之類的術語。

我們要克制衝動，不要自己當起心理學家。正如致力於改變工作場所文化的非營利組織Mind Share Partners的創始人兼執行長凱莉・格林伍德（Kelly Greenwood）告訴我：「你永遠不知道人們正在經歷什麼，或者是什麼導致了他們的行爲。有心理健康問題的人有時被定義爲『難搞』，但這只會讓他們被污名化的情況變得更嚴重，而事實往往並非如此。」[8]

這讓我得出我最後一個要點，在許多方面也是最重要的一點：請你在閱讀本書同時也透過這些原型的鏡頭，檢視你自己的動作和行爲。誰不會偶爾表現得像個萬事通？或是有時陷入受害者的角色？承認我們的同事有缺點，但可能並不邪惡，也了解我們自己並不是永遠不會犯錯，這是相處之道的基本關鍵。

在接下來的篇幅中，我將一而再，再而三地鼓勵自我覺察，並建議你向同理和理解靠攏。事實上，我將分享我如何意識到「我」是個混蛋的故事！

▼改善工作關係的路線圖

在本書中，我將仔細示範如何找到適合自己的相處之道，無論你的職業生涯才剛剛起步，還是已經遇到不少棘手的同事，我都可以幫助你。我們很容易認爲自己可以忽略那些難相處的同事，或者不讓他們的行爲打擾自己，但常常事與願違。在第一章中，我將討論有關工作關係的重要性的研究，以及爲什麼值得你花時間和精力去改善它們，即使它們看起來似乎無可救藥。

下一步是轉向你的內心，讓自己對問題同事的反應有更好的理解。爲什麼這種關係一直在你的腦海中咄咄逼人？你爲什麼不能把它拋諸腦後呢？在第二章中，我將討論當你捲入衝突時，在你大腦所發生的事情。經由了解運作中的化學過程，你將可以學會識別及克服大腦的戰或逃（fight-or-flight）本能，進而可以用更清晰的頭腦，找到有效的前進方式。這個過程包括採用正確的心態、提高自我覺察，以及管理你的反應，這樣你就不會讓情勢升級，而是讓它趨緩。

然後，在第三章到第十章，我介紹了八種原型。我深入鑽研各種研究結果，包括每種不良行爲的心理基礎以及它背後的動機。爲什麼難相處的同事會有這樣的行爲？他們從這些不當行爲中得到什麼？

了解他們的行爲的根本原因，可以讓我們更容易想出行動計劃。我所分享的策略，都是已經在研究、實驗和實踐中被證明有效的策略。另外，當我們緊張的情緒高漲時，通常不太知道該說什麼來應對，所以我提供了一些語言範例，可以幫助你找到合適的詞語，好讓機會對你有利。

我整理出這八種原型的用意，並不在於詳盡羅列你在工作場所可能遇到的所有難纏的人。你的同事可能不屬於這些類別中的任何一個，或者可能橫跨其中的幾個類別。選擇最適合你同事的原型，或者閱讀幾章之後，選擇一些你想嘗試的策略。如果你不確定自己正在應付的是哪一種原型的人，你可以使用附錄中的列表，來辨別他們的行爲，以檢視他們可能屬於哪一類。

由於有些同事確實難以歸類，因此在第十一章，我將分享九項原則，這些原則可以幫助你解決跟任何同事的衝突，無論他們是否完全符合八種原型中的一種。事實上，這些原則爲我打下基礎，讓我可以有技巧地應付難以相處的同事、建立適當的界限，並且在工作上建立更牢固、更令人滿意的關係。

無論我在人際關係上碰到什麼樣的問題，這些都是我一遍又一遍回頭援引的概念。我不會假裝每次使用這些策略，都會百分之百奏效。當你在仔細自我檢查以及解決衝突方面的努力，都已經做得很周到，卻還是失敗時，那就是你該做好準備把焦點放在保護自己的時候了。

在第十二章，我將討論如何在不失去理智的情況下，保全你的職業、你的聲譽，還有完成工作的能力。第十三章的重點是避免某些你很想嘗試，但卻很少奏效的策略。實際上，跟你覺得難相處的同事打交道，本來就會讓你精疲力竭、心灰意冷而且壓力重重——而選擇有策略的應對方式甚至更費心力——因此最後一章將專門介紹如何把你的幸福放在第一順位的策略。

▼你的同事會改變嗎？

我在整本書中提出的大部分建議，都要求你要「冷靜」。如果你只是想要在「你跟同事長達數年或數月的戰鬥中」獲勝，那麼這本書並不適合你。這裡的建議旨在以一種微妙的、由同理心驅動的方式，來解決有問題的關係。

不是要在他們自己的遊戲中打敗他們，甚至不是要在戰略上打敗他們——而是要試試看不同的策略，以找到適合你的特定情況，同時讓你感到舒坦的解決方案。有時嘗試某種新事物，即使是一些小事物，也可以改變你和一個惹你生氣的同事之間的關係。**關鍵是你必須體認你的同事不太可能變成另一個人。歸根究柢，你對於別人是否願意改變，以及改變多少，並沒有發言權。**

當然，有的時候努力會得不到回報。在那些情況下，你不需要消極地接受不當的對待。你可以利用我在第十二章和第十四章概述的一些策略，採取積極主動的方法來保護自己。

我跟愛麗絲多年前的關係，從來不像我所希望的那麼有意義，但是我沒有選擇逃開——至少不是馬上。最終我在這份工作待了幾年，努力尋找自己對她的同理，甚至從我自己身上去找她的某些特質。一旦我確定了何時以及如何與她互動的界限，並且不再把她視爲敵人，而是把她視爲一個有缺點的人，我的工作就不再像是非做不可的苦差事。

我花比較少的時間去想她。愛麗絲並沒有成爲我想要的老闆，但是我找到一種跟她相處的方式，直到我準備好迎接下一個機會。經由那次的經歷，我了解到**什麼是我可以控制的東西：我自己的態度、反應和方法**。

這是一個充滿爭議的時代，不僅是指社會層面，在工作場域內部也是如此。人們對於工作與非關工作的議題，都抱持著激昂的立場。來自不同世代的員工並肩工作，卻對於彼此有著許多讓人感到不愉快的假設。

現如今，旨在爲女性、有色人種以及其他被低估的工作群體創造公平競爭環境的措施，比以往任何時候都還要多——但仍有一些人感覺沒被這些努力照顧到，或被置之不理。

與此同時，我很高興我們現在可以更公開地談論工作上的關係和情感。我們有「工作配偶」（work spouses）和「辦公室閨蜜」（office BFFs）。我們承認我們與同事之間有著深厚而有意義的關係，還有當我們走進辦公室或是登入筆記型電腦時，我們不會把情緒化的自我拋在腦後。工作不再只是我們打卡上下班的地方，而是我們尋找和建立連結的地方。

現在就是最好的時機，讓我們好好把心力放在學習如何在棘手的人際關係中，找到最佳的相處之道吧！如果你正在閱讀這些文字，那麼**你已經邁出了重要的第一步：你願意嘗試去理解與和解**。雖然，我不能保證你一定會得到你想要的，你可能需要找到共存的方法，或者等待適當的機會，直到你可以調換團隊、部門，甚至是換工作。

不過，我希望本書的建議能幫助你用真實可靠的方式行動，符合你的價值觀，進而改善你的工作生活。我相信，憑藉承諾、自我覺察以及同理心，你可以學會與任何人好好相處，就算是那些會激怒、惹惱你的人，你也能跟他們和平共處。

我們都可以擁有更強而有力、更健康的工作關係。

現在就讓我們開始著手改變吧！

PART 1

和睦相處的基本功

01 爲什麼工作關係值得費心經營

好或壞，大有關係！

「那只是工作而已。」

我只要想到我在工作的第一個十年裡，跟我的朋友或是我自己，說過多少次這句話，我就覺得很難爲情。這種說法的出發點絕對是好意，目的是要讓對方，或是我自己，不要那麼在乎，可以從困擾他們的事情中稍微抽離，或者在事情眞正升溫之前，遠離衝突。

但是最後我終於了解，工作很少「只是工作而已」。不管怎麼樣，我們都在工作中建立我們的身份、滿足自我（或是打擊自我）、獲得自我價值、尋求社群歸屬，以及在理想的情況下，在工作中找到意義和成就感。凡此種種，都跟我們的同事脫離不了關係。

當我們與工作上相關的人建立強健的關係時，這些關係就會成爲能量、支持、快樂和成長的來源。但是當工作關係破裂時，則會帶給我們痛苦、沮喪甚至悲傷。**與同事之間不健康的關係，會破壞我們的信任感和安全感，還有我們完成工作的能力。甚至會讓我們質疑自己的天分、能力和理智。**

讓我們以一個故事爲例，這是一個朋友分享她已逝的父親的故事。他是一位科學家，熱愛他在製藥實驗室的工作。他很重視家庭，而且因爲他是一個內向的人，因此他很珍惜自己獨處的時間。在下班後還有週末的時候，他會花上好幾個小時，待在他的車庫工作室裡修修補補，主要是修理一些舊鐘錶。他告訴他的孩子們，他非常重視自己的工作，但他不是去那裡交朋友的。「不要招惹是非，專心做好你該做的事」是他的忠告。

然而，在他退休前的十二年，他遇到了一個被動攻擊性格強烈的新老闆，把他逼到抓狂。他們的關係成了他巨大的壓力來源。晚上，他回到家，對於自己跟這位主管的互動感到沮喪，他被她的一言一行所折磨，擔心自己的反應是不是恰當。我的朋友說，她父親滿腦子都被老闆的事給盤據，這影響了他的職業生涯的最後十年，而由此產生的壓力可能讓他的壽命少了好幾年。

她父親有可能和他的主管成爲朋友，而不是一直跟她不和嗎？我很懷疑。請記住，他是一個內向的人，對於廣交朋友不感興趣。他的經歷給了我們很好的提醒，很多時候我們別無選擇：我們在工作上確實會碰到人際關係的問題，這些關係會影響我們的幸福感以及工作表現。這就是爲什麼我覺得有件事很重要，那就是我們不但需要把心力放在那些能讓我們充滿活力，讓上班變得有趣的關係上，還要費心關注那些會讓我們感到惱怒，或者比這個還要糟糕的關係。

▼工作關係在我們的生活中益形重要

諷刺的是，在我的職業生涯早期，我一方面努力說服自己，我跟同事之間的關係沒有那麼重要，但是另一方面我卻在工作以外的時間跟同事見面，還跑去他們家參加晚宴，甚至建立了將會延續數十年的友誼。

就像我朋友的那位科學家父親一樣，我無法避免跟同事扯上關係，而你也一樣。爲什麼會這樣？一方面，因爲我們待在工作上的時間很長。大多數有工作的成年人跟同事在一起的時間（無論是虛擬的還是面對面的），都比他們跟家人或是非工作上的朋友在一起的時間還要多。

以美國來說，在過去幾十年裡，平均每週的工作時間變長了，而我們每年工作的週數也在增加。二〇一五年平均爲四六．八週，從一九八〇年的四三週，一路增加。把這些增加的週數加總起來，相當於一年多工作了一個月。[1]

我們甚至在不應該工作的時候工作。二〇一八年美國時間運用調查（American Time Use survey）的數據顯示，三〇%的全職員工表示，他們會在週末和國定假日工作。[2]研究電子郵件流量的公司證實，雖然人們在假日發送的電子郵件數量少於工作日的發送量，但是他們在假日發送的電子郵件量仍然很龐大。[3]

科技讓問題變得更嚴重：它讓我們無論身在何處，無論在一天當中的任何時間都可以工作，甚至經常性地變成一種標準的作業模式。在我拿到我的第一支智慧型手機後不久，我就會一邊遛狗，一邊發電子郵件給我的老闆，我確信自己已經達到可以同時處理多重任務的境界。

無論我是在居家辦公室的辦公桌前，還是在狗公園，或者是在街邊的咖啡店，都不再重要，因爲我可以在任何地方工作。當然，如今由於全球大流行病，我們都很熟悉這種現象的缺點：主要的問題在於，我們隨時隨地都在「待命」。

在工作上持續待命，意味著我們會更常掛心我們的工作以及和工作相關的人，包括同事、下屬、客戶、老闆還有上級指導。例如，我們可能會擔心我們的朋友和同事，有可能在組織重組中失去工作，或者擔心悲觀的同事試圖破壞我們的新計劃，或是客戶會不會傳合約過來。這些都是耗費心神的大問題，當我們在傍晚五點或六點、七點，甚至更晚關上電腦時，我們通常並不會就此把這些擔憂拋在腦後。

在過去的幾十年裡，與工作相關的壓力急劇增加。美國麻塞諸塞州立大學阿默斯特校區（University of Massachusetts, Amherst）的艾蜜莉・希菲（Emily Heaphy）教授專門研究工作關係，她告訴我「由於經濟不安全感（economic insecurity）升高，使得民眾對於他們的工作感到緊張、焦慮，因此跟過去的人比起來，他們對工作更密切關心。」[4]

當你必須跟難相處的同事糾纏，你就很容易忽略工作關係的重要性，你會設想（甚至希望）自己可以避開這種關係。但，這你是避不掉的。**職場上的關係之於你的工作經驗，可以載舟，亦可覆舟**。幾乎每一個角色的成功，都取決於良好的人際關係。這方面的研究結果很明確：如果你想要在工作上成績亮眼——請盡全力表現、積極投入、展現有成效、創意且廣泛地思考；此外，還要注意你的人際關係。

▼在工作上結交朋友的案例

看到這裡你可能會想：「你是鼓吹我在工作上交朋友嗎？」、「你在這樣一本談論如何跟難相處的同事打交道的書裡，鼓勵我這樣做嗎？」請聽我細說分明。我之所以這樣主張，並不是因爲我認爲你那個缺乏安全感的主管，或是那個喜歡負面攻擊的同事會成爲你的好朋友；而是，如果你像年輕時候的我一樣，不認爲工作場所是交朋友的好地方，那麼我希望這項研究能夠說服你。

正如美國公共衛生署署長維偉克・莫西（Vivek Murthy）在他的書《當我們一起》（*Together*）中所說的，友誼跟職業上的成功息息相關：「在我們的關係中，我們找到了蓬勃發展所需要的情感寄託與力量。」[5]

社會連結是認知功能、復原韌性以及參與度的預測指標。我們了解到，由朋友所組成的團隊會表現得比較好，有同事支持的人壓力會比較小，還有跟同事親近可以增加訊息和想法的分享交流，也可以提升自信與學習。而從事庶務性工作的員工如果用心經營社交關係，他們也可以跟那些工作內容新鮮有趣的人一樣，覺得滿足，覺得有成就感。[6]

當你在虛擬的環境工作，你可能會覺得人際關係沒那麼重要。如果我坐在我的廚房的桌子旁，用筆記型電腦工作，那麼我還會覺得跟同事之間有沒有連結這件事很重要嗎？

然而研究顯示，在遠距工作的環境中，跟同事之間保持連結還是一樣重要。在冠狀病毒封鎖期間，針對美國、德國和印度的一萬二千多人所進行的一項調查發現，在大流行病期間在家工作的受訪者回報，當他們從事的是需要團隊一起進行，或是需要跟客戶互動的工作時——亦即工作任務需要跟他人合作，他們的工作效率變得比較低。

生產力折損與工作關係之間是有關聯的。在那些回報在遠距工作時與同事的聯繫減少的人當中，有八〇%的人表示他們的產能也變得比較差。[7]關於建立工作上的友誼可以帶來什麼好處，還有其他一些令我激賞的研究發現，列舉如下：

蓋洛普（Gallup）是研究工作場所文化的頂尖研究機構之一。幾十年來蓋洛普一直在它的研究中調查友誼的影響，並且長期在研究報告中指出擁有「工作上最好的朋友」與員工敬業度之間的關係。根據它最新的資料顯示，只有三〇%的員工表示在工作上有「最好的朋友」。

而那些在工作上有最好的朋友的人，出現以下表現的可能性——「全心投入自己的工作、更善於吸引客戶、展現更高的工作品質、擁有更高的幸福感」，比一般人高出七倍。此外，他們「比較不容易在工作中受傷」。相較之下，那些自稱他們在工作場所沒有最好的朋友的人，只有十二分之一的機率可能眞正投入工作。[8]

友誼通常對你的事業也有好處。羅格斯大學（Rutgers University）的一個研究小組發現，如果一群同事把彼此視爲朋友，那麼這樣的群體在績效評估中的得分會比較高。[9]

在工作上結交朋友也可以避免倦怠，並且讓你更有復原韌性。有一組研究人員要求學生揹著沉重的背包，站在山腳下，猜猜這座山有多陡。有朋友陪同的參與者所提出的估計值，低於獨自前來的參與者。[10] 一位研究人員在《維吉尼亞雜誌》（*Virginia Magazine*）上解釋：「我們發現，我們一直認爲具有隱喻價值的事物，例如友誼，實際上會影響我們的生理。社會支持改變了我們看待世界的方式，以及我們身體的運作方式。」[11] 換句話說，當我們在工作上擁有正面的人際關係時，我們會比較有能力應付壓力和挫折。

對於最後一項發現，我深有共鳴。在Covid-19大流行的初期，我的同事格雷琴（Gretchen）寄了一支蠟燭給我。我承認我從來都無法眞正理解，爲什麼人們會想要點香氛蠟燭——我眞的希望我的房子聞起來像松樹嗎？但格雷琴是個香氛迷，她送我蠟燭，我很感動。於是我開始在每天坐下來工作之前，點燃這支蠟燭。

而我也很快就想通了，重點不在蠟燭本身，而是在於點燃蠟燭的儀式，還有這個儀式讓我記住格雷琴是支持我的力量。在過去的幾年裡，每當我奮力保持專注、高效還有樂觀時，我的朋友和家人當然都是給予我安慰的泉源。但是幫助我度過難熬的一天的人，通常是我在工作上的朋友，因爲我們對於所面臨的挑戰有著共同的理解。

當然，我所描述的所有好處——提高生產力和創造力、增強復原韌性、減輕壓力、更好的績效評估——只有在你跟同事的關係是正面積極而不是消磨人心的情況下，才能實現。具有挑戰性的工作關係對你的工作表現和幸福會產生嚴重的影響。

▼不健康的關係會有什麼後果

研究驗證了我們的親身經歷——不健康的關係所造成的傷害，有時候比我們意識到的還要嚴重。

✲負面關係會阻礙績效並損害創造力

《禮貌的力量》（*Mastering Civility: A Manifesto for the Workplace*）的作者克莉絲汀・波拉斯（Christine Porath）幾十年來一直在研究職場上的不文明現象（phenomenon of incivility）。過去的二十年裡，在她所調查的人當中，有九八%的人在工作上曾經遇到粗魯的行爲，而有九九%的人即使不是自己親身經歷也親眼目睹過職場的無禮行爲。[12]

她的研究指出，這種不文明行爲的影響既強烈又深遠，尤其是對我們的工作表現影響最大。在那些遭受不當對待的人當中，波拉斯的調查跨越十七種行業，她發現：

- 四八%的人會故意降低對工作的投入。
- 四七%的人會故意減少工作的時間。
- 三八%的人會故意降低工作的品質。
- 六六%的人表示他們的表現會變差。
- 七八%的人表示他們對組織的承諾會降低。

- 二五%的受訪者承認會把他們的挫敗感發洩在客戶身上。
- 一二%的人表示他們因爲不文明的對待而離職。[13]

當我們必須跟粗魯或是負面的同事奮戰，這時要完成任務、保持專注以及達成高品質的工作就會變得困難許多。針對以色列新生兒重症加護病房的醫生和護士團隊所進行的一項實驗告訴我們，在職場上受到侮辱的代價有多大。

在這項研究中，一位來訪的專家告訴其中一些團隊，他們所做的工作品質無法得到他的尊重。在受到這種批評之後，受到指責的團隊所做的診斷，準確率降低了二〇%，而他們執行程序的效率降低了一五%。[14]

而且，受到粗魯的對待很不利於創造性思維，因爲它會導致「認知干擾」（cognitive disruption）。[15]換句話說，跟對你刻薄的同事一起工作——他們要嘛喜歡被動攻擊，要嘛搶走你的功勞，要嘛發表不友善的評論——都會抑制你清晰思考的能力。

✲我們的健康也會受到影響

負面關係會造成壓力，這可能不會特別令人感到驚訝，但是壓力通常會對我們的健康造成嚴重的後果。不幸的是，就算知道會這樣，也沒有促使我們，包括我自己，好好去處理這個問題。

例如，科學家已經確認：「與難應付的人一起工作」跟「罹患心臟病」，兩者之間有直接的關聯。一組瑞典科學家在三年內追蹤了三千名工人，詢問他們覺得自己的主管能力如何。認爲自己的主管愈不適任的人，遇到心臟問題的風險愈高。[16]

在另一項研究中，研究人員針對人際關係對於傷口復原所需時間的影響進行研究。他們與四十二對已婚夫婦合作，在參與者的手臂上製造一些小傷口，然後測量傷口癒合的速度。自述在婚姻關係中存有敵意的夫妻身上的傷口，需要兩倍的時間才能癒合。這項結果告訴我們，**負面的互動所造成的壓力，會阻礙身體自我修復的能力**。[17]跟難相處的同事一起工作會讓你生病，而且在你生病或受傷時，也會讓你更不容易康復。

✲負面關係對我們的同事和組織都不利

當你跟某個同事不和，會產生一些連鎖反應。屬於你這一掛的人會受到你怒火四射的「情緒流彈」（emotional shrapnel）影響。其中包括直接目睹這份敵意的同事，還可能涵蓋抱著同情心，聽你訴說並想幫你分擔壓力的朋友和家人們。在我的先生爲一個不成熟、什麼芝麻蒜皮小事都要管的老闆工作時，我的情緒和工作效率也跟著受衝擊，但我甚至連這個主管本人都沒見過。

密西根大學教授珍·達頓（Jane Dutton）在她的著作《爲你的工作場所傾注活力》（Energize Your Workplace）中談到這個現象。她寫道：「粗魯無禮的行爲很少被遏制。它在工作組織的界限內盤旋、擴散，與此同時還蔓延進人們工作以外的生活……有一項研究針對超過一萬兩千名受訪者，詢問他們在工作場合所遭遇到的無禮對待的經歷，幾乎每一個受到無禮對待的受衆，都表示他們會把這樣的經歷告訴別人。當無禮事件的消息傳播開來，將會促使人們預期這些行爲是稀鬆平常的，從而進一步增加它們的發生率。」[18]

組織承受的風險顯然很高。一個粗魯的人，或者一種以無禮爲標誌的動態關係，可能會傷害整個團隊——甚至就連只是看到或聽到緊張互動的人，也可能受到傷害。如果員工分心、壓力大、難以集中注意力、失誤還有身心不健康，工作成果就會受到影響。

各種規模的組織都可能發生這樣的情況。哈佛商學院教授諾姆・華瑟曼（Noam Wasserman）在《創辦人的兩難》（*The Founder's Dilemma*）一書中，研究了一萬名的企業創辦人，發現六五%的新創公司之所以會失敗，源自於創辦人間的衝突。[19]波拉斯針對一家工程公司的研究發現，**那些認爲同事難相處的人，離職的可能性增加一倍，其中又以頂尖人才的離職風險最高**。[20]

✲負面關係的影響比正面關係的影響還要強大

努力改善負面關係之所以這麼重要，部分原因在於，負面關係對我們的工作經驗所造成的影響，實在大得不成比例，就如同我在上面所列舉的。波拉斯發現，失去活力的關係對我們幸福感的影響，與充滿活力的正面關係相比，大了四到七倍。[21]

然而，不見得是負面，甚至是有毒的關係，才會對我們產生有害的影響。當我回想我曾經共事過的難相處的人時，在我腦海中浮現的人當中，有許多人其實**並不是永遠都是**那麼難相處的。

例如，我有一個同事，我姑且稱之爲塔拉（Tara）。我們從來都沒有眞正成爲朋友，但是我們樂於在會議開始前聊聊天，而在社交聚會上，她和我也會經常分享我們的同齡孩子的事情。

我發現她很幽默，舉止文雅優美，並且在「大多時候」。當我鼓起勇氣問另一位同事，他會不會在某些時候也覺得塔拉難以理解時，他的回答完美地闡述了我心中的想法：「你永遠不知道你會遇到哪一種面目的塔拉。『好塔拉』眞的很好，感覺上好像會挺你。但是『壞塔拉』的脾氣暴躁，只專注在她自己的事業，而且會毫無懸念地陷你於不義。」

我們大多數的工作關係，都無法單純地被歸類爲「好的」，或是「壞的」，即始我們的大腦很希望進行這樣的分類。這些矛盾的關係——亦即那些有時候讓人覺得是正面的，或大部分時候是中立的，但有時會變得令人擔憂——通常跟明確的負面關係一樣，是有問題的。一些研究指出，這些模糊的關係實際上對我們的生理危害更大。[22]

當然，亦敵亦友的夥伴總比單純敵對的關係來得好，而且這些矛盾的關係也是有好處的：有時候這種狀態會激勵我們更加努力去維繫這段關係，只因我們大多時候可能會把單純的正面關係視爲理所當然，反之當我們必須努力去理解對方時，我們卻更願意嘗試從對方的角度來看待事物。[23]

——⋯——

人與人之間的關係不是永恆固定的。我們可能會假設正向的關係將會永遠保持這種狀態，而負面的關係則注定永遠令人痛苦。但是這種心態會讓我們輕忽在工作上的友誼，並且忽視更複雜的關係。如果回想在你的職業生涯中與你有過關聯的人，我猜隨著時間過去，他們也不會一直保持不變。畢竟，即使是良好的關係也會變質，而只要你付出時間和努力，最艱難的關係也可能可以改變。

也就是說，我們都可以更聰明地把我們的精力用對地方。我知道我已經浪費了無數個小時（加總起來比我想花的時間還要多），反覆思量我跟難相處的同事之間的過招，重新思考我發送的或接收的電子郵件，甚至在半夜醒來，排練我希望自己能夠重來一遍的對話，還有那些我希望自己能說得出口的「尖酸刻薄的話」。

在下一章，我會談論當你跟你的同事陷入一種負面的動態關係時，你的大腦正在進行什麼，爲什麼它會占用如此多的心理空間，還有如何培養理解以及自我覺察的能力，好讓你能夠以更有效的方式做出回應。

02 天人交戰的大腦

我們的心爲什麼經常跟我們作對？

幾個月前，有人透過電子郵件介紹了一位顧問給我，我在此稱呼他爲布萊德（Brad）。介紹人認爲布萊德對於我擔任編輯的《哈佛商業評論》（*Harvard Business Review*）來說，會是位很優秀的撰稿人。我收過很多推薦，但是當我收到這份引介時，卻覺得特別負擔。

布萊德問我，是否可以透過電話跟我談一談。我禮貌性地拒絕了，並讓他知道我們的編輯會針對他提供的草稿跟他聯繫。幾個星期之後，他又問了一遍。我再度以我認爲禮貌的方式回覆，跟他解釋由於我的時間因素，我無法跟他通電話。然後，我收到布萊德的這封電子郵件：「我們都很忙，但是人際連結是最重要的。我要把我的作品帶到別的地方去。我無法接受你的自大。」

這不是我第一次跟沮喪的準作家打交道。但是這一位把我給惹惱了。我把他的短信重讀了好幾遍，每讀一次，我的心率都加快一點，而且我的肩膀和脖子也都更繃緊了。

我的思緒飛速運轉：「眞是個混蛋！」、「他以爲他是誰？」、「他眞是個小屁孩。」、「想開一點吧，布萊德。」我開始在腦海中構思精闢的反駁：「你憑什麼認爲你會是我收件匣裡最重要的人？」、「把你蹩腳的文章帶到別的地方去吧，祝你好運！」當時我甚至都還沒讀過他的草稿，卻覺得自己很有判斷力。

我最初的反應是：這都是布萊德的錯！但很快地就變成自我懷疑。我開始懷疑，他會不會是對的。「我自大嗎？」、「我是不是破壞了寶貴的人際關係？」、「我稍早的電子郵件爲什麼不能回覆得更好，讓他免於出現挫敗感呢？」

然後，我深呼吸幾次，做了我認爲正確的事：刪除那封電子郵件。

現在，我很想告訴你，整個情況的發展就到那裡爲止。對於布萊德來說，確實如此。從那之後，他和我沒有互通過訊息，未來我們可能也不會聯絡。但是我的大腦可不是這樣想的。在我按下刪除鍵之後過了很久，布萊德的那封電子郵件還是常常浮現在我的腦海中。當我寫信給另一位潛在作者時，「人際關係是最重要的」這句話依然迴盪在我的思緒中。

那天晚上當我在做晚餐時，我多次想到「我無法接受你的自大」這一句話。第二天凌晨三點，當我在漆黑的臥室中醒來，我並沒有趕快讓自己回去睡覺，而是想像自己從存放刪除信件的文件匣中，撈回他的訊息，並且寫了一篇既冗長又振振有詞的回信。

這封信會讓他後悔自己曾經寄給我這麼刻薄的電子郵件，並且讓他從現在開始，對於自己發送的每一封電子郵件，都能再好好想一想。我打算拯救布萊德，希望他從此以後不再是一個混蛋。

在第一章，我闡述了關於你和難相處的同事之間的動態關係，爲什麼值得你去處理。我希望那很簡單，就像做出決定，然後執行我在後面章節中所概述的策略一樣。但是在你採取任何行動之前，你通常需要克服一個障礙：就是你的大腦。

當我們跟具有挑戰性的人互動時，我們的大腦會想要保護我們免受傷害。然而，在這樣的過程中，大腦常會讓我們退縮。我已經決定拋開布萊德的電子郵件，不再理會它，繼續前進，但是我的大腦卻還沉迷在這段互動上。

本章所要講述的，是當你陷入衝突時，你的腦袋會發生什麼事——**爲什麼負面的關係會讓人如此痛苦，以及爲什麼你會忍不住一直去想它**。了解神經作用的過程，可以**幫助你培養自我意識，讓你知道當你的目標是改善你和另一個人的關係時，你需要的是做出「有效果」的反應，而不是衝動的反應**。

▼讓內心的批評冷靜下來

半夜，當我滿腦子想著布萊德的事，我內心的批評家跳了出來：「這是我在凌晨三點該想的事嗎？爲了這封可笑的電子郵件？我已經把它刪除了。爲什麼我不能把它丟在腦後？爲什麼我需要每一個人——甚至是一個我素未謀面的顧問——都喜歡我？我有什麼毛病啊？」

這顯然不是一條有用的思路，所以我提醒自己我從研究中學到的東西：我的大腦正在做的，是進化後的人類大腦該做的事。我對布萊德的電子郵件一直再三咀嚼，並不代表我出了什麼問題。相反地，這是再正常不過的。

在你可以開始處理你和一個難相處的同事之間的動態關係之前，尤其是跟一個不會像布萊德那樣，永遠從你的收件匣中消失的人，你必須了解你自己對此的反應：爲什麼它會困擾你，爲什麼會讓你覺得痛苦，爲什麼就算你想放下，也拋不開。不妨對自己有一點同情心，這樣有利無弊。

✲ 關係卡住既正常又令人沮喪

我們希望自己對於難相處的同事，不要那麼牽腸掛肚，但往往事與願違。我知道我不是唯一一個在該睡覺的時間去回想，甚至可說是苦苦思量自己與同事間如何互動的人。在喬治城大學教授克莉絲汀．波拉森（Christine Porath）的研究中發現，遭受不禮貌對待的受訪者中，有八〇％的人會因爲一直掛心這件事而影響工作進度；六三％的人則是因爲試圖避開不禮貌的人，而導致工作時間延宕。[1]

衝突常常使我們分心。有一項針對以色列大型行動通信供應商的客服專員所進行的實驗，結果顯示，與客戶之間曾經歷過粗魯互動的客服專員，比較難回憶起談話的細節，因爲他們全神貫注在無禮的行爲上。他們的心力聚焦在想著自己受到糟糕的對待，而不是傾聽客戶的意見。[2]

這種痛苦不是我們可以選擇的。正如波拉森所寫的：「當人們受到無禮的對待時，大腦會有意識地對其進行評估與處理，且優先於當下的主要任務，即使本人不想去回想這件事情也是一樣，它往往會占據他們的心思，即使他們並不希望如此。」[3]

換句話說，即使你已經下定決心要忘記它，但你的心思還是會回到棘手的互動上，這是很正常的。從進化的角度來說，我們大腦的設計本來就會對困難的關係高度敏銳，因此如果要改變我們的反應方式，需要我們主動採取積極的行爲。讓我們仔細看看，當我們與同事發生衝突時，我們的大腦會發生什麼事。

▼你的感受大腦知道

當我們經歷或察覺到我們跟另一個人的關係，可能有潛在的裂痕時——例如，我們打開一封臭罵我們一頓的電子郵件；我們的同事在我們進行視訊通話時，不經解釋就關掉他們的鏡頭；或者，我們瞄到老闆在和我們說話時，微妙地翻了個白眼——這時我們的大腦反應，宛如我們眞的處於危險之中。

它讓我們的身體準備就緒，好去應付感知到的威脅，同時也試圖理解我們正在經歷的事情。爲什麼我的主管會生我的氣？我做了什麼事讓我的同事不高興？這是我活該嗎？由於我們已經進化到盡可能多多保留我們的認知資源，因此我們的大腦會使用捷徑，來指導我們的反應——而這些捷徑有時候會讓我們陷入麻煩。

✲ 杏仁核劫持（amygdala hijack）

在我們大腦的每一側，視神經的後面，都有一個杏仁核（amygdala）。杏仁核的功能之一是偵測恐懼，然後讓身體準備好做出適當的反應。因此，當你感知到威脅時——無論是在街上有一輛汽車向你疾駛而來，還是你那缺乏安全感的老闆在全體員工的會議上，把你的工作成果說成是他自己的——杏仁核就會開始做出反應，下令釋放像是皮質醇（cortisol）還有腎上腺素（adrenaline）等壓力荷爾蒙。

你肯定聽說過「戰或逃」（fight or flight）這種說法。這些本能反應就是來自杏仁核，當它們啟動時，我們就會進入杏仁核劫持狀態（amygdala hijack），這是我從《EQ：決定一生幸福與成就的永恆力量》（*Emotional Intelligence*）一書的作者，丹尼爾·高曼（Daniel Goleman）那裡學來的術語。

它之所以被稱爲「劫持」，是因爲戰或逃反應主宰了我們的執行功能，就好像我們對於如何行動已經不再做選擇，而是身體和思考處於自動駕駛狀態。當我和同事之間出現意見分歧時，我會心率加快、呼吸變淺，這是大腦幫我準備好起跑的方式——如果我需要逃跑的話。而我也逐漸覺察出我身體發出的警告訊號：我的後腦勺會感到一陣刺痛，肩膀開始向耳朵靠攏，就好像我是一隻烏龜，要縮回殼裡去，而我的下巴會緊繃，手心也會冒汗。這一點也不好玩。

但這可不是大腦發生故障。這些心理捷徑（mental shortcuts）可以節省時間和精力，而且通常可以確保我們安全。假設你站在馬路中間，有一輛汽車向你衝過來，這時如果你的大腦停下來思考情況的來龍去脈，那將會很危險。相反地，你需要大腦做出本能反應，告訴你的身體愈快離開街道愈好。

關於這種自動的、本能的反應，我最不喜歡的部分之一，就是這些反應太常發生在我們沒有注意到的時候。因此，我們會在意識到自己正處於杏仁核劫持的陣痛之前，就做出了反應——也許是厲聲回敬我們的同事、提高我們的聲音、關機、寄出一封我們希望可以收回的電子郵件。簡而言之，我們不是在頭腦清明的狀態下，做出這些反應。

✲負面偏見

無論是收到一封粗魯的電子郵件，或你那自以爲無所不知的同事，又在會議上針對你，都可能引起我們做出戰或逃的極端反應。大腦對於令人不悅的事件高度敏感，即便只是小事一樁，都可能被大腦視爲威脅。大腦的這種感知，就是所謂的負面偏見（negativity bias）。

基本上，我們對於負面事件的關注會多於正面事件。[4]譬如說，你可能會跟你的伴侶或是朋友分享，你度過了「糟糕」的一天——原本那一天當中的大部分時間都很好，但是下午與負面攻擊型的同事開會，破壞了這一切。這種互動可能只占了你一小部分的時間，卻占據了你相當多的心理空間。

關於負面偏見，其實你可能很熟悉。想想你最近一次的績效評估，你還記得主管對你做出的任何正面評價嗎？你是不是比較記得具有批評性的回饋？我到現在都還可以想起，我在二〇〇二年收到的績效評估中的兩句話，點評我對於複雜的商業模式，是多麼地欠缺理解（沒錯！是二〇〇二年！）。

我想強調，那其實是一份很精彩的評估報告，而這些批評只是當中的兩句話罷了，但我根本不記得任何一條正面的評價。弔詭的是，我卻可以一字不漏地背誦布萊德那封討厭的電子郵件，但卻不知道那天還有誰寫信給我，也不知道他們說了什麼。只有負面訊息揮之不去。我們的注意力不僅會被吸引到比較負面的事件上，我們的大腦也會對它們做出比較強烈的反應。在極端的情況下，負面的互動甚至可能會讓人感到極度的痛苦。

✲ 衝突會傷人

你是否曾經想過，被自以爲無所不知的同事卑鄙地戳了一句，或是被有偏見的同事開了冒犯性的玩笑，感覺就像是被打「一記耳光？我確實曾被一些刻薄的言論嚇得喘不過氣來，感覺就像那個人直直在我的肚子上打了一拳。神經科學告訴我們，當我們在職場上遭遇被貶低、忽視、羞辱、吼叫、拒絕或被霸凌時，大腦會以類似身體經歷疼痛的方式來處理。

加州大學洛杉磯分校的一個團隊所進行的腦成像研究指出，被排斥的感覺所激活的大腦區域，跟負責處理身體疼痛的區域是相同的。關於情緒上的痛苦，尤其是當這樣的痛苦是由我們的同事，或是我們在專業環境中打交道的人所造成的，我們可能會認爲那種痛苦「只存在我們的心裡而已」，但事實並非如此。當我們受到任何形式的拒絕，我們的感受都會被以一種非常類似於被毆打，或手指割傷的方式，印刻在我們的大腦中。[5]

▼我們是這樣告訴自己的

大約一年前，我和一位有時候我會發現他很自負（他絕對符合我在第七章中談到，許多自以爲無所不知的特質），但大多時候我可以跟他相處融洽的同事，一起爲兩周後線上小組會議做準備，我們透過Zoom召開了一次清晨會議。

在他告訴我他預計會在線上小組會議討論的內容後，他徵詢了我的意見；但在我還沒有講超過兩句話，他就把自己關靜音，並且開始看向螢幕外。我認爲他可能正在看另一台電腦螢幕，並查看電子郵件，而且很可能正在回信。

當我繼續發表我的評論時，我的內心獨白是像這樣的：「如果他只想依照自己的意思去做，那他幹麻還要徵求我的意見？多麼傲慢的混蛋，總是把焦點放在他自己身上。」我的大腦爲了解釋正在發生的事，因此形成這種敘事，替他的行爲——讓自己靜音，並且把目光從螢幕上移開——賦予負面的意義。

當我們處於同事的「不良」行爲的接收端，通常就會發生這種情況。我們會迅速講一個故事給自己聽，說明正在發生什麼事、爲什麼會發生，以及接下來會發生什麼。

這些充滿情緒和批評的故事對我們來說，感覺很眞實，即使它們所根據的是我們的大腦自己嘗試的意義建構，而不是根據事實。這就是心理學家所謂的**先入爲主的認知偏見**（premature cognitive commitment）。[6]爲了節省大腦資源，我們的大腦對於我們周圍發生的事，以及我們應該如何反應，會做出快速的判斷。

事實證明，我對同事的「粗魯」行爲的看法是錯誤的。在我描述完我認爲我們應該如何處理小組會議後，他取消靜音，並且問了一個後續的問題，很顯然他有聽到我所說的一切。

在通話的尾聲，他替自己看起來心不在焉而道歉，同時跟我解釋，那是因爲他十幾歲的兒子（由於大流行病，他在家上線上課）替他做了鬆餅，並來到他的居家辦公室送鬆餅。我替自己做了最壞的設想感到愚蠢，而我的大腦必須很快調整敘事，從我對於粗魯行爲的最初解釋，切換到甜蜜的家庭時光。

正如我的這個經歷所呈現的，我們必須小心我們告訴自己的故事，以及它們如何受到大腦捷徑的影響。好消息是，如果你能認清正在發生什麼事——先不要妄下論斷——你就可以找到解決的方案。

▼脫離杏仁核劫持之路：創造心理空間

有一句名言經常被認爲是奧地利精神病學家兼心理治療師同時也是大屠殺倖存者維克多・弗

蘭克（Viktor Frankl）所說的，那就是「在刺激和反應之間有一個空間。在那個空間裡，我們有能力選擇我們要如何回應。在我們的回應裡，蘊含著我們的成長與自由。」[7]

弗蘭克的洞見對於如何處理你和難相處的同事之間的動態關係非常關鍵。你必須創造這個必要的空間，讓你可以選擇一種會帶來成長，而不是衝突的回應方式。

✲觀察你的反應

如果你能多加觀察你的大腦在感受到威脅時，會有什麼本能反應，你就愈能把大腦編造的故事，跟實際發生的事情區分開來。頭腦愈清晰，你就愈可能對於如何應對，做出明智的決定。

就我個人而言，我注意到自己傾向以三種不同的方式，來回應跟同事之間不愉快的互動。我會責怪對方：「這都是他們的錯！」。我會自責：「我做錯了什麼？」。或者嘗試完全擺脫：「這不值得我花時間。」

這些不一定是截然不同的反應——有時候我會三種反應快速輪替一番，就像我在收到布萊德的電子郵件後的十五分鐘內，所出現的反應。但是，當我發現自己在凌晨三點醒來，而充滿焦慮意念的旋轉幻燈機正在循環播放，這時我沒有進一步壓抑自己的情緒，也沒有理會自己講的故事，而是決定把我的精力重新聚焦在探索這件事情上。

我開始問自己：為什麼布萊德說的話如此令我沮喪？關於這種情況，我的情緒能告訴我什麼？從本質上來看，我試圖把我的負面思考視為有用的資料，而不是讓人分心的噪音。[8]當我探取這種角度來看待這件事，我意識到布萊德透過這封電子郵件，冒犯到我的兩種認知——

首先，**他打破了常規**。我每個星期收發的電子郵件有數百封，其中大部分的內容是令人愉快的，或是中性的。我很幸運，在我跟同事、朋友、家人或是陌生人的任何交流，很少像這樣大喇喇粗魯無禮的。因此，布萊德違背了我對於人應該互相尊重的期待。

第二，**他所描繪的我，和我所認知的自我形象不符**。如果布萊德的電子郵件上所描述的我是對的，那麼我必須面對這樣一個事實：那就是我是一個自負的人，不關心人際的互動——兩者都不是我所認定（或想要認定）的自己。這讓我想知道，我對自己的看法——關心他人、體貼、謙遜——跟別人對我的看法是不是不同。

回想過去你與難相處同事交手的經歷，是不是往往會觸及「違反常規」或「違反自我認知」的情況，抑或是兩者皆有？

因爲我們深信，那些麻煩同事的行事作風很不應該（違反了我們的社群意識），而且他們的行爲會讓我們質疑自己（違反我們的自我認知）。這會讓我們產生內在衝突——讓我們感到被排斥、被排擠、被拒絕以及威脅我們的歸屬感，而這些衝突會把我們拉進戰或逃的模式。但是透過觀察我對布萊德的反應，並詰問自己爲什麼會這樣，我得以讓自己平靜下來。我沒有陷入自己最初的反應，而是開始思考，喔，原來一切其來有自。

✲重新評估情況

一旦你從一個煩人的情節中創造了一點空間，你就有機會可以重新評估它。心理學家發現，重新評估——從比較正面或是中性的角度重新評估情緒狀況，或者把它視爲一種挑戰，而不是威脅，有助於我們集中注意力，並且有助於針對接下來要如何處理，做出更深思熟慮的決定。[9]關於我的同事在我們進行視訊會議的時候，眼睛看向螢幕以外的地方，我對此編造的負面故事，讓我關閉了溝通的大門。我不太想分享我的看法，同時心生拒絕跟他合作的念頭，我的這些反應他可能都感覺到了。

如果他沒有告訴我，他的兒子送鬆餅進來給他，迫使我重新評估情況，我的反應應該會影響到我們的關係，以及我們一起工作的能力，更不用說會影響到我們小組的品質了。

請你留意一下，當你跟難相處的同事互動時，你怎麼跟自己敍述這件事。你的腦海裡閃過什麼念頭？這些念頭對你有幫助嗎？有沒有辦法重新構建這些念頭，好讓它們保持中立或是變得正面？

與其專注於你那自認爲無所不知的同事的謾罵，有多麼令人難以忍受，你能不能告訴自己，如果你先拋開他們頤指氣使的語氣，他們的怒吼有沒有可能實際上包含了一、兩個有用的訊息呢？你不用美化一個如假包換的負面情況，但是不是可能有不同的解釋呢？問問自己你可以學習什麼。

你還可以思考一下生活中發生了其他什麼事，可能會影響你的負面反應。

✲ 監控你的壓力

當壓力愈來愈大時，我們會比平時更容易陷入杏仁核劫持的陷阱，這沒什麼好驚訝的。毫無疑問，你曾經歷過這樣的時刻：在工作上面臨壓力山大的最後期限，或者你一直睡不好，於是你會因爲同事的評論而大發雷霆，或者你發現自己非常努力完成的報告得到了一則負面的回饋，因而感到完全崩潰。你要設法找到令人沮喪的觸發因素和你的反應之間的重要空間，這將有助於評估你整體的壓力程度。

在面對令人擔憂的情況時，你可以利用事先列好的問題清單，幫自己做好心理準備，這麼做可能帶來的效果，就是失去冷靜和找到有效前進方向之間的差別。以下是我注意到自己快要進入杏仁核劫持時，所使用的心理確認清單：

- 我的水分充足嗎？
- 我餓了嗎？
- 我昨晚睡得怎麼樣？
- 我還擔心什麼？
- 我是不是有任何重大的計劃或是截止日期掛在我的心上？
- 我跟朋友或家人之間的任何一份重要關係，目前是不是呈現緊張狀態？
- 我最後一次做我喜歡的事情是什麼時候？

用這樣的方式來監控你的心理資源，可以幫助你的視角更開闊一點。整個二〇二〇年，我不得不定期提醒我自己，要在大流行病中過日子所造成的認知負擔，使我更容易把他人的行爲解釋爲威脅，而這主要是因爲我本來就覺得備受壓力。

而當你處於生存模式時，你比較沒有足夠的儲備來承受額外的壓力；意思就是允許你好奇的空間比較小。在這種認知超載的情況下，你的大腦會專注於如何度過一天，而不是如何讓你有更好的發展。

麗莎・費爾德曼・巴瑞特（Lisa Feldman Barrett）在她的《關於大腦的七又二分之一堂課》（*7½ Lessons About the Brain*）一書中，對此有精彩的解釋：「重要的是要了解人類的大腦似乎無法區分慢性壓力的不同來源。如果你的身體預算（body budget）已經因爲生活環境而耗盡——像是生理疾病、經濟困難、荷爾蒙激增、純粹睡眠不足或運動量不夠——你的大腦都會變得更容易受到各式各樣壓力的影響。其中包含試圖威脅、霸凌、折磨你或你所關心的人的言論，都可能引發生物效應（biological effects）。當你的身體預算在持續負重過度的狀態下，壓力源就會瞬間堆積起來，即使是過去你可以輕易消除的那種壓力，也會開始囤積。」[10]

因此，請盤點一下，除去你跟你的同事之間的問題不談，你的感覺如何。是不是有什麼你可以滿足的需求（像是快步走、吃健康的零食、完成一個計劃），可以讓你減輕壓力，並且讓你調整到比較好的心態來處理衝突？

＊給自己一點時間

你知道有句格言：「永遠不要在氣消前去睡覺」（never go to bed mad）嗎？我不太相信這句話。通常，要改變你的心態，睡個好覺正是你所需要的。《與焦慮和解》（*The Anxiety Toolkit*）的作者愛麗絲・博耶斯（Alice Boyes）幫助我理解，雖然我們對於同事在會議上（再次）大聲蓋過我們的發言，或是沒有做到他們承諾完成的任務，我們最初的反應可能很激烈，但是那些負面的情緒通常不會持續。

「我們與生俱來就會讓情緒隨著時間流逝而消失，因爲它們不過是種警告訊號。」，博耶斯說。[11]當我們獲得更多的資訊，並且重新評估時，這些情緒通常就會消散。

讓我們回到我跟布萊德的事件。第二天早上醒來時，我注意到自己對於這件事，有一點點不那麼在意了。當我在腦海中回想他的電子郵件時，我的胸口沒有再次出現同樣的緊繃感，白天也幾乎沒有在糾結這件事。

儘管我在第二天凌晨三點再次醒來，並且立刻想到布萊德，但我的心思沒有在那裡停留太久。畢竟，凌晨時分可以讓我感到焦慮的事件清單長得很。隨著時間一天天過去，我花在想這件事的時間愈來愈少。當我此刻撰寫這篇文章時，我實際上幾乎不在乎了（我是說幾乎）。

給自己一些時間，讓自己不去想你跟同事之間的問題。你可以考慮休息一下——像是走到戶外去，聆聽你最喜歡的歌曲，想想你最近一次或即將到來的旅行，去做任何能把你的注意力從你的同事身上移開一下下的事。稍後再回到那份互動關係上，看看一旦你擺脫了杏仁核劫持，對於這份關係你是不是有不同的看法。

然而，這並不是說你應該完全忽略衝突，或者假裝衝突不會讓你感到困擾。博耶斯說，只要你的出發點是聚焦在解決問題上，而不是鑽牛角尖或吹毛求疵，那麼去思考你所遇到的艱難處境，實際上是有幫助的。在心理學上，稱之爲解決問題的思考。[12]

博耶斯建議將解決問題的思考轉化爲問自己：「有鑑於實際情況，採取什麼樣的行動是最好的？」[13]去想一想「爲什麼」，對我們很有幫助。「**爲什麼**這個人會有這樣的行爲舉止？」、「**爲什麼**我的反應是這樣？」、「**爲什麼**我們會讓自己陷於這種情況？」

請記得確保你的問題具有建設性，而不是「爲什麼他是個大白痴？」這種情緒性探討，並留意你的思考不要轉向消極的自我對話，不要變成「爲什麼我總是成事不足？」，因爲這只會強化錯誤的敘事。

我已經談論了很多有關我們在跟同事發生衝突的時刻，我們的大腦經常怎麼跟我們作對。但其實，我們可以運用相同的腦科學來幫助我們。要怎麼運用呢？

方法之一是提醒自己，另一個人可能正在經歷完全相同的事。他們可能無意傷害你、抨擊你，或是讓你的生活痛苦不堪；也許他們是處於杏仁核劫持狀態，因此無法清醒思考。

我們可以把對方看成這樣的人——他們的大腦跟你的大腦，是以同樣的方式在運作，有時是有瑕疵的，如此可能是開創良好的關係的第一步。

PART 2
八種原型

清理你自己的問題

▼在我們深入研究原型之前的快速說明

這本書讀到這裡，你可能會想，「這本書裡面有超級多關於如何理解和管理自己的內容，但我們什麼時候才會開始處理那個讓我的生活變得悲慘的混蛋？」

如果你會這樣想，你並沒有錯！你已經掌握了我的方法的核心原則之一：**如果你眞的想要解決你跟同事之間的衝突，那麼你必須認清自己在這份關係動力中所扮演的角色**。

當你要應付一個難纏的同事時，很容易把焦點集中在他們身上，以及他們到底出了什麼問題上，甚至可能可以列一長串。然而，除非你體認到，雖然跟難相處的人交手，每一場戰役都不一樣，但其中有一個一致的元素：那就是「你」，如果沒有這種體認的話，這些作法與嘗試是發揮不了作用的。

幾年前，我的一位好朋友努力想要支持她十幾歲的兒子挺過難關。她的兒子的治療師告訴她和她的配偶，當他們的孩子爲了自己的功課而努力時，他們也有他們自己的功課要做。他把這個過程稱爲「清理你自己的問題」，或者認清、留意你在這場奮戰中所扮演的角色。這句話深深引起我的共鳴。從那以後我了解到，在匿名戒酒會或匿名戒毒會中，當面臨成癮問題的人願意出面溝通，想要彌補他們所傷害的人時，常會使用這個方法。

對於治療師的意思，我可以浮現這樣的畫面：想像你自己還有跟你發生衝突的人，分別站在街道的兩側，各自牢牢固守自己的看法和體驗。如果你站的這一側街道上，堆滿了垃圾——衝突本身所引起的情緒波動、之前的意見分歧所造成的嫌隙、有關對手的未經證實的八卦傳聞，以及睡眠不足等等——這樣會讓你更難跨越鴻溝。

如果你在靠近另一側時，把所有的垃圾都帶過去，很可能會讓情況變得更糟。但是，如果你對自己在衝突中的角色抱持好奇的心態——你對情況可能發生什麼誤解，以及你想從這段關係中獲得什麼——那麼通往修復之路將從瓦礫中浮現。

如果說，至少有部分的責任（好吧，也許是全部）可以歸咎於另一個人，那麼，爲什麼你應該盡所有的努力去改善你們的關係？

原因有兩個。首先，**在任何緊張的爭吵交鋒中，無論問題出在誰身上，你都只能控制自己的想法、行動和反應**。再者，就算你十分肯定你是對的，而他們是錯的，但是一個巴掌打不響。也許你的樂觀，還有你傾向淡化風險的嚴重性，反而刺激你的悲觀同事變本加厲。

或者，有可能因爲你曾不經意跟你的同事釋放出這樣的訊息——你不喜歡直接的對抗，所以他們才會採取被動攻擊的策略，來表達他們的觀點。你愈清楚自己在紛爭中所扮演的角色（即使是微不足道的角色），解決方案就會愈清晰浮現。

在第十一章，我將分享更多有關如何清理你自己的問題的作法，但現在請記住，你跟同事的關係並不是什麼注定會發生在你身上、你無能爲力的事。你可能參與了這個關係動力的發展，因此你有能力爲此做點什麼。

在第二章，我花了一些篇幅討論一個事實，那就是雖然我們沒有辦法控制我們的大腦對於壓力情況的本能反應，但是我們可以重新評估情況，並且改變我們對於情況的感知與反應。

同樣地，你可能無法改變你的同事的行事作風，但是你可以改變自己解釋和回應他們的行爲的方式。記住這一點可以幫助你更有機會，在工作上建立更穩固、更令人滿足愉快的關係，無論你面對的是哪一種難相處的人，都大有可爲。

03 缺乏安全感的老闆

「我能勝任我的工作……吧？」

在愛子（Aiko）的新老闆科拉（Cora）剛加入公司時，一切都進行得順利。愛子很高興有一個可以學習的對象，而且這個人承諾會帶來新的觀念和新的方法，可以協助愛子改進她的計劃。但是在科拉上任幾個月之後，她開始看到一些警訊……

長期以來，只要遇到跟部門舉措有關的任何問題或會議要求，辦公室中的夥伴第一時間都會想向愛子諮詢建議。這似乎讓科拉很不高興，她會問：「爲什麼大家不向我徵詢意見？」每當發生這種情況，她都會生愛子的氣，對待愛子的方式，就好像她想毀了愛子一樣。

愛子嘗試把同事的諮詢轉介給科拉，但是並沒有成功，只是進一步激怒科拉而已。「這只是他們一直以來的工作習慣」，愛子告訴我。「但科拉卻針對個人。」科拉在她的前一份工作，管理了一個龐大的團隊和大筆的預算，但現在愛子卻是她唯一的直接下屬。「我認爲她一直很在意這一點」，愛子說。

科拉過於情緒化的反應還有冷嘲熱諷，對愛子造成了影響。「她挑剔我所做的每件事，到了吹毛求疵的地步，以至於讓我覺得自己無權做決定，即使只是很小的決定。我總是怕她會生氣、爆炸。我對自己完成工作的能力的信心，都被磨損了」，愛子解釋道。

愛子以前從來沒有質疑過自己的能力。但現在，科拉心裡的這種不安全感（insecurity）開始傳染給愛子。如果你曾經因爲替一個不信任你的老闆工作，而懷疑過自己，他們不加解釋就否決你的想法，而且會因爲他們自己沒有成功而責備你（就像科拉對愛子所做的那樣），那麼你並不是特例。

當然，壞老闆有百百款，但是缺乏安全感的主管會造成一種特殊的破壞。他們可能因爲大大小小的事都要管而惡名昭彰，不斷吹毛求疵，把你逼到抓狂；也可能是偏執的好管閒事者，讓你質疑自己的每一個動作。如果他們把你當成他們的威脅，他們甚至可能會故意破壞你的前途。

你要如何知道，自己正在和一個沒有安全感的主管打交道？以下是這類難以相處的同事最常表現出的一些行爲：

- 過於在意別人對自己的看法。
- 長期苦於無法做決定（或堅守某種決定），即使所做的決定帶來的影響很小，也無法拿定主意。
- 經常改變計劃或是會議的方向，尤其是在其他掌握權力者的建議下進行改變。
- 會抓住機會凸顯他們的專業知識或資歷，即使這麼做簡直是多此一舉；更糟糕的是，他們可能會刻意貶低他人，好讓自己看起來加倍重要。
- 試圖控制團隊或計劃的一切，包括人員要在何時、何地，甚至如何完成工作。

- 要求每一個決定和細節都必須得到他的批准。
- 不允許團隊與其他部門的同事或高階領導者互動，以試圖控制資訊和資源的流動。

愛子的老闆科拉希望組織裡的每一個人凡事都要經過她，因爲她認爲這樣可以證明她的價值。但是她花了太多時間試圖掌控別人如何看待她，以至於無法完成她被聘進公司原本應該做的事：提供新鮮的想法以及指導愛子。她不是帶來創新，而是不分大小事必躬親，而身爲她唯一的直接下屬的愛子，便成爲不幸的產物。

愛子覺得自己卡關了。每一次哪怕她只是稍微爲自己辯護，科拉似乎都會變得更疑神疑鬼，控制欲也變得更強。任何人都不應該替這樣的主管工作，永遠都不應該。

但是如果你和愛子同病相憐，卻又不能辭掉你的工作，而且你想找到解方，好讓你可以跟自我懷疑的主管好好共事，那麼我這裡有一些方法，可以幫助你應對，並且不會進一步激發他們的不安全感。

第一步是去了解到底是什麼原因，使得你那缺乏安全感的主管，有現在的行事作風。

▼促成不安全行為的背景

自我懷疑是人類共通的特質。我們都會懷疑過同事是否認同我們？我們是否具備完成某份簡報所需的能力？我們在會議上有沒有不小心說錯什麼？又或者陌生人是否會對我們品頭論足？

雖然我並不會因爲我上過常春藤盟校，或在《哈佛商業評論》（*Harvard Business Review*）工作，而覺得有什麼好驕傲的；但當我與一位疑似不尊重我，或默默質疑我能力的人交談時，我有時候會刻意提到我的學經歷，甚至會強調我有多忙，來證明我是「很受歡迎的」。在寫這一段的時候，我覺得很難爲情，但是我知道，這都是覺得自己有所不足的正常反應。

我們需要尋求他人的認可，甚至需要被讚揚，可追溯於人類過去需要仰仗集體的力量才得以生存，而直至今日，我們也仍需依靠衆人之力，才得以維護人類興盛不衰。

正如心理學家艾倫．韓德里克森（Ellen Hendriksen）在接受《Vox》採訪時所解釋的：「一點點的不安全感，一點點的自我懷疑，對我們都是有幫助的，因爲它可以使我們自律、內省並反求諸己，激勵我們成長與改變。」[1]世界上僅有一%的人不會自我懷疑，那便是精神病患者，因此完全與不安全感脫勾，並不見得是一件好事。

儘管有時候沒安全感是很自然的，但是當我們開始發現主管或老闆出現有問題的行爲，例如大小事都要管、不公平地批評下屬，或者試圖掩飾或彌補他們的自我懷疑時，會不斷地尋求安慰與肯定，就表示這樣的不安全感需要處理了。

✲ 領導者可能更容易自我懷疑

研究顯示，當你晉升爲主管職，你的不安全感往往也會跟著增加。一家總部位於英國的領導力諮詢公司調查了一一六名高階主管，詢問他們最大的恐懼爲何。[2]排名第一的恐懼即「被認爲缺乏能力」。參與研究的高階主管還表示，他們害怕自己沒有充分發揮應有的表現、害怕表現得過於脆弱，還有擔心自己顯得愚蠢——所有這些都顯示，他們對於別人怎麼看待領導者的表現深感不安。

爲什麼比起其他人，這些擁有更大的權力、也更有權威的經理人，會更加地沒有安全感呢？不是那些沒有權力的人才應該擔心他們的工作，以及別人如何看待他們嗎？

納桑奈爾·費斯特（Nathanael Fast）教授和瑟琳娜·陳（Serena Chen）教授在一系列的研究中指出，當有權勢的人覺得自己無法勝任時，他們往往會對他人採取更具攻擊性的行爲，毫無必要地破壞或報復他人。[3]然而，光是無能並不會引發攻擊性，那些沒什麼權力又缺乏安全感的人，不見得會出現同樣的惡質行爲。

這中間的差距可能源自於一個人被拔擢到高階職位時，「必須有一番表現」的壓力也隨之升高。德州大學奧斯汀分校麥克姆斯商學院（McCombs School of Business at the University of Texas, Austin）的內薩·安道（Neissa Endowed）榮譽教授伊森·波里斯（Ethan Burris）說：「大家會期望在組織裡高升的人應該有更好的領導力與知識，以及資訊和數據取得的能力——他們應該比其他人更有才略。」[4]

領導者實際上認爲自己有多少自信或能力，與他們在公司中的職位，所伴隨高期望之間的差異，導致了所謂的「自我防禦」（ego defensiveness），使得領導者採取行動來維護他們的自尊，或是合理化他們的行爲。[5]

讓我們以某家資訊科技服務機構的銷售副總裁拉爾夫（Ralph）爲例。拉爾夫由於在擔任銷售總監時的表現令人驚艷，而獲得高升，但他不願意放棄他與客戶間建立的關係，因爲這是他很努力才爭取到的業務。因此他想兼顧兩份工作——他的舊工作和他高升後的新工作，但是公司的領導團隊仍堅持要他雇用一位下屬。

於是羅伯托（Roberto）成爲那個倒霉的下屬。當他加入團隊時，並不知道事情的來龍去脈，拉爾夫拒絕移交他的客戶，並經常介入羅伯托與客戶之間的溝通，甚至要求所有跟他以前客戶有關的決定，都必須由他來裁決。羅伯托還沒勝任就注定要失敗，因爲拉爾夫盡其所能想保護他在之前角色致勝的關鍵。

對於那些在刻板印象中不會被當做領導者來看待的人來說，問題甚至更加複雜。例如，女性或有色人種可能會經歷自我懷疑，這不是因爲他們有任何瑕疵或是沒有能力領導，而是因爲他們接收到明示和暗示，指出他們沒有能力勝任這份工作——告訴他們應該覺得自己像個冒牌貨。或者他們會接收到相互矛盾的訊息，例如「要有自信，但是不要咄咄逼人」或「做自己，但是不要表現出任何負面的情緒」。

《哈佛商業評論》（*Harvard Business Review*）有一篇廣爲流傳的文章——〈妳沒有「冒牌貨症候群」〉（*Stop Telling Women They Have Imposter Syndrome*），顧問露奇卡・圖爾施揚（Ruchika Tulshyan）和喬蒂—安・布瑞（Jodi-Ann Burey）在文章中描述了這個現象。他們解釋說，在許多組織中的女性，尤其是有色人種女性，常被指責她們覺得自己有所欠缺，但真正的問題在於，她們所在的工作場所文化一直在提醒她們，她們不屬於那裡，或是她們的成功並非實至名歸。[6]

除了擔心被揭穿其實很無能之外，有一些沒有安全感的老闆可能還擔心工作保障的問題。如果你曾經丟過工作，你就會知道這會有多丟臉了——這是我們大多數的人會不惜一切代價，希望避免的一種感覺。當你既害怕被解雇，又擔心被別人認爲不適任，兩種擔憂加在一起，就可能會導致嚴重的不安全感。[7]

幾個月前，我跟一家生物科技公司的中階主管，討論一項在他們公司一直停滯不前的創新計劃。他所屬部門的主管找出了一些障礙，其中一項在於人們害怕與任何高層的意見不一致，因此不想提出可能挑戰現狀的新想法。

當我請這位中階主管幫助我理解，爲什麼大家會有這種猶豫時，他說：「我不想被解雇，我需要這份工作。」當我進一步探問，他承認據他所知，在這家公司並沒有人因爲大聲建言而丟掉工作。與之相反，他甚至見過對高層說眞話的人，繼續獲得升遷。儘管如此，他還是很擔心：「我不想成爲第一個犧牲者」他告訴我。

有可能你那缺乏安全感的主管，不僅擔心他們勝任不了公司賦予他們的任務，而且還擔心他們隨時可能失去這份工作。正如我在第二章所討論的，恐懼和羞恥會對我們的心智造成嚴重的破壞，還會刺激我們去虐待他人。

▼沒有安全感的主管讓我們付出許多代價

讓我們回到本章開頭所提到的愛子的情況。愛子和她的老闆科拉之間不和的結果，並不是只有造成愛子的自尊心下降，而是產生了漣漪效應。例如，愛子和科拉合作的計劃很難有所進展，因爲她們實在難以釐清誰應該是主導的關鍵人物。其他部門的同事開始懷疑這兩個人的能力，並且對於要不要讓她們參與關於公司戰略的重要會議感到遲疑。

有科拉這樣的老闆還要付出許多其他的代價。首先，會造成一些心理後果：跟工作有關的壓力會增加、對未來感到焦慮，以及如愛子所經歷的，產生一種不斷蔓延的自我懷疑。

對你的事業前途也有潛在的影響，特別是如果你的主管會把你的功勞占爲己有，或是以你爲代價歌頌他自己，更是如此。在極端的情況下，你的主管甚至可能會故意詆毀你和你的工作表現，好讓他們看起來高人一等。

哈佛商學院教授泰瑞莎．艾默伯（Teresa Amabile）發現，自我懷疑會導致主管們做出更嚴苛的績效評估。「那些沒有安全感的人，往往會更嚴厲地訓斥他人，或許是以此爲手段，來證明自己有多聰明。」[8]

一般來說，缺乏安全感的主管對企業也很不利。因爲他們的自我很脆弱，所以他們往往不願意聽取他人的想法，而且抗拒接受回饋意見。在桑奈爾．費斯特（Nathanael Fast）和共同作者主持的一項實驗中，針對中東一家跨國石油和天然氣公司的經理，請他們從一分到七分，替自身角色的勝任程度打分數。他們對自身勝任程度的評分愈低，徵求員工反饋的可能性就愈小，結果就是，他們的員工也不太可能提出想法。[9]

像上述研究中缺乏安全感的管理者，可能會擔心員工的建議其實是對於他們是否勝任職位，以及工作能力如何的負面反映。他們的邏輯是這樣的，如果員工認爲需要做出改變，這就可能表示主管好像搞不清楚他們在做什麼。

所以這些管理者會發出訊號，讓大家知道他們不願意聽到意見輸入。就那些想法被忽視或拒絕的員工來說，他們對工作的滿意度會比較低，而在想出新穎的問題解決方案方面，也會比較缺乏創造力，並且更有可能離職。[10]你能做些什麼，來防止缺乏信心的主管，對你和你所屬的組織所造成的傷害？你可以從問自己幾個問題開始著手。

▼可以問自己的問題

當你遇到符合本書介紹的原型之一的任何同事，在你採取行動之前，先反思一下情況，這麼做會很有幫助。因此，你可以問問自己：

✲我有什麼證據印證我的老闆沒有安全感？我的評估可能出錯嗎？

在幫你的主管貼上「缺乏安全感」的標籤之前，請試著保持客觀。光是因爲某人的領導方式不符合你想要的，並不代表他們對自己沒有信心。如果這個人的行動帶有試探性，他們可能有充分的理由想要規避風險，或者他們可能來自一種強調謹慎的文化。許多人（尤其是女性）可能被社會制約，因此習慣淡化自己的成就或積極的特質。你的主管有可能便是受到這類的鼓勵，引導他們應該避免蠻幹逞強以及聽從他人。

✲ 不安全感會帶來麻煩嗎？如果會，負面的影響是什麼？

你的主管一直試圖尋求安慰、消除疑慮，可能讓你覺得很煩，但是這種行爲本身有問題嗎？還是當主管的自尊得到安撫，其他的負面影響就微不足道了。想想看，主管的不安全感對你或你的團隊造成了什麼損害（如果有的話）。在哪些方面是有害的？當你對問題有清楚的認識，你就可以知道是否需要採取行動，以及如何行動。

✲ 是我助長了不安全感嗎？

如果你跟同事之間出現了負面的動態關係，去探索你在這種負面關係的生成（或延續）上可能扮演了什麼角色，會很有幫助。這並不是說你是造成你主管出現信心問題的主因，但是你有沒有可能以某種方式觸發了這種不安全感呢？

你是否慷慨地與主管共享聚光焦點？你會對他們的工作表示讚賞嗎？也許，你會因爲自己的自我懷疑，而試圖吹噓你所擁有的特殊技能或專長，結果卻凸顯了你老闆的缺點。也許，你曾在別人面前挑戰過他們的想法？或者你曾表現出你不相信他們能完成工作？仔細想想看，你是否在無意中助長了你的主管的不安全感，而且可能讓情況更惡化。

✲主管想要什麼？

不管造成他們的匱乏感的源頭是什麼，大多數沒有安全感的主管想要的，是減少恐懼以及對自己感到更篤定。難道我們眞的無法理解嗎？每個人都希望認同自己夠好，不是嗎？還有什麼可能是主管想要的呢？他們的目標和抱負是什麼？

處理任何需要向上管理的情況都一樣，了解老闆的目的是什麼，是非常重要的。在回答這個問題時，你可能會靠著直覺而偏向負面的解釋：「我主管想要毀了我的事業前途」或是「我主管想讓其他每一個人看起來都很糟糕」。

但是讓我們更進一步去探問，就算他們眞的想「毀掉」你的事業前途（其實不太可能），這種衝動背後的動機是什麼呢？譬如說，他們可能害怕在即將發生的一波裁員中失去他們的工作，或者他們可能相信他們的批評（實際上是非常嚴厲的批評）可以激勵你，讓你表現得更好。不斷地問自己「爲什麼」，直到找到一個你可以理解的觸發原因。

對於這些問題的答案心裡先有個底，你就可以去思考你要採取哪些步驟，來改善你和自我懷疑的老闆之間有問題的動態關係。

▼嘗試的策略

沒有人願意在上班的時候（或是在失眠的夜晚），把時間花在想出新方法，去安撫老闆的自尊，或者讓他們不要再把重心放在枝微末節的事情上，比如在簡報中應該使用什麼字體。但是，你還是應該設法跟缺乏安全感的老闆保持健康、正面的關係，因爲這樣會讓你的工作生活比較輕鬆，而且有一些經證明有效的方法，可以幫助你扭轉關係。

看過以下的策略後，你可以從中找出最切合你的情況的策略進行嘗試。你可以一邊進行一邊調整。

✲想想他們面對的壓力

有太多的老闆事業過度擴張、焦頭爛額、不夠格或是訓練不足。所以，請退後一步，觀看大局。一些合理的壓力，像是實現年終目標，或是有關員工的工作地點和時間的規定一直在改變而讓他們疲於應付，可能會讓主管的焦慮程度提高，並且促使他們把他們的不安全感發洩到你的身上。

他們可能有你沒有看到，或是無法完全理解的壓力源。因此請練習保持同理心。請記住，你的主管也是個凡人，就算他們的不安全感導致了一些問題，需要去處理，也請你保持同理心。

好比斯維塔（Sveta）的老闆想要從各個面向來掌控斯維塔如何完成她的工作，她的老闆甚至會謊稱即將有重要的計劃要執行，以阻止斯維塔休假。由於這是斯維塔從研究所畢業後的第一份工作，因此起初她很猶豫，是不是要反抗她的主管。不過依據過去的經驗，如果跟她的主管正面對決，只會讓主管更加謊話連篇。

因此斯維塔開始試圖改變自己的心態：「最有效的方法，是把我的老闆想像成一個小孩，他不知道自己正在做的事會造成他人的什麼傷害。在腦海中浮現這樣的圖像，我就能像對待小孩子一樣，保持冷靜。」鍛鍊耐心需要很大的自制力，尤其是當她的主管把她惹惱的時候。斯維塔小心地控制自己不要發脾氣，她會先從會議室離開，讓自己冷靜下來，然後再回到剛剛跟老闆那段激烈的對話。

她從來都不喜歡在這位主管手下工作，但是她學會如何接受這種關係，至少暫時如此。斯維塔藉著控制自己的憤怒，緩和了她和主管之間的緊張，好讓她能夠做好她的工作，並享受她應有的假期。

✲ 幫助他們實現目標

如果你那沒有安全感的主管老是愛貶低你，或是把你的功勞占爲己有，也許可能會激發你想要一較高下，或者做出最糟糕的反應之一——報復。如果總是自我懷疑的主管覺得你不能信任，或者覺得你對他很不屑，他的防禦心可能會更嚴重。因此，請你反思，如果你要安撫他們，你可能需要做些什麼，還有你是否願意這樣做。

桑傑（Sanjay）就是學著這樣，跟他的老闆維尼特（Vineet）相處。桑傑對於維尼特對他缺乏信任感到非常沮喪，尤其是維尼特當著客戶面前質疑桑傑的數據分析時，更是充滿著不信任。

當桑傑問老闆，他爲什麼要這樣做，維尼特卻說，能把數字弄對，對他來說眞的很重要。所以桑傑退一步想，該做些什麼，才能解決主管的擔憂。

桑傑試了一種新方法，就是在跟客戶會面之前的一、兩天，他會確保先提供這些數據給維尼特看過，並詢問維尼特的目標。「我想知道，他想從會議得到什麼結果」，桑傑告訴我。接著他會把維尼特的目標考慮進來，提出他們可以一起實現這些目標的幾種建議。

他會使用像是「我們可以的」以及「我們一起處理這件事情實在太好了」這類的詞句。雖然說這些話感覺很做作，但是桑傑注意到，維尼特因此開始對他更加信任。當然，這需要額外的時間和精力，但收穫是維尼特從此不會在客戶面前貶低他了。

把你的工作定位爲你跟老闆共同的努力，這樣有助於緩解你和缺乏安全感的老闆之間的緊張關係，桑傑就是見證。開啟話題時，盡可能以「我們」做爲開頭。當你成功時，務必要跟老闆要分享這份榮耀。

但是，請注意不要讓自己像個庸才。研究顯示，當員工成爲被嫉妒的對象時，他們通常會隱藏自己的正面特質，並且會儘量避免爭功，[11]但那樣可能反而對你不好。

如果你那缺乏安全感的主管認爲你的工作沒有達到要求，或者你的糟糕表現可能會對他們造成不好的影響，那麼他們可能會覺得更焦慮。組織裡的其他人也可能會開始認爲，你不像原先那麼能幹了。目標是要讓你的老闆，把你當成值得信賴的合作夥伴，同時又不會危害到你自己的前途和聲譽。

✲釋放出你不是威脅的訊號

你會希望你的老闆把你當成盟友，而不是對手。如果你能從一開始就跟你的主管一起朝著這個目標前進，這樣當然最好，就算沒有一開始就這麼做，從現在開始重新調整你們的關係，永遠不嫌晚。在會議上，你可以表達「我很敬佩你所做的，我希望繼續從你身上學習。」同時，也向他們傳達，他們不可以任意踐踏你。

關鍵是注意你說話的方式，千萬不要讓備受威脅的他們，更覺得芒刺在背。例如，當你說出「我不懂你說的那個耶」，可能會讓人覺得這是一種挑釁，就算這只是一個簡單的陳述，而且你眞的很想弄清楚他們在想什麼也一樣。

密西根大學專門研究衝突的教授林德瑞德・格里爾（Lindred Greer）跟我分享了一個技巧：當她必須跟一位，把她視爲威脅的上司打交道時，她會把自己想像成一隻可愛的小松鼠，然後她會試著投射出這個角色的溫暖。

她說這個圖像想像，讓她上司的棱稜角角變得柔和，幫助她成功擺脫主管的威脅性。這聽起來好像很愚蠢——我眞的需要假裝自己是一隻松鼠嗎？但林德瑞德說，她已經開始愛上這種方法了。這種想像會讓她泛起微笑，並且讓她的注意力，從一個難相處的同事帶給她的沮喪中轉移開來。[12]

✲ 讚美並表達感激與讚賞

你還可以透過讚揚，來安撫你主管的自尊心。針對覺得自己能力不足的主管所做的研究顯示，真誠的奉承對他們是有幫助的。[13]請注意「真誠」二字，空洞的讚美會被大多數的人看穿。例如，如果你想讓你的老闆放鬆微觀管理，請不要告訴他們，你有多麼欽佩他們能夠注意到細節。

可以理解的是，很多人害怕給人阿諛奉承的感覺。因此你也可以不要透過讚美，而是表達你對他們為你所做的事心存感激。桑奈爾．費斯特（Nathanael Fast）說：「下屬往往不明白，他們的老闆有多麼渴望獲得他們做得還不錯的證據。」、「人們不喜歡這樣的想法，他們不認為維護老闆的自尊是員工的工作，但這種做法，的確可以帶來影響。」

在費斯特的一項研究中，他看到當一名員工對其主管表達：「非常謝謝你，我真的很感謝你這麼做！」這句話使得缺乏安全感的主管對該名員工的績效評估，產生了正面影響。[14]

因此，請考慮謝謝你的主管給你機會參與受矚目的計劃，或者謝謝他把你介紹給另一個部門的同事。私底下的感謝當然很好，但是如果你在他們重視的人面前感謝他們，可能會產生更大的影響。這不僅可以讓他們放輕鬆，而且藉著把注意力放到他們的一些優勢上，你還可以幫助他們建立信心。

如果你的主管讓你的日子難捱，那麼對他們奉承可能是你最不想做的事。但是爲了減輕壓力，以及更光明的事業前途，希望這只是小小的代價。

妮雅（Nia）之所以願意跟她的老闆塔瑪拉（Tamara）親密共事，是因爲她將這種互動關係視爲一種交易。塔瑪拉是那種很容易改變心意的人，至於她的決定會如何改變，就看她最近跟誰談過話。塔瑪拉的這種習性讓妮雅還有她的隊友動彈不得，因爲塔瑪拉會一直反覆更動一項決定的進程。

妮雅採用的解決方案是，成爲塔瑪拉值得信賴的顧問，也就是當塔瑪拉開始懷疑他們是不是朝著對的方向前進時，會去徵詢意見的那個人。

「我必須時時提高警覺，看看最近誰在跟她咬耳朵，並準備好隨時回應她提出的任何擔憂——可能讓我們偏離正軌的擔憂」，妮雅告訴我。「如果我以冷靜沉著的態度面對她，維護她所渴望的尊嚴，她就可以自己找到出路。我覺得這有點像是，她需要我擔任她的直布羅陀之石（Rock of Gibraltar）。」雖然這需要妮雅巧妙地使出渾身解數，但她覺得這是值得的。她讓塔瑪拉挑選出有利的計劃，並且協助她把部門帶得更順。

妮雅的努力改變了她和塔瑪拉之間的權力動態關係。研究顯示，這種策略可以減少惡性老闆對你的不當對待。[15] 如果你能對你的主管發揮影響力——譬如說爲自己培養出你的主管將會仰賴的技能，或者成爲一個讓人信得過的顧問——這樣可以阻止一些有問題的行爲，甚至會讓你的老闆有動機對你好一點。

✲ 滿足他們的控制欲

缺乏安全感的主管通常很難信任其他人，因此他們經常採用微觀管理。你可以用一些方法，讓他們覺得自己是發號施令的人，藉此打斷他們的一些干涉。你可以說：「我們要做什麼，最終由你來決定。」或是「我對你有信心，相信你會做出正確的決定。」之類的話，然後針對如何執行，提出一些建議。

分享資訊是另一種做法，可以強化他們一切都在掌控之中的感覺。許多沒有安全感的主管害怕自己沒有掌握最新的消息。因此盡可能讓他們知道最新的情況，對於你正在進行什麼以及你跟誰談過，請保持透明，尤其涉及公司其他部門的時候。

針對你的老闆關心的計劃，定期安排向他報告進度，讓他們感覺自己參與其中。雖然在做這些事情的當下，會讓你覺得很煩人，但是現在不厭其煩地分享可能會讓你省去以後爲自己辯護的麻煩。

研究顯示，**對話的時候，用提出問題的方式，而不是提供答案的方式來說話，也可以加強另一個人的掌控感**。例如，你可以提出「如果……怎麼辦？」或是「我們可以……嗎？」，藉由以此爲開頭的問題，邀請你的主管分享他們的想法。[16]

好用的詞句

當你嘗試把這些策略應用在你那缺乏安全感的老闆身上時，請先準備好一些好用的詞句。你可以把以下建議的詞句，整合應用到你自己的策略上。請把這些句子修改成真的像是你會說的話。

●證明你一定會為了老闆的成功效命

「我希望我們所有人，都會因為我們所做的努力而受到讚揚。」

「我知道我們都希望團隊看起來很棒。」

「你有整個團隊的支持。」

「我知道我們都為了成功而努力。」

●建立他們的信心

「我很謝謝你上週跟我談這個計劃，我們的談話改變了我的思考。」

「我很欣賞你在那次會議所說的那番話，我認為其他人很重視你的意見。」

「你對此有獨到的見解，我很樂意聽聽看你的想法。」

●給他們掌控感

「我會分享我的一點淺見，希望可以幫助你做最後的決定。」

「現在我們要做什麼，最終由你來決定。」

● **在分享你自己的想法之前，先參考他們的想法：**

「讓我根據你的想法……」或「就像（插入你老闆或主管的名字）剛才所說的那樣……」

「你覺得你從我這裡得到的訊息足夠了嗎？讓你掌握最新情況對我來說很重要。」

✲為自己建立一個讚美資料夾

當你必須和一個沒有安全感的老闆共事，這時你需要想辦法提振自己的信心，以免像愛子那樣，陷入自我懷疑。可能的做法是，替你自己的優勢列一份清單，每當你跟你的主管發生了特別耗費心力的互動，或是每次你跟組織裡（或組織外）的人接觸，而跟這些人的互動會投射出你最好的一面，在這之後，你都可以把這份優勢清單拿出來檢視一番。

在我的職業生涯裡，曾得到一個非常棒的建議，那就是在我的收件匣中保留一個讚美資料夾。我會在那個資料夾裡，保存所有恭喜我漂亮地完成任務、稱讚我的工作，或者讓我知道我的努力對同事、客戶或讀者產生何種影響的來信。

我並沒有像原本以爲的那樣，在剛開始創建這個資料夾的時候，會三不五時就去看一看，而是只要知道有這樣一個資料夾存在，就可以增加我的信心。

現在就在你的電子郵件信箱裡，新增一個資料夾，每次收到某人的讚美時——即使只是小小的讚美——都把它存在這個文件匣裡。當你需要提振一下，尤其是在跟缺乏安全感的主管互動之後，你只要點擊一下滑鼠，就可以得到你需要的讚美。

——⋯——

不幸的是，無論你多麼有策略，你都不太可能完全消除你主管的不安全感。話說回來，這也不是你的責任。雖然本章介紹的策略應該可以幫助你跟老闆的互動順暢，但是請小心過猶不及。如果你完全專注於搞定你的老闆，你有可能無法做好你的工作，或者組織裡有些人會疏遠你，因爲他們會覺得很奇怪，爲什麼你會執意要讓你那德不配位的老闆，看起來還不錯。如果你覺得好像推不動，請參閱第十二章，看看在認輸之前，還有哪些可以用來最後一搏的手段，值得你去嘗試。

雖然愛子對自己產生質疑，但她仍然有辦法把精力放在改變她和主管之間的動態關係上，做法是強調她們有共同的議題。她總是費盡苦心讓科拉可以一起開會，並讓她掌握最新情況。

到了每個星期的尾聲，愛子會趁週末開始之前，發一封電子郵件給科拉，把他們的計劃的任何進展都列出來，或者記錄她那一週進行的重要對話。這些重點摘要有雙重的作用——首先有助於安撫科拉的焦慮，再者也記錄了愛子做了什麼出色的工作。

在愛子的內心深處一直都知道，科拉的不安全感可能導致她在別人面前，會想要把愛子踩在腳下。如果發生這種情況，她將會很慶幸自己曾經把工作進度做成記錄，可以用來捍衛自己。幸運的是，事情沒有走到那個地步。最後，愛子離開了公司，但她在科拉的手下，待了五年之久。

回首過往，愛子認爲自己那時候應該可以把情況處理得更好才對，特別是如果她沒有把科拉的行爲看成是針對她個人的話。當然，知易行難。當你有這樣一個主管，老是會在背後盯著你，質疑你的工作，或者會爲了膨脹他們的自我而不惜犧牲別人，那種感覺就像是受到人身攻擊。但是我們應該努力跟所處的情境保持適當的情感距離。也許，我們可以把自己想像成一隻可愛的、毛茸茸的松鼠。

戰略備忘錄 缺乏安全感的老闆專用

必做——

- 請記住，缺乏安全感的老闆跟我們一樣，都是人。把他們妖魔化對任何人都沒有幫助。
- 將自己定位爲盟友，而不是對手。

- 給予你的老闆眞誠的讚美，或是表達感激與讚賞——你可以私下表達，但也要在那些他們重視意見的人面前，公開讚美他們。
- 盡可能以「我們」做爲句子的開頭。
- 讓他們掌握最新情況，而且對你正在進行的工作以及和誰談過話保持透明，尤其是涉及公司的其他部門的時候。
- 安排定期報告，你可以藉此跟老闆分享他們關心的計劃的進展，並且讓他們對你的工作有參與感。

避做——

- 自以爲自己知道你的主管承受了什麼壓力，或者是什麼導致了他們的不安全感。
- 報復。如果你那自我懷疑的主管感覺到你不值得信任，或者覺得你對他們不屑，他們的焦慮可能會加劇。
- 當你成功時，忘記跟老闆分享聚光焦點。

04 狂抱怨的悲觀者

▶「這永遠行不通。」

德蕾莎（Theresa）辦公的位子和西姆蘭（Simran）的位子隔了兩個隔間，但德蕾莎卻養成了每天跑來西姆蘭的位子好幾次的習慣。西姆蘭不介意她來串一下門子，除非德蕾莎除了抱怨以外，沒有什麼其他的事。

「每天早上，當我問候她好不好，她都會說盡她生活中所有的壞事。「她會抱怨她家的事、她的通勤、我們的同事，還有任何你想得到的事！」剛開始，西姆蘭認爲傾聽和提問，可以讓她的同事發洩一些負面情緒，沒想到這樣只是讓情況變得更糟。「我變成她每天大吐苦水的不二人選。」

有一次，公司的CEO召開全體員工會議，宣佈公司過去一年的業績特別強勁，所以要發獎金給公司裡的每一個人，會議後德蕾莎立刻走到西姆蘭的辦公桌前，指出公司的福利方案仍嫌不足。她的話破壞了西姆蘭原本興奮的心情，原先西姆蘭不僅對獎金感到興奮，公司的成功更讓她爲之一振。然而西姆蘭在工作上必須和德蕾莎密切合作，因此她希望自己能和德蕾莎相處融洽。

但是她發現這很難辦到，而且在大部分的日子裡，當她看到德蕾莎走過來，她本能的反應是跑到另一邊。

悲觀主義者、憤世嫉俗者、懷疑論者、愛抱怨的人、愛唱反調的人、失敗主義者。我們都曾經跟這樣的人共事過——他們似乎找不到任何正面的話可以說，從來都沒有，他們甚至會對計劃和倡議高談所有失敗的可能性，並且以此爲樂。你可能熟悉《週六夜現場》（*Saturday Night Live*）劇中的女演員瑞秋・德拉奇（Rachel Dratch）出色地詮釋了「黛比・唐納」（Debbie Downer）這個角色。

黛比在任何社交聚會上都是個麻煩人物，她經常把貓愛滋的發病率掛在嘴邊。任何跟她互動的人都會被她激怒，雖然這只是一種諷刺性的演出，但很多人對於不得不跟像黛比這樣的人打交道，都感到很恐懼。有悲觀主義者在身邊一點都不有趣。

他們經常出現以下行爲：

- 抱怨會議、抱怨高層領導、抱怨其他同事，抱怨任何一件事。
- 公開宣稱一項新倡議或是新計劃注定要失敗。
- 抱持「我們已經試過，但失敗了」的心態，特別是在談論創新或是新工作方式的時候。
- 立即指出一項戰略或是策略的風險。
- 即使新聞或是會議內容大部分是正面的，也要找一些負面的話來說。

在德蕾莎不在辦公室、去休假，或是她忙到沒有時間停下來聊天的時候，西姆蘭覺得自己會比較專注，也比較有效率。她還意識到，每當她聽到德蕾莎走向她的辦公桌，她都會做好心理準備，迎接負面情緒的衝擊，她甚至會假裝自己正在做某事，希望德蕾莎不要打斷她，跟她抱怨。但這樣逃避也不是辦法，她發現自己希望的是德蕾莎能夠改變她的態度，或者至少讓她的負能量找到其他的出口。

如果你想從你那愛唱衰的同事的烏雲中走出來，去了解是什麼在驅動他們的行為，對你是有幫助的。

▼促成悲觀行為的背景

悲觀主義者爲什麼會用他們這種方式來看待世界，原因有很多，深入了解他們的動機，可以幫助你決定採用哪種策略，並且激發更多的同理心。你甚至可能會發現，從他們的觀點出發可能可以獲得的一些收穫。

究竟是什麼原因導致像德蕾莎這樣的人，變得如此讓人掃興？這個問題沒有單一的答案。然而，當我們談到悲觀主義時，有三個因素需要考慮：

- 觀點：悲觀主義者相信負面事件或是負面結果是避不掉的。我們可以想想兒童文學中經典的悲觀主義者——憂天小雞（Chicken Little）或是某些國家或地區的母雞潘妮（Henny Penny），她告訴農場裡的每一隻動物，天要塌下來了。他們認爲，災難迫在眉睫。

- **能動性**：第二個面向是看是否有意願或能力行動，來影響事件的結果。蜜雪兒・吉倫（Michelle Gielan）是一位專門研究幸福和成功的研究人員，因此她也相當關注悲觀主義。她把悲觀主義者定義爲「不相信好事會發生，而且沒有能力改變結果的人。」[1]她說，**負面思維不一定是壞事，事實上，在某些情況下負面思維可能是有道理的**。但是，如果一個人除了抱持負面思維，同時也覺得他們爲了避免災難所做的努力不會有任何效果，他們就不太可能採取行動。
- **行為**：態度要變成行動就從這裡開始。失敗主義者的行爲可能包括沒完沒了的抱怨，就像西姆蘭的同事德蕾莎那樣，經常把別人的想法貶得一文不值，或者一直在談論他們有多麼不開心。這些行爲就是他們的宿命論觀點以及缺乏能動性的表現。

這三個要素都很重要，我們需要去推敲它們的影響力。你的同事是否抱持負面觀點，但他們很少把負面觀點付諸行動？他們覺得自己有能力改變自己的處境，或是影響計劃的結果嗎？那些抱持負面觀點但保留能動性的人，通常屬於被稱爲「防禦性悲觀主義」（defensive pessimism）的類別，抱持防禦性悲觀主義有時候是有好處的。[2]

例如，一項研究顯示，有慢性病的防禦性悲觀主義者比較有可能採取可以改善他們健康的行動，例如主動控制他們的疼痛。[3]研究人員指出，防禦性悲觀主義者在傳染病爆發期間，可能比較不會被傳染，因爲他們的擔憂會引導他們採取預防行爲，例如經常洗手或是向醫生諮詢。比起那些認爲隨時隨地都可能厄運臨頭卻又無計可施的人，屬於這一項子類別的人是比較容易跟他們共事的。

還有另一種悲觀主義者類別——受害者——他們往往抱持負面觀點、能動性很低，而且他們展現出來的行爲模式會把自己描繪成被蔑視的對象或是倒霉鬼。我將在第五章詳細討論這種悲觀主義的變型。

✲避敗取向——預防焦點 vs 求成取向——促進焦點

如何更了解你的悲觀同事？方法之一是思考所謂的動機焦點（motivational focus）。根據這個模型，有避敗取向的人會把焦點放在預防（prevention-focused），他們關心的是安全，因此他們通常會把任務看成是一系列需要去克服的障礙。

而求成取向的人則是抱持促進焦點（promotion focus），他們會以正面的方式思考未來，而且對於其他人覺得無法克服的挑戰，他們會從中找出機會。社會心理學家海蒂・格蘭特（Heidi Grant）和愛德華・托利・希金斯（E. Tory Higgins）描述了這兩種類型之間的區別，如下表所示。

主要動機焦點的差異

●促進焦點型的人：

- 傾向速戰速決。
- 會考慮很多替代方案且善於腦力激盪的人。
- 對於新機會保持開放的態度。
- 是樂觀主義者。
- 僅針對最好的情況進行規劃。
- 會尋求正面的回饋，沒有正面回饋就會失去動力。
- 當事情出錯時，會感到失望或沮喪。

●預防焦點型的人：

- 認為慢工出細活。
- 偏好準確。
- 做好最壞的打算。
- 因為緊迫的期限而備感壓力。
- 堅持用驗證有效的方式來做事。

- 對於讚美或樂觀感到不自在。
- 當事情出錯時，會感到擔心或焦慮。

資料來源：改編自海蒂・格蘭特（Heici Grant）和愛德華・托利・希金斯（E. Tory Higgins），〈你是求贏——還是求不要輸？〉（*Do You Play to Win—or to Not Lose?*），《哈佛商業評論》（*Harvard Business Review*），2013 年 3 月，https://hbr.org/2013/03/do-you-play-to-win-or-to-not-lose。

並不是說這兩個類型相較之下有孰好孰壞之分，但是它們在團隊和組織裡能夠發揮的作用確實不同。格蘭特和希金斯解釋說道：「注重預防的人通常比較會規避風險，但他們的工作也會做得更徹底、更精準，而且是經過仔細考慮的。爲了成功，他們會一絲不苟、慢工出細活。他們通常不是最有創造力的思想家，但他們可能有絕佳的分析和解決問題的能力。雖然有促進心態的人會產生很多想法，好的壞的都有，但往往需要有預防意識的人來區分兩者的差異。」[4]你的悲觀同事是不是一位注重預防焦點的人？

如果你是偏向促進焦點的人（請注意，同時兼具這兩種類型的特徵也是有可能的），你可能會發現預防焦點型的同事特別令人沮喪。但是，了解他們的行爲中有哪些有價值的面向，並且了解悲觀主義絕對不只是一種「天要塌下來」的病態堅持，這樣你就不會覺得他們的警告那麼煩人，甚至可以讓你想到如何引導。

你的同事之所以持續抱怨，背後可能還有其他的驅動因素，其中可能包括焦慮、對權力的渴望以及怨恨。

✲焦慮

對於許多悲觀主義者來說，去想像最壞的情況，可能是對於焦慮的一種下意識反應。藉著考慮可能出錯的每一件事，他們覺得好像這樣自己就可以防範那些可能性眞的發生。當然，這只有在他們隨後採取行動防止他們最擔心的事情發生，才眞的有用。

例如，想想你最近一次的求職經驗，假設那是一份你眞的很想要的工作。在這個過程中，你可能在某個時點上（或多個時點上）告訴自己，你「永遠不會被錄取」。這種批判性的自我對話當然很悲觀。但是，如果你對於這種自我對話的回應，是把面試準備做得更充分，或是對公司進行更多的研究，那麼這樣的自我對話就具有功能性目的。

也有可能你的悲觀同事並沒有意識到他們老是往壞處想，或者他們認爲負面思考是有幫助的。例如，他們可能相信他們一開始就對新提出的想法嗤之以鼻，其實是在拯救團隊不要掉進失望的痛苦深淵。

他們用這種方式發洩他們的焦慮，確實會讓周圍的人（尤其是樂觀主義者）感到不舒服。但是了解他們這樣做是基於擔心，而不是因爲他們想要潑你冷水，這樣可以幫助你更知道該如何應對。

✲權力

你的同事之所以愛唱反調，也可能是出於對權力的渴望。當我在會議上遇到不分青紅皂白否定想法的人，我經常會把這種行爲解釋爲責任的轉移。畢竟，如果他們堅持「那永遠行不通！」那麼一旦計劃沒有像預期的那樣成功，他們就不會被留下來收拾爛攤子。

在某些情況下，我還會認爲這是一種懶惰的表現。如果有一位同事說：「我們甚至連試都不應該試」，那麼計劃的成功與否就不甘他們的事，或者他們就不會以任何有意義的方式對計劃有所貢獻。

但是維吉尼亞大學（University of Virginia）的周衣玲（Eileen Chou）的研究發現了一種不同的動機。周衣玲的發現指出，悲觀主義者在他們的負面態度中找到一種控制感。他們可能不是在逃避責任，而是藉由跟團隊唱反調來維護自主權。而其他人也會認爲他們比較有權威。正如周衣玲向我解釋的：「我們會以爲大多數人會迴避或排斥唱反調的人，因爲他們是個麻煩。但實際上剛好相反，地位高的人往往正是發表負面言論或跟大家看法相反的人。」[5]

這形成一種持續強化的循環。悲觀主義者利用負面態度來覺得自己很有權威，而他們的憤世嫉俗則讓其他人更有可能對他們產生同樣的認知，甚至選擇他們做爲領導者，如此一來權威的認知就變成了現實。

✲怨恨

也許你那位悲觀傾向的同事是在表達他的不滿。以菲利普（Phillippe）爲例，他和他的同事奧黛麗（Audrey）都想要在他們工作的製藥公司的行銷部門獲得升遷。菲利普已經在那裡工作了七年，對於團隊的領導位子已經巴望了一段時間。

奧黛麗則是一個相對新的人，八個月前才加入這個組織。但行銷資深副總裁認爲奧黛麗比菲利普更有潛力，所以把這個職位給了她。菲利普在接下來的六個月裡，擱置了奧黛麗提出的每一個想法，並聲稱她所提出的任何新倡議在她這次提出之前，都「已經嘗試過了」，而且是「徹底失敗」。

在菲利普這個例子裡，他的行爲跟焦慮傾向或是動機焦點無關。而是他的怨恨導致他貶低奧黛麗，阻礙團隊的進步。像菲利普這樣的人——他們在升遷中被跳過，覺得自己不受到組織或老闆的重視，或者覺得自己沒有得到應有的尊重，你經常會在他們身上，看到這種憤世嫉俗和厭世的態度。因此，無論是有心還是無意，他們都想要絆倒周圍的人。

然而，在某些情況下，悲觀主義者對於一些不當行爲的懷疑可能是正確的——特別是我們所知道的，來自被低估群體的人（例如女性和有色人種）在升遷中是如何被忽視的，這種情況屢見不鮮。

不管是什麼原因激發了憤世嫉俗的行爲，你和你的組織都會爲此付出代價。

▼與悲觀主義者共事的代價

研究顯示，悲觀主義者自己爲此更是飽嚐苦果。他們比樂觀主義者更容易出現焦慮和憂鬱。他們比較常反應自己的壓力很大，而且在生病或是遇到其他挫折的時候，會需要更長的時間才能復原。

一些研究顯示，抱持負面的觀點會讓你比較沒有創造力。甚至有證據顯示，悲觀主義者在經濟上會遇到更大的麻煩：跟樂觀主義者比起來，他們比較不會爲了大額購買而存錢，或是設立應急基金。他們通常也會比樂觀的人更擔心金錢和財務狀況。[6]

由於情緒具有傳染性，無論是正面的還是負面的都一樣，因此我們很容易被捲進同事的悲觀世界，你可能會因此而付出一些我們之前討論過的代價。[7]

你可能會變得很消沉，比平常更擔心負面的後果，或者開始覺得你的行動對工作發揮不了影響。或者，當你試圖想要避開悲觀的人，你可能會變得暴躁易怒或覺得壓力過大。你跟負面同事相處的時間愈多，你就愈有可能開始從他們的眼光來看世界。

賈邁爾（Jamal）遇到的就是這樣的情況，他的經理科特妮（Courtney）不斷地批評公司的領導階層。而這是賈邁爾的第一份工作，所以他完全沒有想到要對科特妮的觀點存疑。相反地，他開始認爲公司的領導者就是像科特妮對他們所描繪的樣子。

「持續的負面情緒把我對未來的所有熱情、興奮和樂觀給消磨殆盡。我把科特妮的批評內化，將對於領導階層和我們產品的缺陷深信不疑。」賈邁爾說他甚至開始懷疑他們的一些隊友，因為每次只要有人沒有來上班，科特妮就會指控他們是在裝病。

雖然說他們的團隊一直都能達到目標，甚至超越他們的目標，但是「科特妮老是讓我們覺得，我們好像還不夠努力。這確實讓我們之間分成了兩派。當這些裂痕存在時，你就沒有辦法讓整個團隊順利運作。」

你的團隊裡只要有一位悲觀主義者，尤其是像科特妮這樣握有權柄的人，就足以改變每個人的互動方式。團隊裡經常出現抱怨聲浪，會造成團隊分裂，降低每個人的工作滿意度，破壞信任，還會助長污染團隊或是組織文化的負面情緒。

沒有人會想要承擔這些成本。那麼，如何跟令人沮喪的同事相處呢？讓我們從問自己幾個問題開始著手。

▼可以問自己的問題

回答以下問題將有助你開始布局，以改善你跟悲觀同事之間的動態關係。

✲他們悲觀的可能來源是什麼？

去了解是什麼原因導致憤世嫉俗的人抨擊別人的想法，或者他們為什麼拒絕嘗試新方法，這麼做可能會幫你指出一條明路，找到一個你未曾想到的解決方案。到底抱怨的根本原因是什麼？我剛剛描述過的任何動機——預防性焦點、對權力的需求，或是焦慮——看起來是不是符合？他們有可能對某件事感到不滿嗎？

如果你的同事對於計劃可能會失敗感到很焦慮，你或許可以請他們安心，他們不會因爲嘗試新的事物而受到懲罰。如果他們怕「浪費時間」，請再三說明爲什麼實驗很有價值，就算實驗沒有成功還是有價值。如果他們只是累壞了或是太忙了，所以不想進一步施展身手，那麼也許可以幫助他們處理如何管理他們的工作量的問題（如果你是他們的老闆，則可以減少他們的工作量）。

你可以主動找出造成他們的態度的根本原因。盧卡斯（Lucas）面對他的同事喬（Joe）的不斷抱怨，就是這樣做的。喬對於他們的諮詢團隊如何爲一種新的醫療設備確定市場規模，總是不停地抱怨。團隊已經開了很多次的會，把計劃整個走一遍，也將工作明確分工，並且設定目標還有里程碑，然而喬對於這些討論卻沒有任何有用的貢獻。

他會雙臂交叉說：「我看不出來這對客戶有什麼幫助。」之類的話。盧卡斯把他拉到一邊，問他是怎麼回事。反覆詢問後，很顯然喬並沒有完全理解他被期望做的事，他的悲觀態度其實是一種防禦機制。

盧卡斯花了半天的時間，和喬一起逐一檢視他需要做什麼，並和他一起練習。他們一起估算三十個細分市場中的五個，接下來喬就可以比較有把握獨自進行剩下的二十五個。慶幸地是，這個方法奏效了。盧卡斯告訴我，喬的「懷疑主義消失了」，他在他們開會的時候不再唱反調了。

✲他們的擔憂合理嗎？

有一點憤世嫉俗是健康的，甚至是必要的。悲觀主義者在社會上和大多數的工作場所，扮演了重要的角色，因爲他們帶來了平衡。他們可以指出許多人，尤其是樂觀主義者，容易遺漏的風險，這是很有幫助的。當其他人迅速推動一項新的倡議時，他們鼓吹謹慎爲宜。我們需要反對的聲音，來查驗我們的假設、讓我們的想法升級，避免我們犯下代價昂貴的錯誤，悲觀負面有時候是合理的。

當我們看到世界各地正在發生的事——嚴重的經濟不平等、種族上的不公義、不斷上升的民粹主義和民族主義浪潮，就可以理解爲什麼有些人對未來不抱希望。當我們有很多充分的理由擔心接下來會發生什麼，卻還堅持保持正向，會讓我們不知道該何去何從。[8]

思考一下你的團隊或組織是否陷入「正向崇拜」（cult of positivity）迷思，亦即只有認同與樂觀才能得到獎賞。你們是否保留空間讓成員可以公開反對或表達他們的懷疑？也許你誤將同事標記爲悲觀主義者，只因爲他們願意在其他人不願意時，大聲說出他們的意見。

✲他們哪些行為有問題？

請避免過於粗略概述悲觀同事們的態度，而是仔細描繪，明確指出他們哪些確切的行爲爲團隊帶來麻煩。問題是在於他們的負面評論，阻礙了團隊的其他成員發表意見嗎？還是除非他們百分之百確定會成功，否則他們不願意承擔工作？

我經常聽到有人形容悲觀主義者會把「房間裡的空氣都抽走」（taking the air out of the room），我也曾與有這種本事的同事一起工作過。但是我們應該要具體說明，他們做了什麼而造成困擾。正如海蒂·格蘭特（Heidi Grant）告訴我的：「你必須確定，的確有實際的問題存在。如果你只是不喜歡他們的作風，那你可以選擇置之不理，翻翻白眼，哀嘆一下，然後繼續前進。」[9]

確切了解哪些行爲替你和其他同事形成阻礙，可以幫助你決定採用哪些策略。

▼值得嘗試的策略

如果卡通人物小熊維尼（Winnie the Pooh）無可救藥的樂觀態度還是無法改變同伴屹耳（Eeyore）的世界觀，那麼你很可能也沒辦法讓你的同事總是看到事物的光明面。但是，有一些步驟可以供你採用，藉此讓你跟悲觀主義者的合作變得更愉快，也更有效率。

✲重新把憤世嫉俗的態度定義為一種天賦

請設想你的同事並沒有惡意，嘗試把他們看做擁有特殊天賦。當他們又指出了你正在進行的一項新措施，注定要失敗的另一個原因時，請告訴自己，他們正在利用他們獨一無二的才能，來幫助我們看清風險。

這種指出潛在缺陷的能力，通常是一種被低估的特質。讓我們回顧過去幾十年發生的衆多大型企業災難，從安隆（Enron）到富國銀行（Wells Fargo），到英國石油公司的漏油事件（the BP oil spill），再到波音747 Max的悲劇。

許多專家研究造成這些災難以及其他大型災害的原因，他們一致發現，許多員工其實都知道當中所犯的錯誤或犯下的罪行，只是他們沒有把這些事情說出來而已。[10] **在許多情況下，人們會保持緘默，因爲組織文化並不鼓勵員工提出擔憂，因此他們會擔心說出來反而自食惡果**。[11]

如實接受悲觀主義也有助於建立連結，找出愛唱反調的同事跟你之間的共同點，並且看看他們陰鬱性格背後的邏輯甚至價值，這樣可以幫助你找到可以產生共鳴之處，也許最後你們可以相處融洽。但是改變你的看法只是開端而已——單憑同理不可能阻止你的同事繼續傳播他們負面的論調。

✲ 請讓他們正式擔綱演出

如果你的同事天生有本事找出風險，請考慮讓他們正式擔任類似吹哨者的角色。你肯定聽過這樣的建議，亦即任命一名魔鬼代言人負責提出尖銳的問題，並且挑戰團隊的思維。研究顯示，用這種方式給予至少一個人反對的權利，可以促進整個團隊做出更好的決策。[12] 這是賦予悲觀主義者的完美任務。由於「魔鬼代言人」（devil's advocate）對某些人而言可能有負面的意涵，因此我喜歡把他們稱爲「異見總司令」（disagreer-in-chief）。

這種策略有一個優點，就是可以協助團隊，避免醜化悲觀主義者，並且把他們重新塑造爲有貢獻的團隊成員。前科技主管兼創新專家妮洛佛・莫晨特（Nilofer Merchant）是以下觀點的擁護者——分歧的聲音正是個人以及企業成長的關鍵。正如她所寫的：「一些領導者會把『提出異議的人』妖魔化，指控他們是問題的所在，而不是去解決被提出的問題。原因很簡單——看到自己的缺點會讓人不舒服。正是這種不舒服的感覺，導致領導者轉移焦點並進行防衛。當然，當領導者這麼做，他們會限制組織的提升。」[13]

✻ 挑戰他們的假設

悲觀主義者：「這注定會失敗。」

你：「實際上，我認爲這可能行得通。」

悲觀主義者：「你就是太天真了。」

如果你試圖去強迫一個悲觀主義者，用你的方式來看待事物，反而會進一步鞏固他們的觀點。因此我們要反向操作，從他們的基本想法和假設著手。你可以要求他們說清楚他們的意思究竟爲何，或提供更多的資訊。

例如，如果你的同事說：「這個計劃在財務部門那邊永遠過不了關」，你要請他們解釋原因。更好的做法是，尋求替代的解決方案：「我們可以做些什麼，以確保計劃確實可以獲得他們批准？」請注意你的語氣，這樣才不會聽起來好像在輕視他們或是在下指導棋。

你甚至可以利用「但是」的語句，來做示範。例如，你可以說：「財務部門可能不會通過，但是現在先做基本功是值得的，因爲明年他們很可能會批准比較多的技術專案。」

海蒂．格蘭特（Heidi Grant）表示，跟悲觀主義者打交道時，在溝通技巧上有一種神奇的組合：「你會想要明確表示，你相信這將會很困難，但同時你又相信會成功。」[14] 如果你表現出你覺得那很簡單，那麼悲觀主義者才不會理你。如果你能傳達出，你理解他們爲什麼會有這樣的感覺，將會增加推動他們轉往不同觀點的機會。

你還可以重新定義他們的抱怨，同時認可他們可以有這樣的感覺。例如，如果悲觀主義者發牢騷抱怨另一個團隊成員懶惰，你可以說：「現在這時候每個人都很忙。我敢打賭他們所做的，比我們看到的還要多。」

你不需要表現得自以爲高人一等，或是語帶刻薄，但是呈現不同的看法是有幫助的。或者你可以設法讓你那位愛唱衰的同事變得有建設性一點。例如，你可以說：「我可以看得出來你爲什麼感到沮喪。對於這個部份，你覺得現在有任何我們能做的事嗎？」或者「下次我們可以試試什麼東西嗎？」

你不需要跳出來說：「夠了，那你來做做看啊！」但是你可以經由指出他們可以採取的行動，來增加憤世嫉俗者的能動感，你甚至可以說一下你之前遇到類似的情況，你是如何做出有效的回應。

✲協助他們了解他們的悲觀主義何時有益，何時有害

適度的憤世嫉俗對團隊是有利的，你的失敗主義同事可能並沒有意識到他們的言語和行爲，會對別人造成負面的影響。你可以幫忙點醒他們。例如，你可以說：「當你發表負面評論，團隊就會卡住。」

拜倫（Byron）跟他的同事摩根（Morgan）聯合執行了一項計劃，當摩根一直說這項計劃行不通時，拜倫就是這樣做的。他們團隊被賦予的任務是整理公司的銷售庫存，並找出可能帶來新銷售的營運效率模式。

摩根在另一個部門工作，他打從一開始就對這個計劃抱持懷疑的態度。拜倫看出摩根的態度激怒了其他的團隊成員，他擔心這會妨礙他們的進度。因此，他安排了一次跟摩根一對一的會議，並且盡他所能委婉地解釋，每當摩根發表負面評論時，整個團隊看起來都很洩氣，談話也就此停止。

摩根聽了以後反應變本加厲，重申他懷疑涉及其中的衆多部門駕馭得了這項計劃嗎？拜倫要求他除了提出擔憂之外，還要提供替代方案，來代替先前被提出的想法。「我向摩根解釋，他所做的事感覺起來就像不斷地設置路障，卻不提供繞道標誌」，拜倫這麼向我說。

摩根接受了拜倫的建議，當團隊成員對於他的改變做出正向的回應時，他似乎鬆了一口氣，

而這進一步強化了他的新行爲。拜倫告訴我，這個團隊提出的建議已經被採行，而那些建議當中，有許多是來自摩根提出的替代方案。他認爲，由於摩根的貢獻，整個過程變得更加嚴謹。

✲ 向正向靠攏

正面的同伴壓力也可能發揮作用。由於單獨挑出一些人有時候會產生反效果，所以你可以替整個團隊設定大家必須遵守的規範，這樣可以把掃興的人推往正確的方向。

例如，你們可能會同意大家屬於一個群體，因此每個人在發言前都要問自己：「這個評論（對群體）有幫助嗎？」你們可能也會同意批評應該伴隨著建議——提出反過來應該怎麼做，就像在前面的例子中，拜倫鼓勵他的同事摩根的做法。

如果憤世嫉俗者的負面態度正在撼動團隊，這時採取行動尤其重要。周衣玲在她的研究中發現，**即使只有一個悲觀主義者也會影響整個群體的決策過程**。她解釋，由於群體內部會有一股保持和諧的動力，如果有一個異常值，該群體就會轉向異常值，好讓一切可以穩定下來。這種時候，可以經由同意決策「不應該僅由一個人」的觀點來驅動，藉以對抗這種傾向。[15]

營造正向氛圍是另一種利用同儕壓力，鼓勵悲觀主義者看向事物光明面的方法。例如，蜜雪兒·吉倫（Michelle Gielan）建議，你可以用正向的提示做爲會議的開場，像是「最近身邊的同事們做了什麼，幫助你的生活變得更好或更輕鬆？」使用何種具體的提示並不重要，重要的是幫助團隊把焦點放在好的事情上。

✲小心不要走向極端

在實驗這些策略時，請小心行事，千萬不要在無意中讓你的問題同事愈陷愈深。正如格蘭特所說的：「許多悲觀主義者認爲樂觀主義者是白痴，他們會急著把你當成是天真得無可救藥的白痴。而我們則自認可以帶著消防水帶衝向他們，用我們的樂觀把他們淹沒！」[16] 太勉強他們轉爲正向，可能會讓他們對於悲觀與厄運更加堅信不疑。**我們應該反過來尊重他們的動機模式，甚至針對他們的觀點，就你認同的部分加以肯定**。

你可以承認你也會有負面的感受或想法，然後針對他們的觀點或是他們的觀點中你所認同的某個面向，加以驗證，這麼做會有幫助。你不必說：「你絕對是對的，這個計劃不會成功。」但你可以說：「我聽到你的擔憂了，其中有一些是我們共同的擔憂。請幫助我理解，是什麼讓你得出這些結論。」

好用的詞句

如何選用正確的詞彙才不會激怒悲觀的同事或讓他們疏離，是件很棘手的事。這裡有一些詞句，你可以試試看。

- **讓他們重新把焦點放在採取正面的行動上**

「我們可以做些什麼，來防止你預測的結果？」

「我們真正需要做些什麼，才能成功？」

「如果你對團隊組成、專案經理、計劃不滿意，讓我們討論一下，你可以採取哪些步驟來改變這種情況。我有一些想法，但是我想先聽聽看你怎麼想。」

- **不要讓他們固守自己的觀點**

「有一部分的我同意你的看法，覺得這可能行不通。但是另一部分的我則認為可以行得通，讓我們把這兩種觀點梳理一下。」

「我聽到了你的擔憂，其中的一些也是我共同的擔憂。請跟我多說一些，是什麼讓你得出這個結論。」

「我可以看出你為什麼感到沮喪。對於這個部份，你認為現在有任何我們能做的事嗎？或者下次我們可以有什麼不同的做法？」

- **重新構建他們的觀點**

「我想知道如果用另一種方式，可能可以怎麼看這件事。」

「你很擅長找出缺點，你覺得我們可能遺漏了什麼？」

✲走進正向的人群

花時間跟比較正向的同事在一起，是增強自己抵禦負面風暴的能力的好方法。尋找可以幫助你正向積極，而不是拖著你負面沉淪的人，好好跟他們建立關係。

賈邁爾的老闆科特妮，讓賈邁爾對公司的領導階層和隊友產生反感，當時他便採用了這種策略。一旦他意識到科特妮對他產生負面影響，他就盡可能避免跟她接觸。

相反地，他把時間花在對於未來充滿熱情的同事身上。正如他解釋的：「跟那些對於自己的工作和公司感到興奮的同事共度時光，對我有很大幫助。他們會想走出去，在屋頂上大喊我們的產品！」雖然科特妮從來沒有真正改變過她的調調，但是賈邁爾在志同道合的朋友的支持下，又展現了蓬勃朝氣。

——⋮——

讓我們回到西姆蘭和她的同事德蕾莎的故事——當德蕾莎停下來聊天時，除了抱怨之外沒有別的。西姆蘭告訴我，對於跟德蕾莎的互動方式，她做了細微的改變，並試著強調正向的一面。

例如，她每天早上問候德蕾莎：「妳好嗎？」但是「每一天都是聽到滿滿的負面消息」，連續三個月之後，她開始問：「今天有什麼好事嗎？」頭幾次，德蕾莎聽到後都是愣住，沒有任何反應。但沒過多久，她開始回答這個問題。西姆蘭說她再也沒有問過：「妳好嗎？」而是這樣問：「妳和那個客戶的會面有什麼進展順利的嗎？」或者「跟我分享妳簡報中最棒的部分。」

當德蕾莎開始長篇抨擊時，西姆蘭也學會了替自己找藉口有禮貌地退出談話。西姆蘭承認，這麼小的行動居然可以奏效，讓她感到很驚訝。德蕾莎從來沒有變成帶給人歡樂的人，但西姆蘭不再害怕跟她互動，她說她學到了很多關於如何處理負面情緒的知識——不只是從同事那裡，還有從她生活中的其他人身上。西姆蘭說：「我覺得自己更有能力置身事外，而不會被捲入。」

戰略備忘錄 悲觀主義者專用

必做——

- 鼓勵他們擔任「異見總司令」，讓這個身份成為他們正式角色的一部分。
- 深入他們的基本想法和假設，要求他們說清楚他們的意思究竟為何，或請他們提供更多的資訊。
- 傳達你理解他們為什麼會有這樣的感受，並且輕推他們換個角度看問題。
- 協助他們了解他們的悲觀主義何時有益，何時有害。

- 為整個團隊設定有建設性的規範——例如，你們可能會同意大家屬於一個群體，因此每個人在發言前都要問自己：「這個評論（對群體）有幫助嗎？」
- 承認你也會有負面的感受或想法，然後針對他們的觀點或是他們的觀點中你所認同的某個面向，加以驗證。
- 花時間跟比較正向的同事相處，以提振自己抵禦負面風暴的能力。

避做——

- 試圖讓他們沉浸在正向性中；這會進一步讓他們固守他們的悲觀主義。
- 認為他們的觀點沒有幫助或不合邏輯而不予理會。
- 忽視他們的抱怨或他們的擔憂；他們可能有充分的理由高唱反調。

05 永遠不會順利的受害者

「爲什麼這老是發生在我身上？」

有另外一種悲觀主義者夠常見，也夠煩人，足以使他們可以自成一種原型——受害者（victim）。這種同事覺得每個人都故意跟他們過不去。他們從來不爲自己的行爲負責，出問題的時候，他們會迅速地把矛頭指向別人。當你想要給他們建設性的回饋時，他們會以「我慘了」的態度，或是一大堆有的沒的藉口來回應。

受害者就像悲觀主義者一樣，相信會有壞事發生，而且相信自己幾乎沒有辦法改變這種情況，此外他們還相信並抱怨，這些負面的事特別愛發生在他們身上。悲觀者會堅持主張「天要塌下來了」，而受害者則會說：「天要塌到我身上了。」

以傑拉德（Gerald）爲例，他被請來管理一家零售商店，這家零售店的業績落後於這家公司在同一地區的其他商店。區域經理卡洛塔（Carlotta）熱切希望雇用傑拉德，因爲根據他的履歷和推薦信，他過去曾經策劃讓一家商店成功地轉虧爲盈。

她想像他對於這家每下愈況的商店還有員工來說，會是一個「令人耳目一新的人」。沒想到事實剛好相反：「他更像是一個讓人倒足胃口的人」，她告訴我。

打從一開始，傑拉德就拖延、反對卡洛塔所設定的目標，聲稱這些目標不切實際，但這些目標其實是根據類似商店已經實現的成果來設定的。當她造訪這家店的時候，她可以看出傑拉德把員工的情緒搞得很低落。

卡洛塔形容：「每當傑拉德走進會議室時，就像飄進一大片灰濛濛的雲。」當卡洛塔試圖促使他變得比較樂觀一點，或請他接受挑戰，讓商店起死回生時，傑拉德會說他根本做不到要求她做的事。

卡洛塔表示：「他從來沒有充分掌握自己份內該做的事，或是承擔過責任。他總是會歸咎於其他人或是其他原因——員工、商店位置、天氣。凡是你想得到的理由，應有盡有。」傑拉德把自己當成環境的受害者，對於自己的命運無力主宰。也許你曾經跟抱持同樣心態的人共事過。以下是屬於這種原型的人常出現的一些行爲：

- 為自己感到難過，並期待他人也有同感。（我好可憐哦，有人有同感嗎？）
- 對出錯的事規避責任，並且把責任推卸到其他人身上或是歸咎於外部因素。
- 拒絕建設性的回饋，找盡藉口推託為什麼不能由他們來承擔責任。
- 以抱怨和「我慘了」的態度讓其他人受累。
- 陷入負面情緒的泥淖中。
- 預測失敗，尤其預測他們自己的失敗。

我們有沒有可能幫助一位像傑拉德這樣的同事，改變他們的心態？我們有沒有辦法讓他們更負責任一點？當你必須跟一個老是覺得自己像是衆矢之的的人一起共事，你要如何處理這樣的情緒負擔？

在這一章，我將針對這種特殊類型的悲觀主義者，討論是什麼原因助長了他們的心態，以及如何跟他們打交道。關於如何跟扮演受害者的人相處，有許多策略與如何跟悲觀主義者打交道的策略相似，因此本章的篇幅比其他的章節短一些。我建議這兩章一起讀，這樣可以獲得最佳的效果。

讓我們從是什麼原因讓某些人具有受害者心態開始。

▼促使受害者行為的背景

自認爲是受害者的人有幾個關鍵特徵與悲觀主義者相同。他們同樣抱持負面觀點（壞事將會發生），同樣缺乏能動性（對於改變我力有未逮），但與悲觀主義者不同的是，他們還認爲其他人或是環境必須對令人失望或痛苦的結果負責。

從典型的行爲列表中可以看出，受害者表現他們的核心信念與態度的方式，與悲觀主義者不同。受害者不像悲觀主義者老是在指出風險，而是經常把心力花在指出誰應該受到指責，而目標從來都不是他們。

以色列的一個學術團隊創造了一個術語來闡釋這項特徵：人際關係受害者傾向（Tendency for Interpersonal Victimhood）或簡稱TIV。研究人員將TIV定義爲「一種持續覺得自我成爲受害者的感覺」，而且這種感覺不僅存在於一種情況或一種關係中，而是存在於不同類型的關係中。[1]

許多人在遇到不愉快的情況時，譬如在雜貨店被插隊或是在會議中被打斷，他們會一笑置之或是與對方正面對峙。但是有TIV傾向的人則會把這些事件視爲他們受害的證據——證明他們特別容易厄運臨頭、痛苦加身。

其他專家則使用受害者症候群（victim syndrome）這個術語。曼弗雷德·凱茨·德弗里斯（Manfred F. R. Kets de Vries）是一位心理分析師，同時也是歐洲工商管理學院（INSEAD）領導力發展和組織變革領域的教授，他設計了一份清單，可以幫助我們確定自己是否正在跟有這種症候群的人打交道。

仔細檢視清單上所列的問題，可以幫助你明確找出你的同事有哪些行爲特別有問題。然後，你可以針對你想要處理的問題，制定可以對症下藥的解決之道。

請記住，受害者的習慣常常是植根於眞實的痛苦。有些人在面對創傷、被操縱、被背叛或是被忽視時，會採用受害者心態做爲回應。而這種心態可能會帶來嚴重的後果，例如孤獨、憂鬱和孤立。

儘管有這些嚴重的後果，許多屬於這種原型的人仍然保持這種態度，因爲以受害者自居讓他們嘗到了一些甜頭。想要獲得關注或同情，發出痛苦的信號可能是一種有效的方式。

它還可以讓尋求報復被合理化。正如德弗里斯所指出的：「被關注和認可是一件好事。當別人關注我們時，那種感覺很好；而我們的依賴需求能夠得到滿足，則是令人愉悅的。」[2]

但是如果回到「感覺自己是受害者」或是「與受害者一起工作」這兩個問題本身，則是成本大過收益的。

受害者症候群問題清單

問題清單：你正在跟有受害者症候群的人打交道嗎？

- 是不是每次談話最後都是以他們的問題為中心呢？
- 他們很愛打出「可憐的我」這張牌嗎？
- 他們是不是會發表關於自己的負面談話？
- 他們老是做最壞的打算嗎？
- 他們是不是很愛表現得像個烈士？
- 他們是不是覺得全世界都在迫害他們？
- 他們是不是相信其他人都擁有比較輕鬆的人生？
- 他們是不是只關注負面事件和令人失望的事？
- 他們是不是從來都不覺得需要為自己的負面行為負責？

- 他們是不是傾向於讓別人替他們負責？
- 他們似乎對痛苦、混亂和戲劇性遭遇上癮嗎？
- 他們的痛苦是否會傳染、影響他人的情緒狀態？
- 指責他人似乎可以改善他們的心理狀態嗎？

資料來源：改編自曼弗雷德．凱茨．德弗里斯（Manfred F. R. Kets de Vries），〈你是受害者症候群的受害者嗎？〉（*Are You a Victim of the Victim Syndrome?*，《組織動力學期刊》（*Organizational Dynamics*）第 43 卷，第 2 期，（2012 年 7 月），https://www.researchgate.net/publication/256028208_Are_You_a_Victim_of_the_Victim_Syndrome。

▼與受害者合作的成本

悲觀主義者心態和受害者心態之間的區別之一，在於前者有一些好處，但後者幾乎沒有。悲觀主義者的觀點有助於找出潛在風險，或指出其他人漏掉的陷阱，但是受害者的態度只會激怒他們的同事，還有讓同事疏遠而已。

與抱持受害者心態的人一起工作的主要代價，是情緒傳染。卡洛塔覺得傑拉德的存在就像一片「灰濛濛的雲」，只要有過這種經驗的人，就能明白。受害者堅持主張事情很糟糕，而且沒有辦法改變，這種看法可能會傳染——你可能會開始懷疑是不是有人要對你不利，或是環境對你有害。卡洛塔告訴我，傑拉德的疑慮讓她把焦點集中在商店無法成功的所有原因上，而不是去找出他們可以採取哪些行動，奮力東山再起。

跟愛推卸責任的人一起工作，也會讓人火冒三丈。你可能會因爲他們持續灌注的負能量而有一種被耗盡的感覺，或者因爲努力抵抗他們對團隊士氣的影響而搞得筋疲力盡。

如果你不得不因爲受害者的推卸而去幫他們完成，原先他們該做的工作，或者因爲必須不斷說服他們「他們很好」而產生情緒負擔，那麼你很有可能也會變得憤恨不平。爲了改善這樣的工作關係，你可以從問自己一些問題開始。

▼可以問自己的問題

當你想要做出深思熟慮的回應時，關於這種「自憐自艾」的行爲有幾個問題應該考慮。

✲他們真的是受害者嗎？他們是同事、領導高層、客戶或其他人針對的目標嗎？

想想你同事的抱怨。關於他們被不當對待的說法有沒有可能是眞的？在工作場所受到排擠或虐待，理所當然會感到沮喪，這與沒來由覺得世界都在跟你作對，是有區別的。

許多人在工作上經歷過性別歧視、種族歧視、年齡歧視以及其他不當行爲，因此他們對不公平待遇的抱怨是有充分理由的。有的時候，「他老是愛扮演受害者」這樣的陳述，反而會成爲加害者用來反駁自己過分行爲的說詞，甚至想藉此操控受虐員工的情緒。

這就是爲什麼我們必須仔細思考抱怨背後的原因，並盡自己的一份力量，來制止或補救微型攻擊（microaggressions）、性騷擾，以及任何其他形式的歧視和不公義。（第九章將有更多關於如何有效應對微型攻擊的內容。）

請小心，不要馬上駁回你的同事，宣稱他們被冤枉的說法，請仔細看看發生了什麼事。爲了找出眞相，請密切關注會議中的動態，或者跟一位比你更了解你那位同事正在經歷的事，且值得信賴的人談一談——這個人也許是受害者的長期合作對象或是朋友。

如果你發現他們的主張是眞實且合理的，或者你懷疑他們說的是眞的，請想一想你可以採取哪些措施來支持他們，例如把他們轉介給公司內部可以採取行動的人員。

✲是什麼觸發了你的同事的受害者心態？

有些人（比如傑拉德）似乎一直覺得自己是個受害者；而其他人只有在某些特定的情況下，才會陷入這種心態。你的同事是在什麼情況下會開始演起受害者？是在得到嚴厲回饋的當下嗎？或者當他們需要全權負責一些重要的事情時（也許是因爲他們承受了壓力），他們的受害者心態就會跑出來？是不是有一些特定的人，似乎總是會引起你的同事暴露出他們最壞的一面？

觀察他們的行爲可以提供你一些線索，讓你知道可以嘗試哪些策略。

▼值得嘗試的策略

許多在悲觀主義者身上奏效的策略，在受害者身上也很有效。例如讓團隊保持正面的態度，以對抗他們自認身陷厄運、愁雲慘霧的狀態，還有爲他們的抱怨——「我永遠得不到我想要的」，提供相反的論述。

針對這個原型，還有一些其他的專門策略，例如提供不同的視角，提醒受害者們，對於某些結果他們是有掌控權的。讓我們仔細看看這些策略——

✲給予認可

通常受害者會希望被別人看到或聽到，他們認爲抱怨是獲得認可的唯一途徑。你可以提供一些正面強化的鼓勵，並且公開讚賞你的同事爲團隊帶來的價值。當然，你不希望讓他們覺得，似乎只有在他們抱怨的時候，他們才會得到恭維，所以請把你的讚美留到他們不抱怨的時候再說。

我的女兒就從一個表現得像個受害者的朋友那裡，學到了這一課。有一次這個朋友告訴她：「我覺得沒有人喜歡我。」爲了讓他感覺好過一些，我的女兒開始列舉同學們欣賞他的所有優點——他嘲諷式的幽默感，以及他願意反擊一位不公平的老師。這樣的對話似乎鼓舞了他。

之後他不斷跑回來找我女兒，重複講述他認爲大家都不喜歡他。而我女兒會再次列出他的正面特質，並盡可能讓列表內容更豐富，但這種交流讓她疲於應付，最後她開始對他產生怨念。於是她改變策略，想出各種辦法在他來尋求認可之前先恭維他。這種做法打亂了原本的循環模式。

面對你的同事，肯定他們的成就，即使只是一些很小的成就，或者告訴他們，你最欣賞他們的是什麼特質。唯一的原則是，無論你說什麼，都必須是眞心誠意的，虛情假意的恭維是行不通的。

✲ 幫助他們增加能動性

如果他們說：「那是我無法控制的」而你反駁：「不，你錯了！」談話很可能很快就會卡在那裡。相反地，你可以像這樣說：「我聽到你的心聲了。當我覺得有無力感的時候，我的反應也好不到哪裡去。」然後，詢問他們，如果他們有權力或有能力採取行動，他們會怎麼做，並且幫助他們思考，有什麼辦法可以讓他們的想法付諸實踐。

例如，你可以說：「我知道你覺得領導團隊不願意投入你所需要的資源，來讓計劃成功。這眞是令人沮喪。如果可以由你來做決定，你的做法會有什麼不同？」你甚至可以提議幫助他們，列出他們可以採取的步驟。

如果你的同事無法擺脫他們自己的思維模式，請嘗試用不同的方法，像是提出這樣的問題：「你覺得一個志在必得的人，在這種情況下，會怎麼做？」透過換位思考，他們或許能夠進行更有效的腦力激盪。

阿納特（Anat）的同事希拉（Sheila）經常抱怨，說她自己是如何被他們的共同老闆諾麗

（Noni）排除在重要會議之外的。起初，阿納特會告訴希拉，他很確定這只是一個疏忽，她不應該把它當作針對個人。但那些爲了安撫希拉所做的嘗試，反而讓希拉更加確信，她自己是被故意剔除的。

所以他試了一種不同的方法，請希拉說出她認爲自己應該參加那些會議的理由。希拉有一份現成的清單，針對這份清單，阿納特回應說：「這一切都很合理，但妳有試著向諾麗說明嗎？」希拉說她試過了。阿納特提議她：「妳要不要再試一次呢？」

出乎他意料之外，希拉採納了他的建議。在下次希拉跟諾麗一對一的談話中，希拉提到她認爲自己應該被列入會議邀請名單的原因。也因爲這段談話，他們才發現諾麗只是沒意識到希拉想參加會議，實際上諾麗很樂意未來讓她一起開會。

✲鼓勵他們承擔責任

受害者很愛推卸責任。似乎從來沒有什麼是他們的錯，或沒有什麼是他們可以控制的。當他們把矛頭指向別人時，試試看單刀直入的方法：「在我看來這是你的責任——讓我們談談爲什麼你不這麼認爲。」當你直指問題時，他們比較難再推卸責任。

或者也可以嘗試一種比較溫和的方式，如果主動提出分擔——假設這是必要的——是不是可以讓他們的心理防禦稍微鬆動一些。你可以說：「整個團隊都在爲這個計劃的成功而努力，包括你和我。就算我們失敗了，也沒有人會受到指責，但是我們都需要承擔推動事情前進的責任。」

減緩他們對於被指責的恐懼，可能有助於他們掌握他們的自主權。

這就是卡洛塔用在傑拉德身上的策略。在傑拉德九十天的試用期結束後，卡洛塔對傑拉德坦誠以告，說她擔心他可能沒有通過試用。毫無意外地，傑拉德變得極度防禦。卡洛塔不願意放棄他，因此她試圖把她想看到的改變講得很清楚。

她向傑拉德解釋說，其他成員指望傑拉德帶來靈感和動力，然而他的抱怨會產生漣漪效應。她還要求他更有建設性。「我不想完全切斷他的抱怨，因爲有一些讓他不開心的事是有道理的，但我明確要求他，以後每次帶著問題來找我的時候，至少也要提出一個可能的解決方案。」她說。

傑拉德第一次照辦時，卡洛塔笑了，因爲在他提出建議的解決方案後，他很快地補上了一句「但是我不確定這是不是行得通。」但隨著時間過去，他愈來愈適應不要再附帶這些但書了。

✲將注意力轉移到幫助他人

雖然說這個建議似乎違反直覺，但是當受害者（或任何其他人）覺得被困住而且無法自拔時，有時候你可以透過鼓勵他們幫助別人，來輕推他們擺脫困境。

有很多研究顯示，爲他人付出——無論是以時間、金錢還是支持的形式——可以提升我們自己的幸福感。[3] 對於具有受害者心態的同事，建議他們指導同事，把他們的專業知識傳授給另一個團隊，甚至志願參加工作之外的任務，可以防止他們愈陷愈深，還可以賦予他們比較高的能動性。

✲ 保護你自己

一個認爲全世界都在跟他唱反調的人，卻能影響團隊一起支持他的觀點，這種事情是有可能的。尤其具有受害者心態的人，本身是團隊領導人時更是如此。

我就曾看過這種情況發生，當某個團隊開始表現出，彷彿組織裡沒有其他人理解，或欣賞他們所做的事，就會形成一種弔詭的自我預言。當團隊對外表現得愈有防禦性，就顯得他們愈不值得被信任，進而促使其他同事懷疑這組團隊的能力，或想避免與之合作。

因此我們更要設定與受害者之間的界限，並堅守界限，特別如果這個人是你主管的話，更是如此——你不會希望因爲他們的偏執、愛指責或不負責任，進而損及你們團隊的聲譽。

關於如何保護自己避免受到情緒感染，有一種做法是在他們開始抱怨時，趕快轉移話題。如果他們沒有接收到暗示，你可以找理由告知對方無法奉陪，然後重新專注於你的工作。

好用的詞句

這裡有一些詞句可以幫助你把這一章介紹的策略付諸實踐。

● 給予認可

「覺得自己好像沒有辦法得到需要的東西，這種感覺真的很糟糕。」

「聽起來這個情況似乎仍困擾著你，我真的很遺憾。」

● 輕推他們尋求解決方案

「你有沒有考慮過跟你的老闆談談這件事？」

「這真是太糟糕了。你認為你可以有什麼不同的做法？你從中學到了什麼？」

「我可以看得出來對你來說，這樣的情況不是很好。你有興趣談談我們未來可以有一些什麼不同的做法嗎？」

「你現在希望看到什麼事情發生？」

「有時候我們的掌控權，比我們認為的還要大。你可以採取什麼步驟，看看你是否可以在此有所作為？」

● 重新建構他們的評論

「聽起來很多事情並沒有像你原本所希望的那麼成功。到目前為止，有什麼進行得順利的嗎？」

「當你責怪別人時，很容易覺得自己像個受害者，這對你沒有幫助。我們可以用什麼別的方法，來看待這種情況呢？」

● **重新定向**

「我希望你不介意我改變話題，但你看過某個電視節目或電影了嗎？」

「我有截止日期快到了，所以我必須回去工作，但我會祈禱事情一切順利。」

—— ⋮ ——

卡洛塔承認她不打算改變傑拉德的性格，她說：「我不認爲他是一個特別快樂的人。但是當我表現出，我樂意跟他一起承擔事情時，他就比較不會表現得像是一位受害者。」

這意味著卡洛塔必須強調一個事實，那就是如果沒有達到目標，傑拉德不會是唯一一個要被追究的人。當她採取這樣的方式，他就不再指責別人，抱怨也變少了，並且開始主動嘗試解決自己的問題。

這些轉變對每個人都有好處：傑拉德得以繼續工作，並且協助團隊扭轉業績不佳的局面。當一個人把自己視爲命運的受害者，我們想要抑制他的這種傾向是很困難的，但是卡洛塔跟傑拉德的經歷告訴我們，只要投入時間、精力加上有戰略性的方法，就可以幫助一個一直怨天尤人的同事，成爲團隊裡的一名有生產力的成員。

戰略備忘錄 受害者專用

必做——

- 提供一些正面強化的鼓勵，並且公開讚賞你的同事爲團隊帶來的價值。
- 詢問他們，如果他們有權力或有能力採取行動，他們會怎麼做，並且幫助他們思考如何讓自己的想法可以付諸實踐。
- 主動提議幫助他們列出爲了實現他們的目標可以採取的步驟。
- 採取單刀直入的方式，告訴他們「在我看來這是你的責任——讓我們談談，爲什麼你不這麼認爲。」
- 透過鼓勵他們指導同事，把他們的專業知識授予另一個團隊，甚至志願參加工作之外的任務，來增強他們的能動性。

避做——

- 只有在他們抱怨時給予他們認可——這樣是在獎勵他們抱怨。
- 忍受他們發牢騷——你可以自己離開或是把話題換成比較中性的話題。

06 被動攻擊型同僚

「算了！隨便你！」

馬利克（Malik）的新同事蘇珊（Susan），成為馬利克的一場噩夢。他們的老闆要求馬利克向蘇珊示範如何完成將交給她負責的幾份報告。但當他們一起坐下來，蘇珊卻表現得好像她已經知道該怎麼做這些報告一樣，因為她以前有做過類似的事。

馬利克跟我分享：「那是不可能的，因為這些東西是我們組織特有的，但是當我把這一點指出來，蘇珊卻要我不要太激動。」、「這只是事情不太對勁的第一個跡象」。

幾個星期後，老闆問馬利克，為什麼還沒有訓練蘇珊怎麼製作那些報告。馬利克不想替自己辯駁，所以他回去找蘇珊，再次提出要帶著她把步驟走過一遍。蘇珊回答：「一切都在我的掌控之中。」然後反問馬利克為什麼這麼沮喪。

當馬利克告訴蘇珊，他們的老闆誤會他沒有完成任務時，蘇珊卻表示，她不知道馬利克在說什麼。馬利克被逼急了，所以試著直截了當地跟她說：「一切都好嗎？妳真的聽懂我在說什麼嗎？」蘇珊笑道：「當然囉，一切都好極了！」

與馬利克打交道的，正是一位被動攻擊型（passive-aggressive）的同事：她表面上順從他人的期望和需求，但之後卻消極地抗拒完成任務。儘管他們最終仍可能會去執行任務，但由於爲時已晚，所以對事情並沒有什麼幫助，又或者是他們的做法遠遠無法達到原本據稱的目標。

馬利克第一次告訴我他的故事時，讓我想起了我小時候耍的一種伎倆。在我被要求去洗碗時，我不是跟我的媽媽說，我不想洗碗（老實說，這根本不是一個選項），而是隨便洗一洗，藉此來期許我下次不會再被分配到洗碗這件苦差事。被動攻擊在職場上會有多種表現形式顯露，你的問題同事是否有任何跡象讓他們露出馬腳？

- 在答應如期完成（工作）後，故意忽視最後期限。
- 承諾發送一封電子郵件，卻從來沒有送出。
- 無禮對待你（例如，在會議中忽視你或打斷你），然後當你直面他們時，卻又否認有任何問題，聲稱「這都是你自己胡思亂想」或是「我聽不懂你在說什麼」。
- 肢體語言投射出生氣或悶悶不樂，但堅持說他們沒事。
- 暗示他們對你的工作不太滿意，但拒絕出面把它講出來，或直接給你回饋。
- 把侮辱偽裝成恭維。例如：「你可真是一派輕鬆！」實際上可能意味著「我認為你很懶惰」。
- 在意見不一致時扭曲你的話，好讓你看起來就是那個有問題的人。

蘇珊說一切都很好，但是馬利克可以看得出來，有些地方不太對勁。畢竟，她仍然不知道該怎麼製作這些報告，所以馬利克不得不接手這些報告。他很沮喪，因爲他不想讓老闆認爲他無法託付，或者更糟糕的是，擔心老闆認爲他是故意阻礙蘇珊成功。他毫無頭緒——他該怎麼辦？

第一步是對於人們當初爲什麼會訴諸被動攻擊，進行更深入的了解。

▼促成被動攻擊行為的背景

被動攻擊（passive-aggressive）這個詞，乃是出自於一九四〇年代的美國軍隊，主要用來描述不服從上級命令的士兵。[1]不久之後，成爲一種正式的診斷，稱爲「被動攻擊型人格障礙」（passive-aggressive personality disorder），但最終在一九九〇年代，被從美國精神醫學學會的診斷手冊（American Psychiatric Association's diagnostic manual）中移除。[2]與之相關的行爲有時候會被視爲其他精神疾病（例如自戀）的症狀之一，但被動攻擊本身不被視爲一種獨特的病症。

維吉尼亞大學（University of Virginia）教授加布麗爾·亞當斯（Gabrielle Adams）針對工作上的人際衝突做過許多研究，她把被動攻擊定義爲，**不太樂意表達自己的眞實想法，而是使用間接的方法，來表達自己的想法與感受**。[3]

當人們想要避免對某人說不，或想要迴避誠實表達他們的實際感受，以及試圖操縱局勢，好讓情況對自己有利，卻又希望不要做得太明顯時，經常會使用我們在前面列出的策略。

以我前兩天傳給我老公的簡訊爲例：「好吧，如果你想要這樣，那就這樣吧。」我原本是希望他下班後直接回家，先幫忙遛狗、準備好晚餐、監督小孩的功課，但是他想先去處理幾件雜事再回家。他做了什麼其實並不重要，他最後還是會回家的，我也不是眞的需要他的幫忙，這些事我自己已經處理過好幾百次了。

那麼，我爲什麼還要傳那封簡訊呢？這其實是我的最後一搏，目的是要讓他感到內疚，並操縱他去做我希望他做的。這完全就是一種被動攻擊。

人們很少有意識地決定，要做出被動攻擊式的行爲。相反地，它是出自一種反應，通常是因爲害怕失敗、怕被拒絕、想避免衝突，或想要獲得權力的驅動力所導致的。

✲ 害怕失敗或被拒絕

你的被動攻擊型同事可能不是想製造麻煩，或不願意說出他們眞正的想法，而是害怕他們看起來像是不知道自己在做什麼，或是害怕被你拒絕或否定。馬利克的同事蘇珊顯然很重視要讓自己表現得像是一個知道如何完成這些報告的人（儘管她根本沒有理由事先知道該怎麼完成）。

被動攻擊型的同事不會承認他們可能無法完成你要求的事，而是把問題推回來給你。受到這種行爲對待，可能會讓人不知何去何從，就像馬利克的感受一樣，看起來他們似乎是故意想讓你難堪，或是讓你進退兩難，但實際上他們通常只是想要保護自己免於出醜。

哥倫比亞大學教授愛德華・希金斯（E. Tory Higgins）告訴《紐約時報》（*New York Times*）記者：「一些被貶爲被動攻擊的人，實際上很小心謹愼，以避免自己犯錯，而這種策略向來能達到他們想要的目的。」他說：「當他們小心翼翼的本能，凌駕於他們認爲不合理的要求之上時，他們就會變得很難相處。」[4]他們不會把自己的感受表達出來，而是隱藏起來，轉而對提出要求的人心生不滿。

當其他人對我的要求，讓我覺得不堪負荷時，我注意到自己也會潛入這種反應。我不會承認自己覺得很煩或是無能爲力，而是暗示他們根本連提都不該提出這些要求。

一些研究顯示，某些類型的管理者，尤其是那些標準嚴格的管理者，具有觸發人們被動攻擊性反應的本事。[5]例如，我的一位客戶替一位專制的老闆工作，他的老闆希望每個人都能用同樣的方式處理工作，而且無法容忍任何的錯誤。

結果就是，當計劃進展不如預期，我的客戶和他同事會開始找藉口，或指責他人。他們陷入一種模式，他會用諷刺挖苦的方式來跟同事表達他的挫敗感，但也因此換來被動攻擊的名聲，然而他真正想要的，只是在事情出錯時，不要由他扛起所有的指責。

✲避免衝突

符合這種原型的人通常是衝突趨避者（conflict avoidant）。他們不會直接表達他們在想什麼或是感受如何，而是靠更微妙的方法，來傳達他們的想法或不同的意見。有可能是之前在職場上的負面經驗告訴他們，公開表達反對意見是不安全的。

組織文化可能也是一個影響因素。在許多工作場所，直接、公開地表達不同意見，並不一定會被大家認可，因此有些人學會以被動攻擊的方式，來獲得他們爲了完成工作所需要的東西。

研究顯示，當團隊沒有清晰的目標，或是主管沒有明確告知他們將使用什麼指標來評估個人績效時，員工爲了釐清正在發生的事，或設法應付他們在公司充滿不確定性的未來，這時就會表現出被動攻擊的行爲。[6]

同樣地，當組織發生重大變革，像是裁員、合併或重組時，如果員工覺得自己無力對抗，就可能導致被動攻擊反應。[7]當以下的情況發生時，特別容易發生被動攻擊反應：譬如員工覺得被公司鄙棄，像是升遷或加薪沒有他們的份；或是有什麼本該屬於自己的東西或任務，卻被剝奪，例如一份很重要的專案。

雇主和雇員之間的心理契約（psychological contract）被違背，會令人感到沮喪，這是可以理解的，但有些人不會說出他們的不滿，而是進行報復，而且通常是以被動攻擊的方式進行。

我自己就有類似的經驗：我對一位老闆感到很火大，因爲我認爲他在拖延我的升遷，於是我開始提早下班，聲稱我有「私人約會」。最後當他質問我爲什麼要提早離開，我說出我的沮喪。他解釋說我的升遷案正在進行中，但這需要時間。我仍然可以想起，他的語氣中隱含著：「請耐心等待。」

✲ 無力感的表現

傳統上，在組織裡比較沒什麼權力的人，比較可能會採用被動攻擊，做爲他們展現影響力的一種方式，因爲其他比較直接的方法，可能會對他們的事業或聲譽造成危害。

例如，在許多文化中，女性被社會教化不要說出她們心中的想法。在這些脈絡下，被動攻擊就成了一種比較能被社會接受的表達觀點的方式。

此外，迫使女性選擇被動攻擊位置的，可能還有她們進退兩難的處境，亦即必須在「被認爲有能力，但不討人喜歡」，或者「討人喜歡，但不是領導人才」之間做出選擇。

這種兩難可能讓她們選擇以被動攻擊，做爲表達她們的需求或願望的唯一方式，因爲直接或果斷並不符合性別規範。[8]但這並不是說，只有女性才會表現出被動攻擊性。我相信你所認識的使用這些策略的人，各種性別都有。我提出這個，只是爲了深入了解，爲什麼一些在組織中沒什麼實權的人，會覺得他們被迫要訴諸這些被動攻擊行爲。

表下列舉了一些常見的被動攻擊行爲的根本原因。

被動攻擊行為常見的根本原因

害怕……	**對……的渴望**
失敗	完美
被拒絕	被喜歡
衝突	和諧
無能為力或缺乏影響力	施加控制

▼與被動攻擊者一起工作的成本

跟被動攻擊型的同儕打交道，不管他們的行爲是出於什麼原因，都不是一件容易的事。你會常常自我懷疑：「這些攻擊是我自己在想像嗎？我是不是瘋了？」你不知道，你是否可以信任你的同事。所有關於你們互動的擔憂和反思，都會打擊你的士氣，甚至讓你產生倦怠感。

研究顯示，不只是你，就連整個組織與組織的盈虧，都會爲此付出代價。[9]當團隊中有一個人（或幾個人）表現具有被動攻擊性，將會導致團隊決策速度變慢、溝通無效，以及不健康衝突的可能性變高。

有一項研究顯示，**具有被動攻擊文化組織的獲利能力，與同業相比，只有其他同業的一半**。這項研究是這樣描述的：「在被動攻擊型的組織中，成員們僅在口頭上應和指令表現順從，實際上卻交差了事；只因這麼做，不會爲他們個人帶來什麼嚴重後果。況且指令本身經常被扭曲誤導，就彷彿是訂立下來，意圖使人違抗它。」[10]

爲了你自己還有你所屬的組織，你可以做些什麼，來避掉這些地雷，讓自己與被動攻擊型同事關係更爲融洽呢？你要採取的第一個步驟，跟應付任何難相處的同事一樣，都是進行反思。

▼可以問自己的問題

關於你和你的被動攻擊同僚之間的動態關係，你可以問自己以下的問題。

✲這種行為是因你而起的，還是由其他事情所觸發的？

你同事的行爲可能跟你一點關係也沒有。你可以查看先前表中的常見根本原因。你的同事會覺得沒有安全感嗎？他們害怕犯錯嗎？還是擔心他們自己的聲譽和事業？公司文化是否鼓勵被動攻擊行爲？

也許上次他們提出顧慮或反對某項提議時，另一位同事無緣無故對他發火。你們團隊的心理安全感高嗎？每個人都能夠自在地說出自己的想法嗎？還是有人會因爲表達不同的意見而受到懲罰？

✲你的同事是故意想傷害你嗎？

對自己誠實，看看你的同事是否眞的故意想找你麻煩。加布麗爾・亞當斯（Gabrielle Adams）把「普通的被動攻擊」與「意圖掩飾謊言」區分開來。[11]我們經常認定其他人有不良意圖，但這不一定正確。

有沒有可能，他們只是處在自我糾結的狀態，卻把焦慮發洩到你身上？當然，人們的目的不一定很明確。當你的同事在共同執行的計劃中，沒有盡到自己應盡的責任，卻對你出言諷刺時，他們可能只是想藉此試圖掩蓋自己的缺點；或想讓你看起來很差勁，好讓自己更有機會被分配到老闆偏愛的核心專案。在詮釋事情的時候我們要試圖客觀，但也要記得現實地看待正在發生的事。

✲過去你與被動攻擊性同儕相處的經驗，是不是影響到你們現在的互動？

如果某人過去曾經表現出被動攻擊性，那麼確認偏見（confirmation bias）會提醒我們用同樣的眼光，來看待他們所有的行爲。問問自己，是否透過有污點的鏡頭，來解釋你的同事的行爲，並假設他們正在重蹈覆轍。

有一種方法可以讓你客觀一點，就是先想一想與你相處融洽的同事，然後問自己：「如果同樣的行爲發生在這個人身上，我會如何解釋？」

✲這個人什麼時候會具有被動攻擊性？

有時候人們的被動攻擊性，會在某些情況下表現出來，可能是當他們感到有壓力的時候，或當他們與特定的同事一起工作時，又或者是當他們覺得他們的權威、工作保障、個人價值觀受到威脅時。

留意你的同事何時會展現被動攻擊性，是在特定的會議上嗎？還是某個人在場的時候？跟他們面對面溝通，是不是比透過電子郵件更順暢（或者，反之亦然）？

反思這些問題可以幫助你對你的同事有更好的了解，最重要的是，讓你知道你可以選擇哪些策略。

▼值得嘗試的策略

雖然沒有一套通用的劇本可以用來和被動攻擊型的同事互動，但是以下的策略可以提高你們和睦相處的機率。你要採用哪些策略都行，只要是你認爲，對你所面對的獨特情況，最有幫助的策略就好。你可以把這些策略應用到一件（或兩件）事情上，看看你學到了什麼，並且據此進行必要的調整。

✲避免幫別人貼上被動攻擊標籤

我們有時候會很想直接糾正被動攻擊行爲，然而說出：「不要再動不動就被動攻擊了」，只會讓事情變得更糟。因爲這句話很重，而且很少有人願意承認他們正在做這樣的事。

如果你的同事回覆你：「哦，你是對的。我會到此爲止！」我會很震驚。比較有可能的是，這反而會使他們變得更憤怒，也更有防禦性。你的本意並不是想幫他們貼上標籤，就連他們自己本身也無法分辨，或不願意承認自己有被動攻擊的舉止。

密西根大學羅斯商學院教授林德瑞德・格里爾（Lindred Greer）表示，替別人的情緒貼上標籤，可能會造成反效果。[12]正如她告訴我的：「你說中正確情緒的機會小之又小，你很可能貼錯標籤，而這會讓他們更加沮喪。」[13]告訴你的同事，他們「看起來很生氣」或「看起來很沮喪」，而且這些行爲跟你犯沖，對於緩解緊張局勢一點幫助也沒有。不這麼做的話，那麼，你應該怎麼做呢？

✲ 把焦點放在內容上，而不是傳達的方式上

對於你同事眞正想說的是什麼，請設法尋求理解。他們試圖傳達的潛在想法是什麼（就算那包藏在苛刻的言論中）？他們認爲你執行計劃的方式行不通嗎？或者，他們不認同團隊的目標？請記住，並不是每個人都能很自在地公開討論自己的想法和意見。**如果你能把焦點放在同事眞正的擔憂或問題上，而不是放在他們表達自己的方式上，你就可以去處理實際的問題**。

在你深入了解同事的想法後，就可以直接切入重點。你可以參考這樣的說法：「我們前幾天交換意見的時候，你提出了一個很好的觀點。我聽到你說……」理想的情況下，這會讓你習慣閃爍其詞的同事能夠比較坦率地談論他們的擔憂（下一節將提供更多建議的做法）。

米娜（Meena）就是這樣處理她跟她的同事維克多（Victor）之間的問題，米娜是一名領導力培訓講師，她很看重維克多的專業知識，經常邀請他一起上台演講，而維克多似乎也很樂意接受這樣的安排。

但是在他們合作時，維克多似乎總會故意扯她後腿。在他們進行演說時，維克多會搶米娜的風頭，或插嘴講出他們原本達成共識，要由米娜來跟聽衆分享的很多關鍵重點。米娜試著直接與維克多攤牌，但是總無功而返——維克多一味否認自己有做錯什麼。探詢維克多破壞行爲背後的動機之後，米娜開始懷疑維克多並不樂見米娜被定位爲特定領域的專家。米娜憑著直覺，嘗試了一種不同的策略——在他們進行規劃會議時，多方仰仗維克多的專業知識。她會這樣說：「我知道你在這個領域身經百戰，所以我希望你有機會可以分享你所知道的。」

而這招眞的奏效了——在米娜分享聚光燈的努力下，他們的聯合演講進行得順暢多了。米娜坦承，其實她眞正想要的，是維克多的道歉，但是話說回來，只要維克多不再破壞她的活動就夠了。值得注意的是，不要認爲只要運用這種替人設想的方法，就可以讓你的同事擺脫不良習慣。而是反過來思考，把這些方法當成一種幫助你在互動中提高效率，並讓你達成目的的方法。

✲開啟對話

當然，你可能無法完全了解你的同事眞正想要的是什麼。如果他們在你請他們幫忙完成一項計劃時，表現出興奮之情；但之後卻從來沒有出席會議，或是回覆你的電子郵件，這時很難弄清楚你爲什麼會被故意怠慢。

但是你可以花一點時間思考可能的解釋。在談判中，這稱爲評估對方的利益——他們關心的是什麼？他們想要達成什麼？然後進行加布麗爾・亞當斯（Gabrielle Adams）所說的「假設檢驗」：禮貌地、不加評判地詢問發生了什麼事。

例如，你可以說：「我注意到你一直都沒有回覆我的電子郵件。有什麼不對勁的事嗎？我只是想確定你一切都好。」

社會心理學家海蒂・格蘭特（Heidi Grant）說：「替對方創造一個安全的環境，讓他們跟你談論困擾他們的事情，對情況是有幫助的。你先滿懷誠意開啟直接的對話，這樣他們就不會覺得有必要進行被動攻擊。」[14]她建議先明確表示你對他們的看法有興趣，姑且不管這些想法你是否眞的有意願深入了解。

開啟像這種對話的好處，是可以讓人們標記自己的行爲和情緒。如果你的同事承認了他們的眞實感受（雖然不能保證他們一定如此），那麼他們距離解除以被動攻擊的方式來回應的習慣，又靠近了一步。

✲不要掉進電子郵件或簡訊的圈套

值得注意的是，電子郵件和聊天平台對於任何棘手的對話（尤其是跟被動攻擊的同事之間的對話）來說，都是一種可怕的媒介。如果你的同事以書面形式進行攻擊，你的回覆請保持專業而簡短。

例如，如果你的同事寫道：「不確定您是否看到我的前一封電子郵件」，你可以簡短地回覆

「謝謝提醒」。如果他們寫道：「正如我們之前所討論的」，並重述你們兩個都知道的對話，你可以回應：「謝謝你的重述。」請展現出你希望你的同事展現的禮貌與坦率，不要掉進圈套。如果無法置身事外，請拿起電話或安排視訊通話或面對面的會議。這樣可以迫使你的同事以比較直接的方式跟你交談。

✲ 提出直接要求

你還可以再直接一點。正如我之前所提到的，指控你的同事被動攻擊不太可能有用，但是你可以引起對方注意現在情勢如何。採用這種策略時，最好秉持事實：**只說你確定知道的事，不帶情緒、判斷或是加以誇大**。

你可以這樣說：「你說你想幫忙執行這個計劃，但是我們到目前爲止舉行的三次會議，你都沒有參加，也沒有回覆我上週發送的關於下一步的電子郵件。」然後解釋這些行爲對你的影響：「我覺得很失望，也覺得壓力很大，因爲我無法自己完成所有的工作，我希望得到你的協助。」最後，來到棘手的部分，就是提出直截了當的要求：「我希望你還有興趣，如果你仍然有興趣幫忙，我希望你能來開會。如果你做不到的話，我需要現在就知道，這樣我才能找到替代的解決方案。」請記住，被動攻擊型的人可能會推卸責任，回覆你：「我以爲我可以選擇要不要出席！」、「我說我可能會幫忙，但我可從來沒有承諾過！」所以，如果你被堵回來，不要感到驚訝。

他們甚至會想要曲解你的話，或對你的言論斷章取義：「我聽到你說，你不想要任何額外的人參加那次會議。」遇到這類情況，請冷靜地回應，不要爲自己辯解，你可以說：「我的意思是……」你甚至可以加上一句「抱歉，如果之前說得不夠清楚」或「我們一定是溝通有誤」不要陷入誰對誰錯的拉鋸戰。

請記住，關於你們的互動，你只能控制你這一半，你無法確保得到有效的回應。然而，如果你能夠禮貌地點出你同事的行爲，就可以讓他們知道，你已經注意到他們的被動攻擊，而且你是一個會秉公處理的人，並不打算讓他們開脫。

✲爭取團隊的支持

只有你們兩個人的時候，更容易陷入永無止境的「你瘋了」、「不，我才沒有瘋」的爭吵中。因此，你可以爭取隊友的協助。你們不需要聯合起來對付任何人，但也不必獨自一個人應付這種情況。

首先你可以問問看其他人，是否注意到類似的行爲。請把你的詢問放在「想要有建設性地改善關係」的架構下進行，這樣才不會給人留下八卦，或說同事壞話的印象。

你可以這樣問：「我想知道尙恩（Shawn）的評論有沒有造成你的困擾，你是怎麼解讀的？」如果你的隊友確認，確實有你們不樂見的行爲發生，你們可以一起決定如何處理。

例如，制定團隊裡的每個人都要遵守的互動指導方針，這樣可能會有幫助。你們可以集體決定，當你們討論下一步時，每個人都要口頭承諾他們將要做的事，而不是靠點頭，或假設沉默就是服從。

你們也可以把誰應該在什麼時間之前，完成什麼事記錄下來，這樣你們就會有明確的行動項目和截止日期的記錄，並可以在之後傳閱。如果你的同事後來否認他們有同意某件事，或未能盡到他們的責任，團隊可以幫助他們負起責任。即使是最不守規矩的人，也可能屈服於同儕壓力與集體問責。

以米契（Mitch）爲例，他在一所公立高中的學生指導辦公室工作，被他的同事艾麗西亞（Alicia）搞得心力交瘁。米契表示：「艾麗西亞會在會議上同意一項計劃，但隨後卻不去執行而拖累計劃。」

每當這種時候艾麗西亞會帶著防衛心回應：「我記得的不是這樣」或「我不認爲我們已經敲定這個計劃。」米契試著跟她談論這些「誤會」，但艾麗西亞總是不甩他，艾麗西亞會說她很忙，或者沒有時間談來迴避問題。

當米契向他和艾麗西亞的共同老闆麗塔（Rita）回報某個特定計劃，由於艾麗西亞這種令人摸不著頭緒的狀況而無法完成，麗塔也回覆表示，自己也注意到艾麗西亞的這種行爲模式。於是，他們一起巧妙地設計了一項計劃，希望藉此讓艾麗西亞負起責任。

米契回憶道：「麗塔和我說好，她會公開要求一名志願者，在每次的會議上做記錄。記錄每一項任務將由誰負責完成，以及何時完成，而我就是第一個志願者。」

這個方法奏效了。米契把任務單分送給大家之後，艾麗西亞就沒辦法再找藉口了。她必須對所有參加會議的人負責。米契並不介意這項額外的工作：「我付出的額外努力，會減少我對同事發火，還有幫忙善後的時間。而且我的付出，也幫助部門的每個人都提高了工作效率，我認爲這是我們很久以前就應該做的事。」

建立健康合理的團隊規範，將可以帶來長期的好處。許多研究發現，像米契他們以團隊整體來思考的做法，通常可以減少不文明行爲的發生。[15] 你們可以一起達成共識，同意大家可以更坦率地表達自己的挫敗感，並且一起模擬你們希望做到的誠實、直接的互動方式。

好用的詞句

以下有一些例句，可以幫你快速充電，思考如何與被動攻擊型的同事進行有效的對話。

- **把焦點放在內容上，而不是傳達的方式上**

「我聽到你說的是……」

「我把你剛才說的話解讀為……的意思，我的理解是正確的嗎？」

「我注意到你把身體從桌子推開或……你對這次討論有什麼想法？」

「我聽到你說……但我不確定你指的是不是別的意思。有什麼是我不明白的事嗎？」

- **爭取團隊的協助**

「我想知道瑞秋的評論，對你有沒有造成困擾。你是怎麼解讀的？」

「讓我們確認我們都清楚接下來的步驟。有人想試試看重述一下誰要負責做什麼嗎？我會做筆記，然後發給大家。」

- **直接切入重點**

「我們前幾天交換意見的時候，你提出了一個很好的觀點。我聽到你說……」

「我注意到你一直都沒有回覆我的電子郵件。有什麼不對勁的事嗎？我只是想確定你一切都好。」

- **管理被動攻擊的人**

「我很重視你在會議中沒有提出這個問題，你是否希望小組能夠重新處理這個議題？」

「有什麼新的資訊或變動，讓我們應該重新考慮我們已經做成的決定嗎？」

✲如果你是主管，你有責任採取行動

如果你所領導的團隊中有一位，或多位成員出現被動攻擊行為，請不要拖著不管——這種行爲會侵蝕信任和心理安全感。你有責任明確表達卑鄙的行爲是不被容許的。

首先要建立像前面提到的團隊規範，並且盡你所能強化這些規範——譬如在團隊會議上、在重要事件中，不斷認可這些規範。目的是爲了讓團隊能夠彼此互相尊重，並停止獎勵被動攻擊以及其他有害的行爲。

你還需要讓成員可以表示反對、辯論，以及表達他們眞正的看法。你不會希望大家表現得好像他們意見一致，但卻互相破壞或是私下不和。

《團隊領導的五大障礙》（*The Five Dysfunctions of a Team*）一書的作者派屈克·藍奇歐尼（Patrick Lencioni）把這種現象稱爲「人爲的和諧」，並說明這種現象創造了被動攻擊的溫床：「當團隊成員沒有公開辯論，或當衆不同意重要的想法時，他們通常會轉向祕密管道進行人身攻擊，這比任何關於問題的激烈爭論都還要糟糕，危害也更大。」

「有觀念認爲團隊進行爭論是在浪費時間和精力，然而實卻完全相反——那些避免衝突的團隊，實際上注定會一次又一次地重新回到問題，卻沒有解決方案。」[16]

請把焦點放在直接解決衝突的好處上，並制定一些基本原則。你可以對小組說：「我很擔心我們並沒有有效地利用會議，好讓我們分享所有的意見。」而且請不要猶豫，直接處理會帶來不良效果的行爲。

例如，你可以接著說：「每次開會後，都會有兩、三個人來我的辦公室，討論本來應該在會議上提出的問題——這表示我們沒有有效合作，也表示每個人的時間沒有被運用得當。」你可以直接但冷靜地強調被動攻擊的例子，但不要挑出任何人來講，這樣做可以讓坦率的溝通成為每個人都願意遵守的標準。

——…——

還記得本章一開頭談到的馬利克嗎？馬利克針對蘇珊不願意承認自己並不知道如何做馬利克應該訓練她做的報告，而嘗試了很多策略。起初，這些方法都沒有奏效。蘇珊還是繼續說謊，但隨後馬利克在其他同事的身上得到慰藉。

「對我來說幸運的是，我不是唯一一個被她惡搞的人。我們部門的另外兩個人也注意到同樣的事，所以我們能夠相濡以沫。」這些談話並不是毫無效果的抱怨大會。相反地，這些同事讓馬利克得以發洩情緒：「我可以選擇每天氣呼呼地工作，或者乾脆不把她的行為當一回事。」**他決定把焦點放在他可以控制的東西上：那就是他自己**。當蘇珊試圖說，她已經知道如何做某事時，馬利克會點點頭，然後繼續解釋如何做這件事。

馬利克發現，當他不得不假裝蘇珊並不難相處，會很令人沮喪；但是透過專注於需要完成的事，馬利克在老闆面前不會再顯得一籌莫展了。而且，隨著時間過去，蘇珊對自己的角色適應得愈來愈好，她的防禦心也沒有那麼重了。

本章介紹的策略有時候真的可以扭轉局面——但是有時候，就像馬利克的情況一樣，無法完全改變。但至少這位讓你辛苦的同事，不再隨時毀了你的一天或一週，甚至是你的職業生涯。專注於自己工作中令你開心的部分，還有讓你共事愉快的同事。這種樂觀的態度對你會有幫助，特別是當你遇到總是跟你打太極的同事時。

戰略備忘錄　被動攻擊型同儕專用

必做

- 試著理解他們想傳達的潛在想法。
- 明確表示你對他們的觀點感興趣，就算他們認爲你不會想聽。
- 把焦點放在事實上：不帶情緒、評判或是加以誇大。
- 制定團隊或是特定計劃裡的每個人，都要遵守團隊的規範。例如，當你們討論下一步時，每個人都要口頭承諾他們將要做的事，而不是靠點頭，或沉默就是順從。
- 同意大家屬於一個團隊，應該坦誠面對任何挫折，並且模擬你們希望見到的誠實且直接的互動。

避做——

- 把他們的行爲看成是針對個人的——雖然你可能覺得自己是主要攻擊對象，但其實他們很有可能會以同樣的方式對待其他人。
- 指控他們被動攻擊——這樣只會讓情況變得更糟。
- 嘗試猜測他們的感受——把他們的情緒貼上錯誤標籤，會導致進一步的不信任。
- 掉進圈套，生氣地回應被動攻擊性的電子郵件或簡訊——讓談話離線進行。

07 自以爲無所不知的小聰明

「那個，事實上……」

露西亞（Lucia）對於要與她的同事雷（Ray）互動，而心生畏懼，因爲雷一開口講話就停不下來，原訂一個小時的會議常常會拖到兩個小時。露西亞無奈表示：「雷喜歡別人聽他說話，所以他總是對任何願意聽他說的人，滔滔不絕地一直說下去。」

當雷開始唱起他的獨角戲，露西亞跟她的同事會交換彼此會意的眼神。若有人試圖打斷雷，他會提高音量來蓋過他們，而這些舉止背後所隱含的訊息是——我最知道團隊和公司需要什麼，所以其他人都應該聽我的。

露西亞說：「毫無疑問的，他是一個聰明的人。但是他最多就只有把他所知道的一切，拿來說嘴。他幾乎把他所有的工作都推給其他人。」

我們大多數的人都會在職涯的某個階段，跟像雷這樣的同事打過交道。那些自以爲無所不知的萬事通，他們深信自己是衆人裡最聰明的一位，他們會在會議中占用說話時間，即使打斷別人一點也不覺得有任何不妥。

他們會得意洋洋地告訴你什麼是正確的，就算他們顯然是錯的——他們根本就資訊不足，或是搞不清楚情況的細微差別。以下是辦公室裡的萬事通的一些特色：

- 表現出「只有我說了算」的態度。
- 壟斷談話、拒絕被打斷，以及大聲蓋過他人說話。
- 把自己的想法定位為比較優越。
- 拒絕聆聽、批評與意見回饋。
- 以高人一等的語氣說話。
- 解釋其他人已經理解的事情。
- 很少提問或表現出好奇心。
- 偷走或不分享團隊成功的功勞。
- 不請自來加入對話。

每次只要跟雷交談，露西亞都會覺得自己被困住了，而且她發現自己會撒謊來逃過跟雷開會。她不喜歡訴諸這些策略，但她不確定如何用其他方法來應付他那種高人一等的態度，以及每天因爲他的自以爲是而浪費的時間。

露西亞應該直接指出雷盛氣凌人的作風嗎？還是她應該找到更巧妙的方式，來跟他應對呢？你要如何跟這麼自大的人一起工作？要跟像雷這樣的人建立更好的工作關係，第一步是了解他們爲什麼會有這種行爲的原因。

▼促成小聰明行為的背後的原因

當我們在談論自以爲無所不知的同事時，我們經常會使用像是「自大狂」或是「自戀者」之類的術語，但是我們需要小心使用這些標籤。自戀是一種精神病疾患（psychiatric disorder），特徵是尋求關注、強烈的自大感、缺乏同理心，以及自我推銷的傾向。

你的同事可能表現出其中的一些特徵（或者可能全部都有），但是他們不太可能被正式診斷爲自戀型人格障礙（narcissistic personality disorder）。病態自戀（pathological narcissism）很少見，例如在美國，僅占人口的〇．五％。[1]要跟自以爲無所不知的同事相處，就跟應付本書介紹的其他原型一樣，**最好把精力花在如何對他們的傲慢行爲做出有效的回應，而不是對他們是否有病進行診斷**。

英文中首次出現「萬事通」（know-it-all）這個詞，是在十九世紀後期，但是我敢肯定，傲慢自大的行爲在更早以前就已經存在了。不幸的是，這種原型可能會一直存在下去，不僅會出現在工作場所，也會出現在社會上（拜美國政治之賜），因爲我們經常獎勵相關的行爲。如果謙虛且認爲自己不一定有最佳答案的人，可以常常取得權力，那麼我們在生活上碰到小聰明的機會，應該會少很多。但無論是對自己或他人的期許，我們往往更喜歡有自信的人。

▼過度自信偏差（overconfidence bias）

研究決策的科學家一致發現，我們對於自己在某些事情上的表現，給予的自我評估，往往比實際的情況還要好。[2]例如學生們容易高估在考試中的表現[3]，而即將從MBA畢業的學生，會高估他們將獲得幾個工作機會以及起薪。[4]失業的人則往往會高估，找到一份工作有多容易。[5]

研究還顯示，過度自信是會傳染的。[6]如果你的團隊中的某個人，無論他是你的同僚還是主管，對於自己的能力有一種自我膨脹的感覺，那麼你就愈有可能跟他們一樣，出現過度的自信。關於如何衡量過度自信，我最喜歡的方法之一，是人們對於自己是一個什麼樣駕駛的評價方式。有一項研究發現，具有合格駕照的駕駛中，有高達七四％認爲，他們的開車技術比平均值還要好——顯然，這在統計上是不可能的。[7]

有自信是一件好事，只要有能力作爲後盾就沒問題，但不幸的是，情況並非總是如此。商業心理學教授湯馬斯・查莫洛—普雷謬齊克（Tomas Chamorro-Premuzic）過去十年一直致力投入闡明組織過度自信的問題。二〇一三年，他撰寫了一篇名爲〈爲何有這麼多不適任的男性成爲領導人？〉（*Why Do So Many Incompetent Men Become Leaders?*）的文章，該文成爲《哈佛商業評論》（*Harvard Business Review*）有史以來最受歡迎的文章之一。

在這篇文章中，他解釋道，當我們要評估難以客觀衡量的能力，例如「領導力」，這時我們會依靠某人展現自己的方式，來評估他們的表現。[8]你無法透過參加領導力測試，而得到一個公正的分數。

所以，我們會反過來讓人們告訴我們，他們有多好，結果我們很容易把自信和能力混爲一談，因爲太常混淆，以至於我們傾向於相信，自信本身，就是領導者之所以強大的特質之一。**但事實上，大量的證據顯示，無論是在商業、體育還是政治領域，最優秀的領導者都是很謙虛的**。[9]

正如這篇熱門文章的標題告訴我們的，這種現象包含性別因素：男性比女性更容易展現出自信（或過度自信）。[10]這是由於人類社會化的方式以及獎勵的方式所導致的：例如，女性經常會因爲宣稱自己的能力和成就而受到懲罰。[11]

正如查莫洛—普雷謬齊克所寫的：「事實就是，世界上幾乎任何地方的男人，都傾向於認爲他們比女人還要聰明得多。」[12]這導致了一種特殊類型的自以爲什麼都知道的行爲：男言之癮（mansplaining）。

✲ 男言之癮（mansplaining）

大多數人現在都很熟悉「男言之癮」這種現象，《韋氏字典》（*Merriam-Webster*）把它定義爲：「當一個男人以高人一等的姿態跟某人（尤其是女人），談論他並不完全了解的事，而且誤認爲他自己比他正在談話的人更了解這件事，就可視爲男言之癮」。這個名詞在過去十年愈來愈受歡迎。

《紐約時報》（*New York Times*）把「男言之癮」列入二〇一〇年的年度詞彙表，到了二〇一四年，它被添加到《牛津字典》（Oxford Dictionaries）的線上版。大多數人認爲，這個詞的來源可追溯至作家雷貝嘉・索尼特（Rebecca Solnit）在她二〇〇八年所發表的文章〈男人跟我說教〉（*Men Explain Things to Me*）。[13]儘管她當時並沒有使用「男言之癮」這個詞，但她確實描述了這種現象，並引起了女性和其他被低估群體的共鳴。

此後的研究揭示，這可不是危言聳聽。研究顯示，男性，尤其是有權有勢的男性，在會議上會有比較多的發言。[14]當女性在一個群體中的人數和男性相較，寡不敵眾時，她們發言的時間會比男性少四分之一到三分之一。[15]

男性也比較常打斷別人，而當他們自己被打斷時，則比較不可能乖乖退讓。[16]有一份針對美國最高法院十五年的口頭辯論記錄的研究指出，男性法官打斷女性法官的次數，大約是他們打斷彼此的次數的三倍。[17]

姑且先不論性別是否影響你與萬事通同事的互動，以下還有其他幾個因素可能會導致他們的傲慢：組織或地區文化、權力，或是不安全感。

✲ 你的同事趾高氣昂的可能來源

許多公司的文化都獎勵那些表現得好像他們無所不知的人。篤定表達自己想法的員工，是否比較容易在你工作的地方，獲得較多的支持？當部分成員表現出他們不太確定，是否就容易被視爲沒有決斷力？

在許多公司，制定決策宛如一項競技運動，而不是一種協同合作，在這種環境下把自己包裝得好像無所不知，不得不說是一種明智的生存技巧。

不同國家或地區文化，也影響著我們的談話習慣。哈佛商學院教授法蘭西斯卡．吉諾（Francesca Gino）就把她自己會打斷他人的傾向，歸因於她的本土文化：「義大利人通常很善於表達自己，也很愛說話，我們習慣把打斷別人當成對談話感興趣的象徵，而不是對某人所說的內容缺乏興趣。」[18]

儘管我們不該假設每一個來自某些文化的人，都會有同樣的行事作風，但是研究還是印證了吉諾的說法——有一些文化，像是義大利、德國和以色列，就傾向把自信表達，視為投入的一種表現方式。[19]

也許你那難相處的同事，正是來自這些地方也說不定？或者，你之所以覺得譁眾取寵特別令人反感，是因爲你來自一個普遍重視謙虛與謙遜的文化？

吉諾在她的研究中，還發現了其他導致傲慢魯莽的動機——特別是權力。在一項研究中，她和研究的共同主持人透過一些方法，誘使某些參與者覺得自己很強大，做法是要求他們寫下，他們有權力支配他人的時刻。

跟沒有進行這項書寫練習的參與者相比，這些有參加練習的人在做決定時，比較有可能覺得自己的想法，相較其他人還要有價值。在另一項研究中，事先寫過權力時刻的小組不僅主導了討論方向，並且經常打斷其他人的討論。[20]

不管是不是出於下意識，我共事過的許多萬事通，都會試圖掩蓋自己的不適任或是不安全感。當一個人剛加入組織或擔任新角色時，這種行爲尤其明顯——你可以想想第一次走馬上任的主管。

我曾經協助過一家製造公司的物流中心，他們有一位總監鮑里斯（Boris），會在不知不覺中想向他的新同事證明自己有多厲害。這家公司的人力資源主管之所以把我請到他們公司，是因爲自從鮑里斯加入公司後的幾個月，領導團隊就一直處於緊張狀態。

她向我解釋道，鮑里斯在講話的時候經常用：「在我上一份工作……」做爲開頭，這讓大家對他敬而遠之，而且認爲鮑里斯覺得自己比其他人還要優越。

在我跟鮑里斯還有他的同事們坐下來談的時候，鮑里斯在談話的前十五分鐘內，重複使用這種說話的起手式，兩次。幸運的是，我能夠平心靜氣地說出：「我認爲你並沒有意識到這一點，但是你已經提到你的前雇主兩次了。」

在我提醒後，他表示他自己確實沒有注意到，他只是想證明自己的價值：「我認爲他們雇用我，是因爲我在之前的職位上的表現以及在那裡學到的東西。」這是一個很難改掉的習慣，他偶爾還是會犯，但他的同事們開始了解，他並不是故意吹噓，因此對他更加寬容。

像鮑里斯這樣對自己不太確定，但又希望在新角色或團隊中確立自己價值的人，經常會大談自己的成就，這是一種可以理解的策略，但也很容易誤導。然而，這種自認爲無所不知的行爲，不管背後的動機爲何，都將有明顯的代價。

✲跟自以為無所不知的人一起工作的代價

我承認，在本書介紹的所有原型中，這是跟我最有關的一種。並不是因爲我跟很多這樣的人一起工作過，而是因爲我自己經常表現得像個萬事通。當我很有自信地宣布某件我實際上並不是那麼確定的事，或者表現得好像我比在場的每個人都還要清楚狀況的時候，我對那樣的自己並不感到自豪。

我注意到，當我帶著篤定陳述某事時（就算我提出的保證跟我眞正篤定的感覺不成比例），大家就可能會聽我說。但我也看到這種方法的缺點——我的自信是如何澆熄同事的好奇心，或者我高人一等的姿態如何讓其他人覺得自己渺小。

更糟糕的是，跟自以爲無所不知的人一起工作，會妨礙你的職業生涯的發展。即使你的同事原本是想要幫助你理解某件事，但往往表現出來的是高你一等還有貶低你的氣勢，這會損及你的信心，並導致你在重要的會議和談話中退縮。

當有人用貶損的語氣跟你說話，尤其是當著別人的面，會讓其他人跟著質疑你的專業，或漠視你的見解。這些行爲會影響別人之後如何對待你，更不用說你的績效評估、晉升和獎金所受到的影響了。它還會造成怨恨孳生，進而打擊團隊士氣，使團隊合作變得更加困難。

這種人對公司也有影響。查莫洛—普雷謬齊克告訴我：「當公司裡有一些不適任的人，他們相信自己的能力比他們實際的能力還要好，這會讓他們所領導的公司處於不利位置。因爲這個組織將不具備足以迎接挑戰所需的人才。」[21]

那麼，你要如何才能避免這些代價，如何讓你跟自以爲無所不知的同事的互動，不僅不要那麼煩人，還可以讓殺傷力小一點？讓我們看看在採取行動之前，你要先回答的問題。

▼可以問自己的問題

在你決定要如何跟自負的同事打交道之前，你應該先問自己幾個問題。

✲他們是想證明什麼嗎？

當然，並不是每一個自以爲無所不知的人都想證明什麼，但你同事的自負很有可能是爲了彌補某種不足或是恐懼。考慮他們潛在的不安全感，可能會給你一些線索，找到如何跟他們打交道的好方法。

例如，前面提到的人力資源主管，一旦了解鮑里斯其實是想要證明他在新角色中的價值，她就會知道有必要特別重視他所做的貢獻，這樣他就不需要吹噓自己過去的成就。你的同事是不是也一樣，他們只是想要確認他們的價值？

✲他們的信心是有充分理由的嗎？

另一方面，自以爲無所不知的同事可能有充分的理由，因此對自己的斷言或主張充滿信心，雖然說他們的姿態還有很大的改進空間。但你不妨也思考一下，他們提供的經驗或專業知識所帶來的價值。他們最棒的技能是什麼？他們的信心水準跟他們的才能是否相符？他們眞的知道他們聲稱自己知道的事嗎？有沒有可能他們傳達的方式讓人吃不消，但是他們的基本觀點是有價值的呢？

✲偏見會影響我對他們的看法嗎？

我們大家對於誰沒有資格擔任權力職位，都持有偏見。當某人不符合我們對於領導力先入爲主的看法時——例如亞洲女性、年輕新貴、殘疾人士，我們往往會質疑他們的信心是不是合理。舉例來說，研究顯示，有色人種女性必須一遍又一遍地證明自己的專長。被你標記爲萬事通的人，是否來自被低估的群體？他們是不是屬於你潛意識中存有負面偏見的文化，或人口統計上的某個族群？

如果你認爲你同事的行爲「太自以爲是了」，請思考一下，如果他們變成人口主流的一份子，他們的行爲是否還是會帶給你同樣的感覺。這個技巧叫做「翻轉測試」（flip it to test it），是全球人力資源主管克莉絲汀．普雷斯納（Kristen Pressner）跟我介紹的。

她在TEDx演講中承認自己對於女性領導者存在某些偏見。[22]爲了打破她自己的偏見，特別是當她發現，自己在評判一位當權的女性時，她會把主其事者替換成一位男性，看看這時她是否還會持有相同的觀點。問問自己：「如果我的同事是（大多當權族群）的話，我還會認爲他們表現得像個自以爲無所不知的小聰明嗎？」

✲ 他們的信心惹到你了嗎？

某些人很感冒別人表現出一副胸有成竹的樣子。我承認，我就是其中之一，當某人對某事覺得愈有把握，我就愈會抗拒他們的論點，尤其是當他們的觀點，在某種程度上威脅到我的價值觀時，更是如此。

思考一下你自己對於信心的敏感程度，也許你是在一個傲慢父親的陪伴下長大，而你一直以來都很想要跟他保持距離。又或者你是在一個崇尚謙遜的集體主義文化中長大的。**問問自己，你對同事的反應是不是有很大一部分跟你自己有關，而不是跟他們有關**。

當你把自己的成就跟他們的成就相比時，你是不是會有一種不安全感？或者，也許你希望自己像他們一樣有自信、有把握？

✲ 他們的行為是否為你或團隊帶來真正的問題？還是只是煩人而已？

你需要區分令人惱火的言論或行爲，以及妨礙你完成工作的行爲。並不是所有來自萬事通討人厭的主張，都需要去處理；監控他們所有自以爲是的行爲，可能會讓人疲於應付。

他們的行爲是否對你來說具有破壞性，所以需要去處理？這些行爲是否阻礙了其他人提出想法？有時最好直接無視他們的傲慢。因此，請考慮哪些戰役值得奮力一搏，哪些最好置之不理。

回答完這些問題之後，你就可以決定哪些策略要試試看了。

▼值得嘗試的策略

鮑里斯的情況很獨特，因爲他的同事有一個公正的第三方（那就是我），能夠指出他讓人感受到的自以爲是。但是你不一定會有調解人。在沒有外部協助的情況下，你可以嘗試以下的一些方法。

✲欣賞他們所能提供的

有可能你的同事是一個不折不扣的吹牛大王，除了講大話和傲慢的態度之外，一無是處。但我對此表示懷疑，因爲大多數的人都有一些好的素質，可以爲團隊或組織做出一些貢獻。你可能需要深入挖掘才能看到這些東西，但在看似無所不知的過度自信背後，可能有一些眞才實學。

也許他們在上一個角色，讓收益增加了二〇％；也許他們在公司需要的特定預算編制模型上有經驗。或者，下次你需要關閉帳戶或確保領導階層對計劃的支持時，他們的銷售長才或影響力可能會派上用場。

當然，他們有可能會誇人自己的技能和成就，但請找出眞相的核心。如果他們自命不凡的終極目標是得到認可或接受，那麼你的同理與欣賞或許可以幫助他們放棄經常把「看哪，我是多麼無所不知啊！」掛在嘴邊。

✲ 先發制人，避免干擾

自以爲無所不知的人最讓人討厭的習慣之一，就是一直打斷別人。在我的職業生涯早期，曾在南韓某個計劃擔任管理顧問。我們的一位客戶習慣在會議上滔滔不絕，作風很符合他所屬職稱頭銜的期待。在一場兩個小時的會議中，他打斷我很多次，而且常常都是大聲地蓋過我說的話。

起初，我覺得很困惑。難道他不想要我的建議嗎？這不是他特地要求的嗎？由於這是在我職業生涯的早期，當時的我還很年輕，因此我認爲提供建議是我身爲顧問該做的事，於是我變得非常沮喪。

我環顧整個房間，想看看我的其他同事是不是可以幫我一下，但我只看到他們對我微微地聳了聳肩，他們也不知道該怎麼辦。終於我應了一聲後，起身離開會議室。當我搭乘電梯下到大廳，我開始哭了起來。我繞著街區轉了十二圈，才有辦法恢復鎭定回到辦公室。我希望那時候的我能夠保持冷靜，但現在回想起來，我完全可以理解我當時的反應。

要避免這種情況有一種方法，就是先發制人，事先要求大家不要插話。在你開始談話之前，解釋一下你大約需要多少時間，然後表示：「如果你有任何意見或問題，請在我完成之後再提出」。如果你不是在做正式的簡報，只是在做一些來回的討論，你可以先說：「插話會干擾我的專注，所以如果你能夠在插話之前，先讓我講完我的想法，我會很感激。」

但是，主動出擊不一定行得通。這個做法用在我的韓國客戶身上，肯定不合時宜。但是當你面對的是有點交情的同事，這種做法可以讓你免去必須在反覆被打斷的情況下，硬撐著把話講完的頭痛問題。

我的生活中有兩個長期會干擾我的人——一個是我的媽媽，一個是我的先生，所以我不得不常常使用這個殺手鐧，而且我還必須學會把他們的干擾當成耳邊風。

他們之所以會這樣，是因爲不同的原因——我媽媽是因爲擔心她會忘記她想說的話，而我先生則是因爲這是他從小到大習慣的溝通方式。有時候我也無法像我自己期待的那樣，永遠耐心地聽他們說話，但他們讓我理解到，插話不一定是出於惡意，有時人們只是需要別人提醒他們不要隨意插話。

男言之癮（mansplaining）

男言之癮（mansplaining），或譯做男性說教，它的背後就算不是出於惡意，也是出於根深柢固的性別歧視，有時甚至是出於種族歧視和階級歧視。我想明確指出，矯正這類行為，不應該是女性、有色人種、LGBTQ+、身障人士等各類容易被針對對象的責任。

這就是為什麼無論是誰看到歧視發生時，都應該挺身介入、消除歧視，這是非常重要的。就領導者而言，無論是兩人團隊還是大公司掌舵，都必須花時間、精力和資源，來創造一種公平的文化，讓每個人都能夠好好發展。

如果你是男性而且願意投入對抗男言之癮的話，影響力是很大的。研究顯示，在男性投入參與解決性別平等問題的組織中，有高達九六%的組織表示在這項努力上有所進展；相較之下，若只有女性參與解決性別平等問題，而沒有男性加入平權陣容的組織，有進展的比例僅為三〇%。[23]

附帶一提，如果你是一名女性，當你必須和一位男性說教者共事時，你不需要等待盟友，以及領導高層在你的組織裡，來替你處理性別歧視的問題。靠人不如靠己，特別是當你的事業受到威脅時——你現在就需要解決方案。

因此，雖然更大層面的文化問題不是你要解決的，但是我希望此處的建議能夠幫助你解決眼前的人際關係挑戰。而且，只要你和自以為無所不知的人一起工作，無論你或對方的性別為何，這些建議大部分都可以適用。

✲運用策略處理被打斷的問題

如果你採取了先發制人，避免被打斷的防衛攻勢，卻無功而返，那就直接處理被打斷的問題。但不要只是提高你的聲音，這樣會引發一場角力戰，你的同事很可能會更大聲說話，企圖蓋過你。

相反地，請自信地說：「我要先把我的看法講完，然後我會很樂意聽聽看你要說什麼。」或者你可以導入賀錦麗（Kamala Harris）在她跟邁克．彭斯（Mike Pence）二〇二〇年副總統辯論中的做法。

當她簡單地用「我正在說話」（I'm speaking）這句話，果斷回應彭斯插話時，她似乎是在代表所有的女性的爭一口氣。這需要勇氣（賀錦麗顯然有這種勇氣），因爲這會讓氣氛變得緊張，尤其是在當著大家的面這樣做。

如果你自己不好意思直說，請爭取盟友支持。其他人通常比較方便直接針對你所受到的無禮對待提醒對方，例如盟友可以幫忙說：「在我們繼續之前，我很想聽聽凱斯（Keith）要說什麼。」或者「我認爲麥迪遜（Madison）的看法還沒有講完。」如果萬事通在團隊裡不只會打斷你一個人的話，那麼你們可以事先說好，在這種情況發生時，相互聲援。

✲ 設定規範

在團隊和組織層級設定規範，以創造具有包容性的文化也很重要，在這種文化中，當一個自以爲無所不知的人，想要大家都聽他說，這時每個人都會覺得有權發言，或爲他人挺身而出。想辦法喚起大家心中的公平正義感。你可以針對以下的問題帶動討論：「我們應該如何爲每個人創造有心理安全感，重視協同合作與包容的工作場所？」並鼓勵小組反思你們的溝通方式，以及如何做得更好。

當我在工作坊授課，或是在一個大家需要相互交流（尤其是透過Zoom）的場合針對小組進行演講時，我有一項慣用的準則，那就是「爭取發言空間，禮讓發言空間」（take space, make space）。

這個想法是，如果你是一個傾向於在會議中保持安靜的人，那麼你應該挑戰自己，表達你的意見。如果你是一個習慣占用發言時間的人，那麼請試著退後一步，爲其他人騰出空間，讓他們發表意見。

我發現在一開始就跟大家分享這個想法，可以讓會議的時間分配更加公平。這可能是你和你的團隊，可以達成共識的幾項規範之一。建立指導方針可以預防打斷的情況發生，並使每個人都可以安心地暢所欲言。

✲ 詢問事實和數據

自以爲無所不知的人還有一個惹人厭的習慣，就是宣稱：「我們的客戶希望我們每六個月，就發布一項新功能。」、「銷售量正在下降，是因爲我們對於投訴的回應不夠快。」、「一年後，甚至不會有人再去談論這次的選舉。」如果你坐在那裡想不透，他們到底是怎麼知道的？爲什麼他們這麼有把握？那麼你可以要求他們，提供支持他們的主張的消息來源或數據。

當你詢問他們的時候，要客氣一點，不要讓對方覺得你在挑釁他們。你可以說：「我不確定我們使用的，是不是相同的假設和事實。在我們繼續之前，讓我們先回頭看看數據。」

當然，你們可能不是用相同的方式解釋數據，甚至可能根本沒有可用的數據。如果你能建議先收集一些數據，那就這麼辦吧。如果你的同事堅持認爲，客戶會討厭研發團隊正在研發的新功能，那就看看是不是能夠進行一次簡單的客戶調查？

就算你那盛氣凌人的同事，在剛開始面對這類的詢問時，可能會顯得不耐煩，但是幾次之後，他們會預期你可能會要求他們提供證據，因此在脫口說出未經證實的主張之前，會三思而後行。

此外，要求他們解釋他們如何得知某事，可能有助於他們看到自身知識的局限性，能鼓勵他們在未來謙遜一點。

當你要跟一個自以爲無所不知的人見面時，你最好帶著經過驗證的事實赴會。爲了捍衛你的觀點，並反駁他們所做的任何誤導性陳述，你的準備做得愈充分愈好。藉此，你還可以強調根據事實的討論，比裝腔作勢還要重要。

✲示範謙遜和開放的心態

許多人之所以愛吹噓，是因爲他們過去吹噓的時候可以奏效，或者是因爲他們收到了明示、暗示的訊息，讓他們認爲展現自信是你們團隊、組織或是他們所屬的文化所期待的。

你可以做出不同的示範，表現出謙遜和開放的態度。你可以試著說：「我不知道」或「我現在沒有那份資訊，請容我稍後回覆你。」如果萬事通看到你並沒有因爲表現出不確定，而承擔任何不良的後果，他們可能也會願意跟著這樣做。

甚至，你也可以鼓勵大家來開會時，先仔細考慮過他們想要提出的解決方案或想法的利弊，藉此促使他們變得更謙虛。或者你可以問像這類的問題：

- 另一種看法是什麼？
- 如果我們試著從另一種觀點來看這個問題，我們可能會怎麼想？
- 這種方法的好處和風險各是什麼？

由於一些自以爲無所不知的人其實是在尋求肯定，所以簡單地認可他們的想法，就可以防止他們譁衆取寵。你可以感謝他們分享他們的想法，或者在分享你的觀點或深入提問之前，先強調你覺得他們的觀點有哪些值得讚賞的地方。譬如，你可以說：「這是一個有用的觀點。我同意你所說的第一個部分，但是我對第二個部分的看法略有不同，我們可以好好談一談。」

而這正是夸米（Kwame）用在他的同事阿瑪拉（Amara）身上的做法。夸米這麼跟我說：「每當開會時，阿瑪拉會表現得好像她什麼都知道，而不會問任何問題，但事後她卻會跑來找我弄清楚一些事」。

夸米很確定阿瑪拉害怕自己看起來很笨：「阿瑪拉似乎擔心大家會因爲她對於這個主題沒有瞭如指掌，而對她有所評判。」他很想直截了當地告訴她，問問題沒有什麼好丟臉的，但夸米懷疑阿瑪拉會否認她有不安全感。

於是夸米在開會時示範問問題，甚至偶爾會說：「希望你不介意我問這些東西，因爲這就是我學習的方式。」雖然花了幾個月的時間，但隨著時間過去，阿瑪拉開始比較能夠說出她對某事不太確定，甚至當著別人的面，希望夸米能夠跟她解釋。

好用的詞句

跟自以為無所不知的人交談時，可能很難選擇正確的詞語，所以我提供一些例句，當作你的起手式。你可以視情況調整，讓它們成為你自己的語言。

- **直接回應男言之癮**

「謝謝你，但這個我早就知道了。」

「你的評論讓我很好奇，你是否熟悉我在×××主題方面的背景。」

「如果你能夠尊重『我知道我自己在做什麼』，我將感激不盡。我很重視你的意見，我需要的時候，一定會提出要求。」

- **先發制人以及解決打斷的問題**

「在我完成說明之前，請先不要提出任何意見或問題。」

「打斷會干擾我的注意力，所以如果你在插話之前，能夠先讓我說完我的想法，我將感激不盡。」

「我現在要繼續進行，我會在完成後處理這個問題。」
「我要先把我的觀點說完，然後我會很想聽聽看，你要說什麼。」
「我正在說話……」

● 聲援他人

「在我們前進到那裡之前，我想聽聽馬庫斯的其他觀點。」
「黛德麗，你說完了嗎？如果還沒，讓我們先聽完你的意見再繼續前進。」
「我知道丹尼爾在這方面經驗豐富，我想知道他是怎麼想的。」
「蓋爾，這是你的計劃。你有什麼看法？」

● 詢問事實和數據

「請跟我說一下你的見解是根據什麼。」
「我很想多知道一些有關你得出的結論的資訊。」

● 示範謙遜

「我先跟你說一下，我知道什麼，以及不知道什麼。」
「我們大家都仍在盡我們所能學習關於這個主題的知識。」
「我不能肯定地告訴你。但我確實有一個有憑有據的意見，那就是……」

✲要求他們停止

你的同事有可能不自覺他們在做什麼，也不知道他們的行爲對周圍的人有何影響。在私下一對一的談話中，你可以這樣說：「每次我們討論到要如何做決定，你都非常強調自己的主張，這讓我們的對話很難繼續下去。讓我知道你有在聽我說，而且會考慮我的觀點，即使你不同意，對我也會有幫助。」你甚至可以試著用幽默的方式說：「謝謝你跟我解釋一些我已經知道的事！」

但是請記住，若牽涉到性別的話，這種方法可能會有額外的風險。如果你是女性，你可能會被貼上過度敏感的標籤，或被指責爲「打性別牌」，而這些對你不公平的看法，可能會損及你的聲譽或職業生涯。但這並不代表，你不應該仗義直言，而是要留意事情可能會如何發展。

如果我們遇到帶有偏見的強烈反對，可以考慮向能夠並且願意解決問題的人尋求協助——像是你的主管甚至是人力資源部門。男言之癮已經成爲一個極爲常見的術語，常見到愈來愈讓人覺得這種行爲無傷大雅，但是請記住它背後的傲慢和性別偏見，往往會限制機會並腐蝕團隊文化。

理想情況下，你的組織會認眞看待這些違規行爲。最近有人在推動公司正式處分男人說教的行爲，並且在績效評估時，將傾聽和尊重列入考核。[24]

——‥——

讓我們回到露西亞的故事。露西亞很害怕與她的同事雷一起開會，因爲雷會用他自以爲是的言論來壟斷談話。她最初的應對機制是對雷充耳不聞，如果會議時間拖很長，她會拿出手機或筆記型電腦來回覆電子郵件。

但她也體認到雷的行爲不僅是令人討厭而已，因爲發言空間都被雷占走了，所以她的意見沒有機會被雷或任何人聽到，而且其他人也同樣因爲雷的滔滔不絕而被消音了。

有鑑於此，露西亞決定不再把雷當成空氣，而是跟他互動。一開始是對他所提供的看法表示讚賞——當他在他的獨白中提出好的觀點時，不吝於讚美——但這些讚美不太能滿足雷的自我，而且似乎促使雷更加長篇大論。

所以她採用了不同的策略：針對雷的假設提出問題，希望他澄清。她這樣做之後，雷很快就意識到他不一定有答案，因此雷會求助於隊友來回應。

這有兩個好處：一是讓其他人有機會表現他們的專業知識，二是讓雷懂得更謙虛。露西亞說，對她來說最有幫助的，是知道她並不孤單。現在，當露西亞與她的同事交換眼神時，不僅代表心有戚戚焉，還要決定由誰來禮貌地切斷雷的談話，這是他們共同的責任。

跟一個自以爲無所不知的人一起工作，殺傷力最小的就是覺得對方討厭而已，而殺傷力最大的就是限制了事業的發展。你不需要坐以待斃，你可以像露西亞一樣，採取一些措施，來抑制同事的囂張言論——或者至少減輕影響。

戰略備忘錄　萬事通專用

必做——

- 對萬事通打斷他人的行爲先發制人，例如說：「在我完成說明之前，請先不要提出任何評論或問題」或「中斷會干擾我的注意力，所以如果你在插話之前，能夠先讓我說完我的想法，我將感激不盡。」
- 詢問支持他們論點的消息來源或數據。
- 詢問其他人的觀點藉此示範謙遜和開放的態度。
- 爭取同事的協助以中止打斷的行爲，並且在團隊中設定規範，避免有人霸佔發言權。
- 考慮自己的偏見是否影響你替同事貼上「自以爲無所不知」的標籤。

避做——

- 展開誰對、誰錯的角力戰。
- 假設他們知道自己犯了男言之癮，或是知道自己自以爲高人一等。
- 試著揪出每一個違規行爲——有些小事可以睜一隻眼閉一隻眼。
- 因爲你的同事而讓你看輕自己。

08 媳婦熬成婆的施虐者

▶「我吃過的苦，你也應該嘗嘗。」

茱莉亞（Julia）還記得那天跟瑟莉絲特（Celeste）面試後回到家跟丈夫說的話。瑟莉絲特是一家連鎖飯店接待部門的主管，茱莉亞到那裡應徵行銷經理。茱莉亞告訴她的丈夫，瑟莉絲特在面試中，一次都沒有笑過。茱莉亞認爲她日後的老闆（瑟莉絲特），可能不是一個熱情的人。她猜想這也許只是她的風格，或是文化問題？

茱莉亞是這麼說的：「我曾經跟來自不同國家的人一起工作，因此我學會不要期望別人的作風會跟我一樣。」但在茱莉亞被正式錄用之後，她注意到瑟莉絲特把她「打入冷宮」，因爲在茱莉亞到職的第一個星期，一整個禮拜都沒有見到瑟莉絲特。

茱莉亞是這麼形容她的工作內容：「我基本上都在做偵探的工作，試著自己找出我工作所需要的資訊。」而且茱莉亞認爲，瑟莉絲特很明顯地並不信任她，因爲瑟莉絲特總是非常快就否決她的想法。

即使如此，茱莉亞還是堅持了下來，一年後她覺得自己已經贏得瑟莉絲特的尊重。儘管瑟莉絲特的要求依然很多，甚至希望茱莉亞隨時待命。茱莉亞無奈地表示：「瑟莉絲特會要求我取消休假，或是要求我在休假時進辦公室，甚至要求我在度蜜月的時候工作。」當茱莉亞拒絕這些不合理的要求時，瑟莉絲特便會告訴她：「個人的事情永遠不該妨礙妳完成妳的工作。」

瑟莉絲特似乎對於自己「對工作堅定不移的奉獻精神」感到自豪。她吹噓說她休的產假有多短，並闡述她一生完小孩從醫院回到家，就開始工作。她明確表示，她在他們的行業中爬到這個位置並不容易，所以她也不打算替茱莉亞披荊斬棘。

茱莉亞是跟一個媳婦熬成婆的「施虐者」（tormentor）一起工作——一個靠自己的努力出頭天的資深人士（有時是你的老闆，有時不是），他們通常在這個過程中會做出犧牲，於是反過來虐待他們下面的其他人。[1]

他們似乎是出於這樣的動機：因爲他們曾經受苦，所以你也應該嘗嘗苦頭。雖然給人冠上「施虐者」（tormentor）這個名號，可能會讓人覺得有點太過火了，但是這個詞用來形容這樣的資深前輩——我們原本期待他們成爲我們的人生導師，最後他們卻讓我們的人生愁雲慘霧——實在是非常貼切。

以下是有媳婦熬成婆心態的人常見的行爲：

- 直接或間接指控你對工作的付出不夠。
- 訂下近乎不可能達成的標準。
- 指派你不必要的或不適當的「瞎忙任務」，或是所謂的「不合理的任務」（illegitimate tasks）。[2]

- 驕傲分享他們在職業生涯中做出的犧牲，並相信你也應該做出類似的犧牲。
- 貶低你的成就，尤其是跟他們的成就相比時。
- 否定休假的必要性，或是你對非工作時段的付出。
- 將負面特徵歸因為特定世代的屬性，像是千禧世代懶惰卻享有特權，或是Z世代非常脆弱，那怕一點不舒服他們都無法應付。
- 否認系統性障礙的存在，例如性別偏見或制度性種族主義。譬如：「我能夠做到，為什麼你不能？」
- 聲稱他們的虐待行為是一種品格塑造的練習。

如果你正在跟一個像瑟莉絲特這樣的人一起工作，他們因爲自身的經歷，而似乎有意讓你的生活跟著不好過，你應該如何回應？你應該正面解決他們虐待你的問題嗎？還是有可能讓他們成爲你的盟友，而不是你的敵人嗎？

▼折磨行為背後的成因

如果你正在跟這樣一位前輩打交道——他們會質疑你對工作的承諾、待你苛刻，並堅持認爲你現在受苦是爲了日後升遷，那麼我們很容易把他們的行爲歸因於世代差異，或是出於希望讓人痛苦的欲望，但其實很可能還有其他的因素在作祟。接下來，我將探討你的同事可能是在折磨你，而不是指導你的一些原因。

✲ 缺乏同理心

我的一位前同事在他剛成爲新手爸爸的時候，對於他老闆的態度感到很震驚。他的老闆本身是三個孩子的母親，但對於新手爸爸要在工作和年輕家庭之間尋求平衡的挑戰，幾乎沒有任何同情心。他老闆的態度是：「任何嬰兒，都不應該成爲阻礙你出現在辦公室，還有完成你工作的肇因」。

當我的同事說因爲他的孩子生病了，所以他不能進辦公室時，他的老闆會問：「難道你不能請個保母嗎？」當他要求早點離開辦公室去參加親師懇談會時，她會堅持要他請一天休假。

有研究解釋了這種思維模式。凱洛格管理學院（Kellogg School of Management）和華頓商學院（Wharton School）的教授所組成的團隊發現，**當某人所面對的艱難處境，我們之前也曾經歷過的話，我們通常比較難對這個人出現同情心**。[3]

研究結果顯示，那些曾面對重大挑戰的人。例如，鬧離婚、工作育兒兩頭燒，或失去工作的人，往往比較難對其他面臨同樣掙扎的人表現出同情。

爲什麼呢？作者提供了兩種解釋。首先，雖然我們可能依稀記得某個特定經歷多麼具有挑戰性，但我們常常會低估我們當時感受到的痛苦和壓力的程度。

再者，我們會假設，既然我們能夠克服這種情況——被資遣後找到到下一份工作；一邊育兒一邊出色地兼顧工作；熬過離婚——那麼其他人應該也能做得到。

施虐者有可能無法精確地回想過去受苦的經歷，但也有可能他們就是記得太清楚了，所以不認爲你應該輕易地脫離苦海。茱莉亞就是這樣解讀她老闆瑟莉絲特的行爲。

瑟莉絲特講述她自己的故事，像是休很短的產假，或是徹夜工作，其實是在讚頌她自己所做的犧牲。雖然茱莉亞覺得瑟莉絲特對她的苛刻實在是沒有必要，但瑟莉絲特似乎也在試著向茱莉亞展示，如何在飯店業取得成功，特別是在他們所屬的公司，女性經常擔任初階職位（並承擔大部分繁重、枯燥的工作），卻很少能爬到高階職位。

＊嫉妒

你的同事不給你好日子過，也有可能是出於嫉妒。我爲本書採訪過的許多人都懷疑，資深的人之所以給他們下馬威，只是因爲他們嫉妒。

研究也證實了這一點。[4]當資歷較淺的人，擁有資歷較深的人所冀求的東西時——無論是強大的社交能力、與同事的親密關係、有趣的想法還是特定的技術能力——都可能導致領導者產生「向下嫉妒」（downward envy）或「代間嫉妒」（generational envy）。[5]

他們擔心後起之秀可能比他們更夠格，因而暴露出他們自己的局限性，甚至最終會搶走他們的工作。研究這個主題的研究員蜜雪兒・達菲（Michelle Duffy）告訴我：「認爲自己欠缺某樣東西、覺得自己技不如人，或認爲別人擁有一些你所沒有的東西，會引發低自尊，甚至讓你感覺受到威脅。」[6]當施虐者感到脆弱時，他們便會有意或無意地擋你的路。

如何看待代間差異（generational differences）

當我們把施虐者的行為歸因於代間差異（generational differences）時，要謹慎一點。當然，隨著年齡增長以及在職場上愈來愈資深，人們偶爾會感嘆事情出現了什麼樣的變化，這是很正常的。一些專家把這種感嘆稱之為「現在的孩子」效應[7]（“kids these days” effect）。

但是，儘管媒體對於代間刻板印象（generational stereotypes）做了很多的報導（例如：嬰兒潮世代傲慢自大；X世代憤世嫉俗、漠不關心；千禧世代總是認為很多事情理所當然），但幾乎沒有證據顯示不同世代的人在工作上的行為方式明顯不同，或者想要在工作上獲得的東西有明顯差異。

現在二十五歲的人關心的事情，與現在五十歲的人，在他們二十五歲的時候關心的事情是一樣的。而現在二十五歲的人，可能到了他們五十歲的時候，也會像現在五十歲的人關心類似的事情。[8]因此，即使施虐者倚老賣老地泛稱「你們這個年紀的人」如何如何，你也應該以客觀的態度來看待一切。

當奧蘭多（Orlando）在派屈克（Patrick）手下做事時，他就發現自己遇到這樣的情況。奧蘭多已經在派屈克領導的州政府機構工作了一段時間，奧蘭多覺得自己已經做好升遷的準備。他在該機構申請了幾個職位空缺，但都沒有如願。

每一次，派屈克都告訴他，他沒有「合適的經驗」，儘管理論上奧蘭多具備了必要的資格。奧蘭多覺得像這樣的論述是衝著自己來的，他開始懷疑自己是否具備在自己的領域成功的條件。

學者阿拉亞．貝克（Araya Baker）則認爲，反覆認定比較資淺的同事不具備升遷的條件，是那些心生向下嫉妒的人常用的策略。他寫道：「前輩們可能會不斷地移動球門，或是提高標準，要後輩遵守一直在變的標準。好讓他們永遠沒辦法『準備好』，因爲任何的改進都是不夠的。與此同時，由於前輩拒絕指導，於是前輩們也被貼上了，被請教時會不耐煩的標籤。」[9]

✲ 社會認同威脅（social identity threat）

也有可能你的資深同事其實是想要跟你保持距離，特別是如果你們都屬於在工作場所傳統上被低估的群體，或者如果在你們的行業或是領域中，很少有像你們兩位這樣的人（例如，工程界的女性或是學術界的黑人學者），也有可能發生這種情況。

研究人員把這種心態稱爲社會認同威脅（social identity threat）——相信跟被輕視的群體有關聯，將會危害到自己。例如，在一個組織的最高層級中代表性不足的高階女性主管，可能會認爲她們的性別是一種負擔。正如一位受訪者告訴我的：「我一直因爲沒有支持其他女性而感到內疚，我的行爲起因於一種無意識的想法，認爲另一個女性的成功會搶走我的（地位）。」

鑑於領導位置一直都很少有女性擔任，因此這種稀缺心態（scarcity mindset）是有道理的，尤其是在競爭激烈的頂尖職務上，更是如此。女同事可能會跟其他的女性保持距離，以增加自己成功的機會。這種行爲也導致「女王蜂」（queen bee）比喻的濫用。

以這種方式讓自己跟特定族群脫離關係，不是只有女性會這麼做。在對同性戀者、擔心被視爲脫節的老年人以及少數族裔和種族的研究中，也觀察到同樣的傾向。[10]

畢竟，在像你這樣的人很少能夠成功的情況下，把自己跟被低估或承受負面刻板印象的群體區分開來，並且把自己跟擁有比較多優勢的主流群體連結起來，是一種可以理解的生存策略。

不幸的是，人們擔心自己被認爲屬於代表性不足的群體，而這樣的擔憂並非空穴來風。有一組研究顯示，在公司裡爲了促進多元化而努力的女性和有色人種，在能力和績效方面，會得到老闆較差的評價。

這些研究的作者寫道，他們的研究結果「告訴我們，低地位群體的成員幫助像他們這樣的人是有風險的。這可能會導致女性和少數族裔一旦爬上權力位置，就選擇不鼓吹其他女性和少數族裔的權益，因爲她們不想被視爲無能、表現不佳的人。」[11]

其他研究人員則認爲，有一些人之所以不願意幫助像他們自己這樣的人，是出於所謂的**偏袒威脅**（favoritism threat）——擔心支持類似的人會被視爲不公平的積極性偏差（positive bias）。[12]

卡內基美隆大學（Carnegie Mellon）教授羅莎琳．周（Rosalind Chow）專門研究工作上的社會階層（social hierarchies），她引用了另一個困擾一些女性領導者的擔憂：「女性可能擔心其他女性會表現不佳，因此強化了女性不如男性能幹的刻板印象，進而損及她們自己成功的機會，並且讓未來所有女性的晉升之路更加艱難。」[13]

雖然這不能讓殘忍行爲被合理化，但也許你的同事對你很嚴厲，是因爲他們想要維持高標準，並且讓你知道，像你這樣的人是可以在你的公司成功，儘管他們的做法有偏差。

✲ 對領導力的基本誤解

對於你同事的行爲，還有另一種可能的解釋：那就是對有效領導的誤解。幾十年來，領導者被認爲必須跋扈專斷、苛刻、沒有同情心的錯誤觀念一直根深柢固。

這種「命令和控制」的方法已被證實，對於刺激團隊高效的成果非常有限。這種做法不僅對員工不利，對於施虐的領導者也有不良影響。[14]也許你的那位同事只是死守過時的觀念，爲了成爲一名成功的領導者，並贏得他人的尊重，因此他們認爲自己必須表現得仗勢欺人，好脅迫下屬屈服。

▼ 與施虐者共事的代價

成爲被當權者鄙視的對象，是很痛苦的。到目前爲止，我們已經知道不文明行爲的代價——

不論是受行爲影響的目標、目睹行爲的人，或是更廣泛的組織，都要付出代價。

有一個會欺凌下屬的主管，跟工作上缺乏參與感、較大的工作與生活衝突，還有心理壓力都有關係。[15]

「女王蜂」比喻

有一種刻板印象認為，年長的女性經常會試圖阻礙比她們年輕的女性，在職業生涯上追隨她們的腳步更上一層樓。這個想法實在是太常見了，因此不僅有了一個標籤——「女王蜂」（queen bee）現象，甚至還被學者們研究過。

這顯然也是許多人都有過的共同經歷。在我為了這本書所做的採訪中，從很多像茱莉亞那樣，被其他女性虐待的女性那裡，聽到許多故事。我們從研究中得知，女性在工作上受到的不文明對待，多於男性。[16]

有三項系列研究採用了四百至六百名美國雇主的大量樣本，結果發現，女性報告她們受到虐待——被忽視、被打斷、被嘲笑或遇到各種其他貶低他們的行逕，而施虐者是其他女性的機率，通常高於男同事。[17]

如果你發現自己正在跟一位符合女王蜂刻板印象的同事打交道，那麼這一章大部分的建議對你都會有幫助。

然而，我想強調的是，女性被認為像女王蜂，常常是受到性別偏見的影響。施虐者的相關行為是有害的、不可原諒的——任何性別的人都不應該虐待他們的同事，這是毫無疑問的。

然而，女性往往被以不同規格的標準來要求。我們會更加嚴厲譴責她們的好勝心、對他人缺乏仁慈或是一些其他的特質，然而那些特質若是出現在男性身上，我們可能會視而不見，或者是讚美一番。

例如，讓我們仔細看看競爭這個命題。研究顯示，競爭可以激發創造力、創新和生產力。[18]當男性涉及競爭時，我們可能會認為在殘酷的工作環境中，這種行為是競爭激烈的手段，或是合理的行為，甚至是卓越績效的驅動力。

但是當我們觀察女性之間的競爭——甚至是健康上的相互較勁，我們則會把它標記為「女人之間的戰爭」或是「不專業」。

莉亞．薛波德（Leah Sheppard）教授和卡爾．愛昆諾（Karl Aquino）教授的研究指出，與男女之間的衝突或是男性之間的衝突相比，我們經常會過分誇大女性之間的工作衝突。

這對於我們之於女性的看法是有影響的。如果觀察她們互動的人，認為女性沒有辦法好好合作，或試圖傷害彼此的職業生涯，就隱含著他們認為，女性比較沒有辦法成為有生產力的同事。[19]

女性應該對彼此慷慨大方，而不是相互競爭，這個觀念有很大程度是受到女性群體的規範性刻板印象所啟發。它還助長了這樣一種期望，亦即女性應該做份外的工作，來照顧其他向上攀爬的女性——她們要指導後進、領導女性員工小組，還要努力不懈倡議性別多樣性。[20]如果一個資深女性決定不要承擔這些角色，她就必須冒著被貼上女王蜂標籤的風險。

同樣地，由於我們期望女性在工作上會關心和支持女性，所以當女性被其他女性虐待時，會讓人覺得特別受傷。此外，與男性提出的建議相比，人們往往不太容易接受女性提出的建設性回饋。

在二〇一九年的一項研究中，有兩千七人受雇從事謄寫、打字的工作，他們之後被隨機分配給一個虛擬的經理，這個經理可能是男性，也可能是女性。研究發現，就算虛構的女性經理回饋意見，與虛構的男性經理所使用的回饋措辭一模一樣，但是從女性主管那裡收到負面績效回饋的員工，對自己的工作會覺得比較不滿意，對於分配給他們的任務也比較不投入。[21]

值得注意的是，這種刻板印象似乎並非一體適用。關於女王蜂現象以及一般性別偏見的研究，主要是針對白人女性進行的，因此有色人種女性被指控犯有相同破壞行為的頻率為何，並不清楚，留意這一點很重要。

例如，根據一些研究，黑人女性可能比較有空間讓她們展現果斷與直接，因為我們不會那麼緊密地把她們跟傳統的「女性」期望連結起來。[22] 需要澄清的是，黑人女性在職場上有很多有害的刻板印象，但是女王蜂現象可能不是其中的一項。[23]

如果你覺得自己正在跟女王蜂一起工作，請務必問問自己，你自己的偏見是不是影響到你對同事行為的解釋。我不是說這些虐待行為是你自己的想像，而是你會不會不公平地把這些行為歸因於你同事的性別？你可能因為同事是女性，而放大看待她的嚴厲管教嗎？或者你是否陷入了這樣的陷阱：期望女性應該是會照顧別人的、友善的、無私的團隊成員？

我回想了一下，我在整個職業生涯中的老闆，他們大多數是女性，而她們當中除了一位之外，其他人都是出色的老闆——她們支持我的事業目標、提攜我的工作，也給我如何成功的建議，同時也關心我這個人。我的經驗受到研究的佐證。

當女性跟較高比例的女性一起工作時，她們經歷到的性別歧視和騷擾就會比較少。[24]正如史丹福大學教授瑪麗安・庫珀（Marianne Cooper）所寫的：「當女性有女性主管時，她們所獲得的家庭和組織的支持，比有男性主管時還要多。」[25]在由女性管理的工作場所中，性別薪酬差距會小於由男性管理的工作場所。[26]

如果你認同自己是男性，那麼你在打破女王蜂的刻板印象以及助長它的性別偏見方面，可以發揮特別重要的影響力。研究顯示，男性在解決這類問題方面上，具有更大的感召力，因為他們不會被視為在性別平等上有既得利益。[27]

「當談到性別歧視時，由男性出面對抗不良行為，往往比其他女性更有說服力」，《打破偏見》（*Bias Interrupted*）的共同作者瓊安・威廉斯（Joan Williams）說：「我們會給予他們更高的可信度，因為這不是他們的『遊戲』。」[28]

無論你的性別為何，我們都可以暢談支持過你還有你的事業的女性，藉此主動抵制關於女王蜂的錯誤論述。我採訪過的一位高階主管談到，她曾在一位報復心強的女老闆手下工作，她告訴我，這段經歷激勵她「成為我的圈子裡，年輕女性敢直言不諱的盟友和導師，並找到提升她們和幫助她們成長的方法。」

把焦點放在創造正面的經驗上——為了你自己的幸福著想，同時也為了破除女性在工作場所傾向於削弱他人的迷思。

發生在群體內的霸凌也會導致類似的後果。例如，研究顯示，當女性被其他的女性虐待時，她們的幸福感也會受到波及，像是工作上覺得比較不滿意、活力比較差，還有想要離職的念頭變強。[29]

如果有一位資深同事刻意跟你保持距離，特別是這個人如果正好是你的直屬上司，那麼你的事業也很可能前途堪慮。尤其是如果他們在別人面前，或是在進行績效評估的時候批評你，殺傷力就更大了。

如果有一些跟你有相同的身份標記的人表示，他們對你的工作表現有一些顧慮，與其他對你的工作表現有相同顧慮的人相比，他們的意見會被認爲比較客觀、比較沒有偏見，因此就算他們並不公正，他們的評估可能也會被認爲比較有可信度。[30]

這種虐待行爲，也讓組織蒙受其害。根據估計，由於濫權督導所造成的生產力損失、員工流失和訴訟，可能會讓公司每年損失數百萬美元。[31]

與會虐待他人的主管或同事一起共事，最令人沮喪的後果之一，就是在無形中折損你的自信。如果你原本期待他們會處處替你設想，於是當你收到他們的負面回饋，或被他們虐待時，你甚至有可能會反過來認爲是因爲自己不夠好，他們才會這樣對待你。[32]

阿拉亞・貝克（Araya Baker）解釋說，無論是因爲什麼原因而誤入歧途產生向下的嫉妒，都會產生嚴重的後果。對於自己的下屬心存嫉妒的長官，可能會阻礙下屬的升遷，或設定不可能達成的標準，卻要求年輕同仁遵守，並堅持他們永遠是對的，只因爲他們是長官。這些嫉妒的表現，變相強化了階級制度及現狀，惡性地驗證讓施虐者掌權的組織結構是對的。[33]

如果你的同事阻擋你的出路、動不動就要跟你競爭、對你要求過高或是吹毛求疵，或者積極妨礙你成功，你該如何是好？就像前面幾章一直在說的，先從反思情況著手。

▼可以問自己的問題

我了解，期待一個在施虐者手中飽受摧殘的人，對施虐者有同理心，實在是強人所難。因此，與其把探究以下的問題，視爲對施虐同事不計前嫌的做法，不如把它當成一種戰略評估：**設身處地爲他們著想，這樣你才能好好準備該如何回應他們的行爲**。

✲你的同事有什麼煩心的事嗎？

當你聽到有很多關於濫權督導的研究，應該不會感到驚訝。大家都想弄明白，爲什麼居上位的人會選擇虐待下屬。最吸引人的解釋可能是：虐待你的人是一個有獨特缺陷的人。

但事實剛好相反，該領域的研究指出，在適當的條件下，大多數的人都有可能成爲會虐待別人的老闆。[34]特別是如果我們還記得許多虐待行爲的特色——像是指責你不夠投入，或是在別人面前批評你——都有可能是壓力的衝動反應。

我們都知道，對於你所管理的人表現出同情和友善是正確的做法，但是當你的情感和認知資源耗盡時，很容易就會進退失據。所以問問自己：這個人怎麼了？他們是否因爲必須達成不合理的目標而承受壓力？他們是不是睡眠不足？[35]他們是不是被家庭生活搞得焦頭爛額？[36]當然，這些都不能成爲有毒行爲的藉口，但是探究這些問題，可以讓你對於這些行爲背後的成因，有更好的了解。

✲ 你的組織是否鼓勵這種行為？

你的工作場所的組織文化也有可能默許你的同事虐待他人。

這就是維拉諾瓦大學（Villanova University）教授曼努埃拉・普里賽姆（Manuela Priesemuth）在她關於破壞性領導（destructive leadership）及職場暴力研究中看到的現象。[37]她寫道：

> 尤其是由領導者表現出來的虐待行為，會傳遍整個組織，造成整個虐待的氛圍。由於員工敬重主管，並想向他們看齊，於是他們理解到這種人際之間的不當對待，在公司裡是可以被接受的行為。
>
> 從本質上來講，就是員工開始認為「這就是這裡的做法」，而這種信念在容忍虐待行為的有毒環境裡，會更被彰顯出來。更重要的是，研究甚至指出，遭受主管虐待的員工也會更容易「傳遞」這種類型的待遇，而造成連鎖效應。[38]

或許施虐者是按照組織中其他人所制定的規範有樣學樣，並不是跟你有私仇而進行報復。如果是這樣的話，你也可以考慮一下，這裡是不是你想要工作的地方。

✲你的同事是否認為他們在幫忙？他們有幫到忙嗎？

也有可能虐待你的人根本沒有惡意。他們強硬的行事作風，或是沒有商量餘地的期望，並不是爲了破壞競爭，或者想害你被解僱，或讓你的生活慘兮兮。你可以想想看，他們可能想要達成的目的是什麼。

雖然瑟莉絲特讓茱莉亞覺得糟透了，但是茱莉亞相信她的老闆其實是在試著拉她一把。茱莉亞是這麼解釋的：「瑟莉絲特對辦公室裡的每一個人都很嚴格，但尤其對女性加倍嚴厲。瑟莉絲特想要促使我們證明，我們願意像她一樣賣力工作。我認爲瑟莉絲特對我們施加這麼大的壓力，是在試著幫助我們，去實現我們不知道自己辦得到的事。」

或許，你會像茱莉亞一樣，明白你的同事的目標是高尚的，雖然說他們的策略是錯的，是有害的。但他們的行動是否產生了正面的結果？例如，他們對你的高度期望，是否讓你在工作上表現得更好？

有一些研究顯示，跟標準嚴格、令人畏懼的領導者一起工作有很多好處。他們的同事經常可以透過觀察，學習如何在高壓的情況下快速做出決定，並推動自己邁向成功。[39]

一旦你思考過前面的問題，接下來就可以計劃你要如何跟他們好好相處了。

▼值得嘗試的策略

你的同事之所以極度好勝，或是對你的期望根本難以難實現，這可能是受到他們所承受的壓力影響，也可能是有毒的文化所致。即便如此，如果他們的行爲是卑鄙的，或是對你有害，你就需要去處理。你可以嘗試以下的一些策略。

✲激發他們的同理心

當我們對於某些人產生某種認同，我們就比較有可能對他們產生同理心。因此，與其試圖跟虐待你的人保持距離，還不如想辦法讓他們知道，你們之間並不像他們所認爲的那麼不同，你們其實是很相似的。你可以問問他們，你們所屬的行業過去是什麼樣子，或者他們在職業生涯的早期經歷過哪些戰役，抑或是他們以前必須克服什麼障礙。

然後，當個好聽眾。對他們所經歷的事情表示有興趣，這樣可以讓他們卸下武裝。此外，找機會談談你做過的任何犧牲，或突顯你的熱情和動力。

羅莎琳．周（Rosalind Chow）鼓勵大家向同事請益。把他們當成導師或是專家，向他們求教，這樣會大大提升他們的自信，周說：「如果他們能在你身上看到自己的影子，他們就比較有可能對你好一點。並且希望你能成功。[40]」如果你個人或是團隊有令人讚嘆的成就，而這反映了他們的領導能力，那就更好了。

這種方法對於由男性主導的領域裡的資深女性，可能特別有效。研究性別和「女王蜂」現象的心理學家貝爾‧德克斯（Belle Derks）說：「符合這種刻板印象的女性，並不是與一般女性保持距離，而是與那些（還）沒有男性主導的組織中，爲了生存做出必要犧牲的女性保持距離」。[41]

正如德克斯告訴我的：「如果你讓她看見你野心勃勃的程度跟她不相上下，或是你願意付出更多努力，這樣你跟一位要求嚴苛的女性上司共事起來，可能會輕鬆一些。」[42]

✲把焦點放在共同的目標上

同樣地，考慮一下你是否要跟你的同事結盟，一起把焦點放在同一個目標上。你們聯手將有助於把你們集體的才能和精力引導到正途。有沒有你們可以一起處理的計劃？或者有沒有你可以幫助他們解決的問題？當然，與對方聯手可能沒有什麼吸引力。畢竟，誰願意直接把自己推上火線？但是有一個共同的目標有助於緩解緊張，讓你們朝著同一個方向前進。

你可以先在小範圍內採用這種策略，在日常的互動中強調共同的目標：

「我知道我們都很希望按時完成這個計劃。」

「我們都很關心我們的團隊是不是有拿到我們需要的資源。」

「我們都希望在一個公平、公正的地方工作。」

在溝通時使用「我們」，可以讓你的同事比較不會把你當成是競爭對手，而且，打個比方，這樣他們就有可能會讓你坐在桌子的同一邊——把你當成同一國的人。

✲不要向惡性競爭屈服

當你感覺到同事的不友善，因此想要武力全開，讓他們知道你可不打算認輸時，可千萬不要被激到了。

回到奧蘭多的例子。他經過一番思考，意識到派屈克的行爲可能不是衝著他這個人而來，而是因爲他在加入這個政府機構的時候，持有的證照比派屈克還要多，因爲這個事實，讓派屈克產生了不安全感。

奧蘭多告訴我：「基本上我跟派屈克交流的主題離不開『我比你強』，感覺起來他是藉著貶低我，好讓他自己覺得好過 點。」奧蘭多注意到他愈是爲自己辯護，派屈克就愈是找他麻煩，所以他決定停止和派屈克逞 時的口舌之快。

奧蘭多認爲：「一旦我不再爭取升遷，我們之間的緊張就和緩多了。」但他並沒有放棄自己的事業目標，他開始在別的地方找工作：「我告訴自己，除非我有更好的選擇，否則我不會離職。」

與此同時，他把精力集中在他關心的工作上：「我決定不要那麼在意頭銜，而是專注於工作」他攬下了只需要跟派屈克進行最低限度的互動的特殊計劃，並且因爲幫助機構實現，讓大眾更容易接受教育的使命，而感到心滿意足。

與其跟折磨你的人展開 場拉鋸戰，還不如把精力留到有建設性的行動上，像是尋找有趣的計劃，跟可以教你一些東西的人一起工作，或是爲公司的使命效力——甚至可以投身工作以外的志願性工作。

✲改變權力平衡

還有另一種你可以嘗試的策略，那就是改變你和施虐者之間的權力平衡。他們的行爲之所以讓人覺得這麼痛苦——對你來說代價如此之大，部分的原因在於他們掌握比較大的權勢，但不能只是因爲他們的位階比較高，就代表你必須接受他們的侮辱或欺淩。研究顯示，你可以設法提高他們對你的依賴程度，藉此讓他們對你手下留情。[43]

當然，這似乎很難辦到。畢竟，你可能必須仰賴（至少有部分程度必須仰賴）他們來獲得加薪、晉升、獲得資源或是被指派執行計劃。儘管如此，權力動態並不是固定不變的，你可以展現自己的價值，藉此讓情勢變得對你有利，尤其是在他們最關心的事情上使力。

假設你同事的目標之一，是確保團隊使用最新的技術，來追蹤銷售狀況。了解這一點後，你可以研究一下技術前景，並且評估把各種選擇與目前使用的系統進行整合會有哪些挑戰。或許你可以開始在社交媒體上，追蹤在特定技術上有專長的人，或者去接觸其他公司的同行，這些人會持續關注最新的發展。

然後你可以分享你的知識，並幫助施虐者解決他們想要最優先解決的問題。這種策略成功的關鍵，是把焦點放在除了你這邊，他們在其他地方很難找到的技能和能力上。目標是傳遞一種訊息：「你其實很需要我，只是你以前不知道，所以請你多多照顧我。」[44]

✲ 直球對決

直接處理你和施虐者之間有問題的關係，可能是一個不錯的選擇。如果你的同事在扯你後腿，你可以誠實地跟他們說，但是要說得技巧一點。

你可以這樣說：「我可能是錯的，但我覺得我們好像並沒有合作得很好，然而我們應該可以合作無間才對。我想跟你建立有建設性的關係，所以如果我有做了什麼事，以致於我們沒有辦法好好合作，我想知道，這樣我才可以改進。」

我並不是說開誠布公不會讓人感到尷尬——可能會很尷尬，但是在理想的情況下，你們應該可以針對如何回到正軌，展開對話。你的同事有可能會否認：「我不認爲我們一起工作的方式有什麼問題。」或防禦：「你爲什麼會這麼想呢？」，但至少你已經明確表示你打算讓你們的關係朝正面發展。

✲ 為你的信心打一針強心劑

跟對你嚴苛的人一起工作，對你的自尊心是一種考驗。重要的是要讓自己堅強起來，不要成爲冒名者症候群（imposter syndrome）的受害者。

我訪談過一位女士，她表示她原本已經準備好辭職了，因爲她飽受幾位同事的折磨，他們不讓她參與計劃，而且會在其他人面前貶低她的貢獻。但是後來她受到一位朋友說的話所啟發，她的朋友告訴她：「除非他們強迫你離開，否則不要離開。」

她沒有放棄自己熱愛的工作，而是加倍篤定要留下來：「我的工作很辛苦，競爭也很激烈，即使別人不看好我，我也必須承認自己的價值和應得的掌聲。就算一些資深前輩不打算幫助我出人頭地，甚至可能蓄意破壞我，我仍然可以自己幫助自己。」

雖然這並不容易，但是她專注於自己可以做些什麼，來進一步發展自己的事業，而且是依靠自己的能力，而不是仰仗他人。她說這樣做的好處，不只是維持住她的自尊而已。她說：「一旦我開始信任我自己，我就開始去尋找能夠理解我正在努力做的事，並且支持我的導師。」跟他人建立健康的關係，始終都是保護和增強你的信心以及事業前途的好方法。

好用的詞句

無論你是決定要擺脫跟同事之間的不良競爭，還是要直接處理他們虐待你的問題，這裡有一些詞句可以協助你如何著手。

- **同理他們的犧牲**

「我很敬佩你付出了那麼多努力，才能達到這種成就。我可以想像這並不容易。」

「比起你當年跟我在相同的位置時要應付的事，我體認到現在我要應付的事情容易多了。」

「我知道很多在我們領域能達到你的等級的人，都不得不做出犧牲。你曾有過這種經歷嗎？」

● 直接解決緊張局勢

「我擔心我們一開始就沒有好好相處。」

「我想談談我們之間的互動關係。有時候我覺得很沒有建設性，我想知道我能做些什麼，來改變這樣的關係。」

「我真的很希望我們能建立更穩固的關係。為了實現這樣的目標，有沒有什麼是我能夠做的呢？」

● 把焦點放在共同的目標上

「我知道我們都很關心準時完成這個計劃。我們可以談一談我們要如何一起努力，實現這個目標嗎？」

「我們都可以讓我們的團隊或部門看起來很不錯。」

「我認為如果我們一起承擔這件事，應該會表現得很出色。」

讓我們回到茱莉亞對她的老闆瑟莉絲特的審視。當茱莉亞認爲瑟莉絲特其實是想要幫助她，她發現這時要應付瑟莉絲特的要求，就變得比較容易了，但是茱莉亞仍需要設定一些界限。例如，她不想要在假期工作或是縮短她的產假。

所以她採取了直接的方式，但這是在對瑟莉絲特還有她所做的犧牲表示讚賞之後，才這麼做。有一次趁他們提前結束會議時，茱莉亞抓住機會告訴瑟莉絲特，瑟莉絲特對事業的奉獻，讓她留下了多麼深刻的印象。茱莉亞對瑟莉絲特承認，瑟莉絲特那個世代的人的彈性和退路，遠不如現在。

這種做法讓瑟莉絲特打開話匣子，分享爲什麼她過去會用她那樣的方式，在自己的職涯上闖蕩，並解釋在飯店管理領域的女性，要取得成功是多麼困難。這讓茱莉亞有了話頭可以說出，既然現在情況已經改變了，她很慶幸自己不必像瑟莉絲特過去一樣，沒有選擇，不得不做出一些犧牲——像是在假期中工作，隨時待命，把自己放在最後。

這次的談話緩和了茱莉亞和她的老闆之間的緊張關係，現在當她拒絕瑟莉絲特的一些要求時，瑟莉絲特變得比較有彈性，也比較能理解。

戰略備忘錄

施虐者專用

必做——

- 找到一個共同的目標，並且把焦點放在這個目標上，而不是把焦點放在你們之間的負面關係上。
- 直接詢問你可以做些什麼，來改善你們之間的關係。
- 承認他們在職業生涯中所做的犧牲或經歷過的艱辛。
- 努力證明你擁有別人所沒有的價值，這樣你就可以改變權力的平衡，即使只是輕微的改變也值得。
- 檢查偏見和刻板印象可能如何影響你對同事行爲的解釋，尤其如果她是女性的話。

避做——

- 忘記大多數的人在工作上之所表現出攻擊性，是因爲他們覺得受到威脅。
- 試著跟好勝心強的同事你來我往加碼競爭。相反地，你可以拒絕參與這場拉鋸戰，這樣或許可以比較有效解除他們的武裝。
- 允許施虐者讓你質疑你自己。
- 假設你的同事的虐待行爲是性格缺陷造成的；而是應該考慮是否可能有其他情況發生。

09 隱晦的偏見者

「你怎麼這麼敏感？」

阿莉婭（Aliyah）在一家大型的全球媒體公司工作了七年，在那七年裡，她有過六、七位不同的主管：「老實說，我在某些事情上，會覺得不太能掌握眞實的情況。」她的這幾位老闆大多數都「不錯」，少數幾位很支持阿莉婭以及她想要成爲銷售開發總監的願望。但是有一位經理，叫做泰德（Ted），她發現他特別難相處。她從一開始，就知道泰德跟她相處不是很自在。

阿莉婭表示：「那種感覺，就好像他老是小心地精挑細選他要說的話，但說來諷刺，因爲他實在是說了很多愚蠢的話。」

泰德經常掛在嘴邊的一句話就是：「妳應該多笑一點。」當阿莉婭指出他可能不會對他的男同事說這些話時，泰德告訴她，她「實在很難看透」。她試圖不理會他的話，但她愈是把這些話當做耳邊風，泰德就愈愛跟她講這些。他甚至會用一種假裝懺悔的語氣說——他被她嚇到了。

阿莉婭是這麼說的：「泰德試圖讓這聽起來像是，我的成就讓他驚豔，但對我來說很明顯，他其實是在暗指我是黑人女性這個事實。」泰德的言論帶有偏見，這些話讓阿莉婭對於其他人可能會如何看待她產生疑問。而且當他在別人面前表現出這些偏見，甚至在對阿莉婭正式績效評估中也出現這些不客觀的想法時，對阿莉婭來說更具有殺傷力了。

也許你也遇到過像阿莉婭那種的情況。你的同事說了一些話，讓你一聽到，馬上就覺得不舒服。也許他們認爲，他們只是在開玩笑或恭維你，但言論的內容卻是不恰當的——可能帶有性別歧視、跨性別恐懼、年齡歧視或是種族歧視。

我們或多或少都會犯下帶有偏見的錯。我們可能無意造成傷害。但這並不代表像泰德那樣的行爲是無傷大雅的——這些行爲讓阿莉婭覺得被孤立、被誤解還有受到阻撓。

以下是一些帶有偏見的例句，你可能聽人家這樣說過：

「你眞是會說話啊！」

「每個人在這裡都可以成功，如果他們夠努力而且做好工作的話。」

「你認識某某某嗎？」（這個某某某是你的工作場所中代表性不足的群體中的另一個人。）

「我對衆多的性別區分感到困惑。在我成長的年代，只有兩種性別而已。」

「我看人不看膚色的。」

「你今天的頭髮看起來不太一樣耶，那是你的休閒風嗎？」

「你是哪裡人？」

「你的年紀看起來還不到可以當一位教授、一位經理、一位醫生……」

當我們遇到歧視時，是不是要直面歧視？如果要的話，該如何行動以及該在何時行動？這整個決定的過程是很複雜的，特別是如果你擔心自己是否會因爲處理歧視的方式而受到懲罰，那就更難下決定了。這就是工作場所的偏見特別消磨人心的原因。

消除偏見的責任，不應該落在像阿莉婭這樣，受到偏見歧視的人身上。即便如此，對於這類偏見回饋你的看法，有時候可能是正確的做法，尤其是如果你必須經常跟有偏見的同事一起工作的話。

如果你發現自己的處境跟阿莉婭很像，共事的對象常常不顧別人的感受大放厥詞，或是發表一些冒犯性十足的評論，你應該說什麼或做什麼？如果你是受到偏見歧視的目標，或者只是旁觀者，有這兩種不同身份的時候，分別該有何不同的回應？

在我們探究偏見行爲背後的成因之前，我先聲明一下：我身爲異性戀白人女性的身份意味著，雖然我在整個職業生涯中，在工作上一直遇到不當評論和性別歧視，但是我沒有遭受過種族主義、恐同（homophobia）或是其他形式壓迫的第一手經驗。

因此，我仰仗對於這些不公正有直接經驗的學者和從業人員的專業知識，來豐富我在這方面的理解，並據此提出建議。我在這一章將隨時引用他們的研究成果，或反映他們的論述。

▼偏見行為背後的成因

偏見的呈現有時候很露骨，有時候則是很隱晦。如果泰德對阿莉婭說：「我不喜歡跟你一起工作，因爲你是黑人女性。」那就是一個有明顯偏見的例子。並且可能違反公司政策，也可能違反法律規定，視他們工作的國家或是州的法令而定。

相反地，泰德是用間接的方式，透露出他對於跟阿莉婭一起工作感到不舒服，而她不得不懷疑這是因爲她的種族或性別，或是兩者都有影響，抑或是還摻雜了一些沒什麼關聯的事。在本章，我將討論很常影響我們工作上人際互動一些似有若無的偏見。遇到這類偏見可能讓人特別難受，也很難處理，因爲它們含糊、曖昧或是被僞裝成看似正面的評論。

以史丹福大學教授克勞德．史提爾（Claude Steele）的經歷爲例。他在播客節目的訪問中，分享自己兩次跟種族主義有關的個人經歷，而這兩次經歷相隔了數十年。

首先，他回憶起一段童年時光，當時一家高爾夫球場的員工跟他和他的朋友們，說了一些帶有種族歧視的傷人的話，告訴他們因爲他們是黑人，所以他們永遠不可能在那裡找到球僮的工作。

後來，在他當研究生的時候，他永遠不知道在與白人同事還有教授相處時，自己的處境究竟爲何，搞不清楚他們對他的不當對待是不是出於種族歧視。

史提爾解釋說，他對小時候遇到的那件事的反應是「義憤塡膺」，但是他在研究所時期遇到那些比較隱晦的偏見，則讓他覺得自己很渺小，並且讓他開始懷疑自己。[1]

✲微妙的排擠行為（subtle acts of exclusion）

隱性偏見行爲通常被稱爲「微型攻擊」（microaggressions），這個名詞在過去幾年間變得很常被用到，但其實早在一九七〇年這個名詞就出現在學術論文中。

哥倫比亞大學教授德拉爾德・溫・蘇（Derald Wing Sue）寫了一本定義這個主題的書。他把它描述爲：「微型攻擊是指無論故意或無心日常出現的口頭、非口頭以及環境的輕視、冷落或侮辱；微型攻擊是單純根據目標群衆屬於被邊緣化群體的成員身份，而向他們傳達有敵意的、貶損的或是負面的訊息。」[2]

多元共融（Diversity, Equity, and Inclusion，DEI）專家蒂芬妮・珍娜（Tiffany Jana）和麥克・巴蘭（Michael Baran）提供我們一個不同的術語，可以用來描述這種行爲：微妙的排擠行爲（subtle acts of exclusion）。順帶一提他們也於二〇二〇年出版了同名書籍。[3]

對於他們的這種說法，有一點我特別喜歡，那就是側重於影響面。也就是強調「排擠」，而不是著重於他們的「意圖」。當有偏見的同事問你「你在哪裡長大？」的時候，他們不會認爲自己在攻擊，或是帶有偏見。但他們其實是在暗示你——你並不屬於這裡。

此外，微型攻擊中的「微」（micro）意味著，這些評論在大多數情況下並不是什麼大問題。我在本章將同時使用這兩個術語，因爲微型攻擊依然是大多數的人比較熟悉的用法。

以下是這些微妙的排擠行為最常見的一些形式：

- **才智歸因**：屬於這一類的言論（像是經典例句——「他非常能言善道」），傳達的是對於來自特定群體的人擁有一種（通常是正面的）技能或特質，感到驚訝。這些陳述表面上看起來是一種鼓勵，但其實真正的含義是：你超出了大家對你的低期待耶，因為你是女性、宗教上的少數群體、移民、以英語為第二語言的人、殘障人士等等。

有許多研究人員，包括《破除偏見》（*Bias Interrupted*）的共同作者瓊安．威廉斯（Joan Williams）已經指出，來自被低估群體的人必須一次又一次地證明他們是有能力的，而白人和其他有權有勢的人則不需要這麼做。[4]

- **貼上錯誤的標籤**：威廉斯還談到許多女性和少數族群常常如履薄冰，因為他們被認為可以被接受的行為範圍比主流族群窄多了。

舉個例子，人們相信領導者應該果決、有自信，但是女性卻常常因為展現這些特質而受到懲罰。同樣地，許多黑人專業人士談到他們的情緒是如何被貼上「生氣」的標籤，即使他們要表達的其實是興奮或失望。

- **「仁慈」偏見**：這是一種偏見的變型，指涉的是有人美其名是在「照顧」你，但實際上卻是在阻礙你。設想有一位老闆給他的女性下屬模糊的回饋意見，因為他認為她無法承受有建設性的批評——或者因為他害怕直接表達，會讓人誤以為他不支持有色人種女性。這種仁慈的偏見，也經常針對殘障人士而來，像是主管可能認爲他們無法應付工作的某些要求。

在我剛開始踏入管理諮詢這一行時，有一位資深顧問在我們搭乘電梯要去跟客戶會面時，告訴我：「我意識到，我有化妝的時候，人們會更認眞地對待我。」我看著自己在鏡面上那張素淨的臉，想到的是，我這輩子只化過一次妝（爲了參加我的畢業舞會）。我沒有懷疑我的同事其實是想要幫我，但她卻選在一次重要的客戶會議之前，打擊我的信心，並傳達出這樣的訊息：爲了成功，我必須去遵守，會讓我覺得不舒服的性別規範。

- **不熟裝熟**：有的時候，人們在稱呼或描述同事時，會使用貶損的字眼，或是故意攀關係的詞語。像是稱呼女同事爲「甜心」，或是跟黑人同事「稱兄道弟」就是屬於這一類。這種不熟裝熟的現象在文獻上有很多描述。例如，艾拉・貝爾・史密斯（Ella Bell Smith）教授和史黛拉・尼寇莫（Stella Nkomo）教授在他們的書《我們各自爲政》（*Our Separate Ways*）中所做的研究顯示，白人女性對黑人同事的感覺，往往比黑人同事對她們（白人女性同事）的感覺更親近。[5] 這種假設性的熟悉程度會貶低眞正關係的價值，讓人們憑著假設，宣稱和某人關係很親密，但實際上並沒有。
- **臆測**：這一類言論包括對跨性別同事的性別錯稱（misgendering），也包括臆測亞洲同事不是說英語長大的，或者臆測看起來年輕的女性就是助理——這些臆測根據的正是刻板印象。

我也曾出現這類微型攻擊的犯行，而且次數可能比我意識到的還要多。例如，我最近問一位拉丁裔的同事，她是否來自一個大家庭。當我看到她聽到問題後眉頭微皺，我就知道我根據她的背景，做出了冒犯性的臆測。對於白人同事，我可能不會問同樣的問題。

- **精英迷思**（Myth of meritocracy）：最後一類微型攻擊是巧妙地否認在你的組織或你的團隊中，有普遍存在或特定存在的偏見。也許你的同事會抱怨大家過分關注種族、性別或「身份認同政治」（identity politics）。

也許他們會替使用刻板印象，或是帶有貶意的運動隊伍的名稱辯護。他們也可能會承認歧視確實在其他地方發生，但不會在你們公司發生，並說：「我很高興我們在精英管理的地方工作」或「我們很幸運像那樣的事不會發生在我們這裡。」

那麼，究竟是什麼原因導致某人陷入這些歧視模式？

微妙的排擠行為類別

偏見種類	定義	例句
才智歸因	評論你對於這個人擁有某種特質感到驚訝。	「你真是會說話啊。」 「你的英文講得真好。」
貼上錯誤的標籤	把發生在多數群體成員身上被認為可以接受的行為，標記為負面或不專業的。	「你可能需要先消消氣。」 「大家都說你太專斷了。」
「仁慈」的偏見	假設某人由於他們的身份需要被保護，因此對某事無能為力或是不感興趣。	「我懷疑她是否會想要參與那個計劃。這要經常出差，她還要考慮家庭呢。」*
不熟裝熟	使用一些帶有貶低意味或是暗示一種假的熟悉程度或親密感的詞句或字眼。	稱呼女同事為「甜心」，或是稱黑人同事為「兄弟」。
臆測	基於刻板印象或是否定某人的個人身份而做出的臆測。	「你的年紀看起來還不到可以當一位××（職稱或職業類別）。」
精英迷思	表現得好像偏見或歧視並不存在。	「我看人不看膚色。」 「我很高興我們在精英管理的地方工作。」

* 此類評論通常跟威廉斯（Williams）所說的「母性圍牆」（maternal wall）有關，亦即有孩子的女性會發現自己（在工作上）的承諾和能力受到質疑，或者因為優先考慮自己的職業而遭到批評。參見瓊安．威廉斯（Joan C. Williams），〈母性的圍牆〉（*The Maternal Wall*），《哈佛商業評論》（*Harvard Business Review*），2004 年 10 月，https://hbr.org/2004/10/the-maternal-wall。

✲有偏見的同事動機何在

我在其他章節中，探討了難搞的同事的行爲背後可能的動機。然而，對於本章所介紹原型的行爲動機，卻難以簡而概之。這類型的偏見與其他形式的偏見一樣，有部分可歸咎於認知怠惰（cognitive laziness）。

舉例來說，我把我的一位印度同事，與另一位印度同事搞混了。雖然說他們看起來一點也不像，這時我的大腦所採取的是一種心理捷徑（mental shortcut），目的是爲了節省能量。

然而這條捷徑的形成，卻遠比「大腦爲了減少耗能」還要複雜很多。它受到環境、社會學，以及歷史因素（其中就包括白人至上、系統性種族主義）等影響，而且並非沒有害處。

在許多工作場所，由於明目張膽的偏見變得愈來愈不被社會見容（謝天謝地），因此微型攻擊以及其他形式呈現的隱晦偏見，成爲人們流瀉偏見的主要方式。

心理學教授莉莉亞·科爾蒂娜（Lilia Cortina）認爲，一些不文明的行爲，像是打斷同事或是用自以爲高人一等的語氣等，很容易就被交代過去。

霸凌者可以輕鬆地聲稱自己是因爲粗心大意，或是把輕視他人的行爲歸咎於他們自己「大刺刺」的性格，跟他人的種族、性別或外表一點關係也沒有。人們常常一方面爲自己「無心的」歧視行爲開脫，一方面卻又相信自己沒有偏見。[6]

在人們少有機會面對面交流的遠距工作環境中，我們可能會看到更多有偏見的行爲。遠距工作時，雖然比較沒有機會在走廊或自助餐廳閒聊互動，但是有很多線上空間，例如Slack頻道或群組通訊，人們可以在這些空間發表不當言論，而且確實會去做這樣的事。

由於一種被稱爲「網路去抑制效應」（online disinhibition effect）的現象，當人們可以躲在鍵盤後面時，往往會變得比較大膽。[7]當我們進行線上互動時，會覺得沒有那麼拘束，可以比較安心地說出一些我們不會當著別人的面說出的話。[8]

有時候，我們很難記得種族主義思想，以及其他壓迫性思想體系到底是如何徹底滲透到我們的工作場所的。在喬治．弗洛伊德（George Floyd）被明尼亞波利斯市（Minneapolis）的警察德里克．肖萬（Derek Chauvin）謀殺後不久，學者伊布拉．肯迪（Ibram X. Kendi）舉出了一個有用的比喻。

生活在美國（其實也適用於其他地方），我們一直被種族主義思想的大雨「澆灌」。正如肯迪所解釋的：「你沒有雨傘，你甚至不知道自己已經被那些種族主義思想淋濕了，因爲這些思想本身，讓你相信自己是乾的。」[9]直到有人遞給你一把傘——對你的權利的自覺——這時你才意識到，原來你一直以來都被淋到濕透了。[10]

我分享這個比喻，並不是爲了替有偏見同事的行爲找藉口，而是要用來說明，塑造這些行爲的信念，根深蒂固的情況可能有多嚴重。每個人都有偏見，但是我們很難在自己身上看見這些偏見的存在，也因此我們很難採取措施來對抗這些偏見，或許這就可以解釋，爲什麼你的同事很難看到他們自己所帶來的傷害。

工作上的種族主義的相關讀物

如果你想要多知道一些關於工作場所的種族主義的論述，以及我們可以做些什麼，來處理這個問題，我個人從幾本書裡學到很多東西，推薦如下：

- 《種族、工作和領導力：黑人經驗的新視角》（*Race, Work, and Leadership: New Perspectives on the Black Experience*），作者：蘿拉・摩根・羅伯特斯（Laura Morgan Roberts）、安東尼・梅優（Anthony J. Mayo）和大衛・湯瑪斯（David A. Thomas）。
- 《消除制度性偏見：如何替組織包容性創造系統性變革》（*Erasing Institutional Bias: How to Create Systemic Change for Organizational Inclusion*），作者：蒂芬妮・珍娜（Tiffany Jana）和艾希莉・狄亞茲・梅雅斯（Ashley Diaz Mejias）。
- 《如何成為反種族主義者》（*How to Be an Antiracist*），作者：伊布拉・肯迪（Ibram X. Kendi）。
- 《所以，你想談談種族嗎？》（*So You Want to Talk About Race*），作者：伊傑歐瑪・奧羅（Ijeoma Oluo）。
- 《白人的脆弱：為什麼白人很難談論種族主義》（*White Fragility: Why It' s So Hard for White People to Talk About Racism*），作者：羅賓・迪安吉洛（Robin J. DiAngelo）。
- 《你想成為的人：好人如何對抗偏見？》（*The Person You Mean to Be: How Good People Fight Bias*），作者：多莉・楚弗（Dolly Chugh）。
- 《更公正的未來：反思過去與推動社會變革的心理工具》（*A More Just Future: Psychological Tools for Reckoning with Our Past and Driving Social Change*），作者：多莉・楚弗（Dolly Chugh）。
- 《刻意的包容》（*Inclusion on Purpose*），作者：露奇卡・圖爾施揚（Ruchika Tulshyan）。

關於這個主題一直會有新的文章和書籍出版，因此請務必尋求推薦書單，並查找最新的出版資訊。

▼微型攻擊的代價

研究指出，處於微妙的排擠行爲的接受端，會產生無數的心理和生理的後果。正如艾拉·華盛頓（Ella Washington）、艾莉森·赫爾·柏區（Alison Hall Birch）和蘿拉·摩根·羅伯特斯（Laura Morgan Roberts）教授所寫的：「微型攻擊雖然看來很小，但是加上時間的複利效果後，將對於員工的經驗、身體健康以及心理安康產生有害的影響。」[11]

關於微型攻擊與負面心理健康結果之間的關聯，有許多相關的研究。[12]例如，在工作上遭受歧視的人更有可能出現憂鬱和焦慮的症狀。[13]壓力引起的肥胖和高血壓，只是有記錄的身體反應的一小部分而已。[14]

當我們遇到微型攻擊，對你的生計也會有潛在的影響。正如《刻意的包容》（*Inclusion on Purpose*）一書的作者露奇卡·圖爾施揚（Ruchika Tulshyan）告訴我的，排擠他人的言論「所造成的影響不只是感受問題而已。當刻板印象得到強化和延續，就會對你的事業前途產生影響——你的薪水可以多好，你的晉升機會爲何，誰認爲你有領導潛力等等，都會受到影響。」[15]

研究顯示，隱晦的偏見會比公然的歧視造成更大的傷害。[16] 原因有幾個。首先，當你要處理一句像是「你眞是會說話」這種語意不清的話，會占用你的認知資源，因爲你必須弄清楚這是對你的讚美，還是對你身份的挖苦。

其次，微型攻擊比明目張膽的歧視更常見（在大多數工作場所是這樣），所以你更有可能遇到微型攻擊。隨著時間，許多不著痕跡的輕視會堆疊起來，影響就會出現。

第三，你通常沒有什麼可以支配的資源。你很難向上報告有人對你進行微型攻擊，更不用說去告他，所以你也只能自己想辦法處理這種情況了。[17]

如果搞到後來，你開始覺得微型攻擊是你自己憑空想像，那麼你爲此付出的代價將會翻倍。跟有偏見的同事交手時，別人可能會這樣跟你說：

「他其實沒有這個意思。」

「她跟你是不同世代的人。」

「他只是令人討厭而已。」

「你開不起玩笑嗎？」

把微型攻擊的受害者形容成太敏感或太政治正確，其實是在傷口上灑鹽，或者會導致「煤氣燈」（gaslighting）效應，導致人們懷疑他們所經歷的事情是不是眞的發生過，或者他們的反應是不是過當。

當你的同事出現有偏見的言論，除了對你、你的健康還有你的事業會造成潛在後果之外，對你的組織也會產生負面的影響，因爲這類言論會削弱歸屬感和心理安全感，並且讓排擠文化變得更嚴重。

這當然會導致敬業度變差、生產力與員工留職率下降。[18]所有這些都意味著領導團隊將會維持，幾乎清一色都是白人與男性的天下，因爲有歸屬感的人，才比較有可能一路晉升。

在了解隱晦形式的偏見可能造成的傷害後，重要的是在這些行爲發生時，予以制止。但是要對抗屬於這種原型的同事，不一定要單刀直入。讓我們看看你在決定是否要回應以及如何回應時，應該問哪些問題。

▼可以問自己的問題

一般來說，問自己問題，可以幫助你檢視自己在跟難相處同事之間的關係中，你所扮演的角色。但如果你同事的行爲，明顯涉及種族主義和性別歧視，那這問題顯然不是你而起。如果你能幫助同事糾正他們的偏見，實際上你是爲他們做了一件好事。因此，我在這一節的重點，將聚焦在一些問題上，藉著這些問題的討論讓你知道，以下哪些策略適合你的情況。

✲你是受到歧視的對象嗎？還是你是旁觀者？

我們希望大家可以留意微型攻擊並且呼籲重視這個問題，然而這個責任通常落在來自代表性不足的群體的人身上，但不應該這樣。正如倫敦商學院心態和偏見專家阿尼塔．拉坦（Aneeta Rattan）所解釋的：「我們在大量的研究中所看到的是，盟友沒辦法在第一時間發現偏見，或還沒做好一眼就能辨識偏見的準備。他們可能會錯過或根本沒有注意到偏見發生。」[19]重要的是，我們所有的人對於偏見都要提高警覺，而且當別人說他們看見偏見時，要相信他們。

如果微型攻擊是直接衝著你來的，那麼是否值得冒險爲你自己挺身而出，由你自己決定。但是，如果你目睹了這樣的事，你就更有責任爲此發聲。拉坦說：「盟友和支持者必須明白，無論對你們來說有何種風險，對於那個（目標）群體的成員，或該言論的接收者來說，影響都是複合式的。」

研究強調爲什麼旁觀者挺身而出如此重要。如果你跟冒犯者有相同的身份標記，例如種族、性別或在公司的角色，你就比較有可能被認爲具有說服力，而且你的聲音也比較不會被忽略。在一項研究中，當挺身指出種族偏見言論的人也是白人時，白人更容易被說服。相反地，當挺身處理不當評論的是黑人，則比較有可能被認爲他們只是很粗魯。[20]

請記住，覺得不自在並不等同於覺得不安全。身爲旁觀者，只有當你自己或是被攻擊者的安全受到威脅時，你才能選擇對有偏見的言論置之不理。聽到有偏見的言論，我們都有道義上的義務出聲制止，尤其是當我們的身份享有受到攻擊的人（們）所沒有的特權時，更應該如此。

✲有什麼風險？

在許多組織裡盛行一種有趣的矛盾。隨著大家對系統性偏見的認識愈來愈深，因此比起以往任何時候，現在的企業會投入更多的資源，來組成兼具多元化與包容性的員工陣容。

但是另一方面，對於許多員工來說，他們往往覺得談論種族主義、性別歧視或是其他形式的偏見是危險的。在大家看來，這類的談話像就是地雷禁區，因而使得歧視比起其他形式的不文明行爲，更難被揭露出來。

思考一下如果你正面對抗有偏見的同事會發生什麼問題，因爲這會涉及實質的風險，仔細思考很有用。但是我建議你也考慮一下「默不吭聲」的風險。

出聲制止有什麼風險？公開處理偏見問題等於是在挑戰現狀，並且可能會影響到你和同事，或與老闆之間的關係和處境，也可能影響你的績效評估、工作分配，甚至影響到是否能保住你的工作。因此，你可能會感受到社會壓力，要求你保持禮貌，不要回應。[21]

仔細想想有偏見的同事可能會有什麼反應。他們會表示很不屑嗎？認爲：「你反應過度了，這只是個玩笑而已。」還是會顯得防衛心很重地表示：「你是在指控我什麼嗎？」

問問自己：這個人受到挑戰的時候通常如何回應？他們通常會有自覺嗎？他們對於回饋意見會保持開放心態嗎？他們是否有權力影響有關你的加薪、升遷或是獎金的決定？他們可能會在有影響力的領導者面前，說你的壞話嗎？他們能阻止你的想法，或是阻礙你的計劃嗎？他們可能如何傷害你的事業前途或聲譽呢？對於你所面臨的危險描繪出真實的圖像，是非常重要的。

不出聲制止有什麼風險？同時，也問問自己保持沉默的後果。也許出面處理有偏見的言論，會違反你個人的處事邏輯，但如果你沒有出言制止就讓它過去，也代表你在無意中縱容這種行爲，或者錯過教育同事的機會。研究指出，直接對抗攻擊性言論，可以有效防止未來出現這樣的言論。[22]

你位居有影響力的位置嗎？如果是的話，保持沉默的風險更大。確保沒有人在工作中感到受威脅，是領導者背負的最終責任，在某些情況下，也是法律責任。圖爾希安說：「那些有能力可以創造一個更好的、更包容的工作環境，讓大家可以全心全意投入工作的人，應該盡可能發揮他們的力量。」[23]

如果員工帶著憤怒或沮喪來找你，因爲他們聽到某種針對他們自己或是針對別人的評論，不要隨便打發他們。請聽他們說。然後找出應對這種情況最好的方法。

最後，如果你是處於上述那些行爲的接受端，那麼要爲自己發聲或是不予理會，決定權在你；你應該決定在每一種獨特的情況下，怎麼做，對你最好。

✲立即回應很重要嗎？

時機是另一個重要的考慮因素。你所遇到的冒犯行爲是需要立即處理的嗎？有一項重要的經驗法則可以參考，就是優先考慮你的安全和福祉。

圖爾希安告訴我，她曾經遇到一位Uber司機，那位司機對她的外表出言不遜。她想叫他停止評論，但考慮到她和司機一起困在車子裡，而且在車程結束時，司機會知道她住在哪裡，所以她決定忽略這些評論，以策安全。等到安全她離開他的車子後，才採取行動——在應用程式上提出回饋意見。

正如華盛頓等人所說的：「**不要覺得有壓力必須去回應每一個事件；相反地，當你決定你應該回應時，你會覺得自己有力量可以這麼做**……由你來控制這件事對你的生活，還有你的工作意味著什麼——你可以從互動中獲得什麼，以及你允許它從你那裡取走什麼。」[24]

除了這些特殊狀況，當你目睹微型攻擊時，儘早處理是很重要的。你不會想要默許這種行爲。事件發生後才去挑戰冒犯者仍然值得一試，但並不理想；碰巧聽到最初的互動的人，可能不知道你事後的反應，因此而產生不安全感。

✲ 我的公司文化是否鼓勵暢所欲言？

當然，如果你是在一個鼓勵大家暢所欲言的地方工作，要直接去處理同事有偏見的行爲，就容易多了。現在有許多組織公開承諾反對種族主義，尤其是在二〇二〇年喬治・弗洛伊德（George Floyd）被謀殺之後。

然而公司的聲明不一定能讓每個人都安全無虞，必須考慮公司的領導者是否積極，而且始終支持多元化和包容性。你以前看過其他人挑戰偏見嗎？

當你挺身而出、直言不諱，會產生一個很大的效益：你將可以幫助組織建立健康的、包容的行爲準則，並釋放這樣的訊息——指出偏見是可以被接受的，也是可取的行爲，並且讓其他人在未來指出偏見時覺得更安心、更自在。

✲我應該向上報告這類事件嗎？

不幸的是，許多工作場所並不認爲這些微型攻擊違反了公司的騷擾政策或多元共榮政策（Diversity, Equity, and Inclusion，DEI）。儘管如此，跟你的經理或人事主管報告發生了什麼事，對你可能會有幫助，這取決於事件的嚴重程度，以及你是否認爲把問題向上呈報會帶來有效的行動。

在舉發歧視之前，紐約大學教授同時也是《你想成爲的人：好人如何對抗偏見》（*The Person You Mean to Be: How Good People Fight Bias*）一書的作者桃莉・楚（Dolly Chugh）建議考慮以下的問題：這是單一事件還是一種行爲模式？把問題鬧大會讓事情變得更好還是更糟？這種行爲是否妨礙了你的工作，還是妨礙其他人的工作？

楚是這麼說的：「如果這件事讓你更可能去看求職網站，同時更新你的履歷，那麼對你就會有一些利害關係，可能值得你向你的主管提起這件事。」[25]你能主張你的同事造就了有敵意的工作環境嗎？如果是這樣，也許他們需要承擔後續的法律後果（尤其是在美國）。

還要問自己：你能找到帶著同情心、同理心聆聽的人嗎？是否有位居高階職位的人願意提供協助，並且有能力這樣做？你還可以跟你信任的人一起審視情況，並聽取他們對於把問題升級的利弊的建議。

在反思這些問題之後，如果你決定站出來發聲，下一節要介紹的策略將可以幫助你駕馭這些對話。

▼值得嘗試的策略

你是受到偏見對待或是觀察到偏見的人，使用的反偏見策略會有所不同。在本節中，我將介紹每種策略適用的情境。

✲培養成長心態

當我們遇見偏見，自然的反應可能會讓我們產生這類的想法，例如「這個女人顯然很討厭酷兒（queer people）」，或者「我不敢相信我必須和這樣的種族主義者一起工作。」當我們覺得某種行為毫無人性時，會斬釘截鐵地想——人們在本質上原本就是偏執的，而不是因爲他們誤信一些可以被矯正的偏見。我們出現這種反應是可以理解。

然而，阿尼塔·拉坦（Aneeta Rattan）的研究指出，擁有成長心態，或相信人是有能力學習和改變的，將會增強我們對抗歧視的動力。在她的研究中，具有成長心態，並且會直指偏見的女性和少數族裔，他們抱持的負面觀點也比較少。因此跟那些具有定型心態而且不會挺身站出來發聲的女性和少數族裔比起來，前者更能保持在職場上的滿足感和歸屬感。

拉坦建議，**如果我們想要相信每個人都有能力成長，有一種方法可以提醒自己，那就是告訴自己保持好奇心**：「我想了解爲什麼他們認爲可以這麼說，或者我想了解，他們爲什麼會相信這樣是可以的。」[26]好奇心可以幫助我們不要急著下定論，直到我們收集到更多的資訊爲止。

丹尼爾（Daniel）是一家獵人頭公司的共同所有人，他對他的客戶凱若（Carol）——一家青年教育機構的創辦人，就是抱著這種成長心態一起合作。凱若的評論和要求，經常讓丹尼爾大驚失色。她曾經要求丹尼爾的團隊去找求職者的照片，這樣她就可以看到他們長什麼樣。她還會詢問申請人的年齡，也曾評論另一位受訪者「穿得好像她是阿米希人一樣」，甚至曾經表示擔心黑人女性的膚色，可能會阻礙人們認眞看待她這個領導者。丹尼爾和他的團隊，對凱若的這些言論感到很沮喪。

但是他並沒有假設凱若無可救藥，而是試圖把注意力集中在她需要學習，並且可以改變的事實上。丹尼爾認爲：「我不想對她的意圖或品德做出假設……我的父母有時候也會發表類似的評論，所以我接觸過一些會說出不恰當的話的好人。」在他提醒凱若，她的評論有不當之處時，就是抱持這種心態（稍後會詳細介紹）。

✲ 接受你的情緒反應

當你成爲冒犯性行爲或言論的攻擊目標時，感到沮喪或困惑是很正常的。蒂娜・奧皮耶（Tina Opie）表示：「當有人做出某種事，冒犯了你的身份或是否決了你的人性，生氣是一種自然的反應。」

奧皮耶是巴布森學院（Babson College）的教授，同時也是《共享的姊妹情誼》（*Shared Sisterhood*）的共同作者，她建議把腳步放慢，仔細想想發生了什麼事。**在決定要怎麼做之前，先給自己時間確認一下自己的情緒反應，**[27] **不要苛責自己**。

正如華盛頓等人所寫的：「讓自己去感受你所感覺到的，無論是生氣、失望、沮喪、苦惱、困惑、尷尬、疲憊，還是其他什麼感覺。任何情緒都是合理的，而且在你決定是否、如何以及何時做出回應時，應該把情緒這個因素納入考慮。」[28]

✲ 準備好應對措施

我們大多數的人都認爲，遇到偏見時我們一定會出聲駁斥。但研究顯示人們不一定會這麼做。我們在當下很容易覺得無法回應，或是會去找很多理由來支持自己不要出聲：「我不想引起騷動。」、「沒什麼大不了的。」、「他們平常是好人。」

爲了對抗那些自我保護的本能，你可以提前演練遇到這種情況時要說的話，並準備好一些說詞當做備案——比如：「我不確定你是不是真心想這麼說」或是「那是一種不公平的刻板印象。」先準備好可以怎麼回應，這樣你就可以看到站出來發聲跟保持沉默之間的差別。

✲使用問句

用問句來回應可能會很有效，比如「請問你那是什麼意思？」或是「你是根據什麼資訊，說出那樣的話？」你甚至可以請有偏見的同事，重複一遍他們所說的話，如此一來或許能促使他們仔細思考他們自己的意思，以及他們的話對其他人來說，聽起來可能如何。這應該能幫助你弄清楚，他們說這些話的目的到底是什麼。

桃莉．楚（Dolly Chugh）表示這種方法可以鼓勵人們自我解釋，進而讓隱藏的偏見更加無所遁形。[29]例如，如果一位新客戶向你的團隊自我介紹，而你的一位同事在他們的姓氏上做文章，說出：「Escobar，像毒梟一樣耶！」你可以問：「是什麼讓你把她的名字與毒販連在一起？」如果他說：「因為那是同一個姓氏」，你可以指出很多人都有這個姓。

楚建議我們抱著真正的好奇心提問，並且用「是什麼」而不是「為什麼」來開頭，這樣聽起來比較不會那麼像是在挑釁對方。

「是什麼讓你說出那樣的話？」比「你為什麼那樣說？」更容易被聽進去，是因為後者聽起來像是一種指控。你的問句要保持簡潔有力。楚認為：「當你用了愈多字，聽起來就愈像是在訓話或攻擊，而不是在問問題。」

✲如何指稱很重要

通常，人們並不知道自己失言了，因此你可以解釋原因，或是讓他們知道，他們的話對你的影響，藉此明確傳達他們的言論並不恰當。你的陳述可以用「我」做爲開頭，告訴你的同事你的感受，並請他們考慮你的看法，或者用「那件事」來指稱，這樣可以建立一個不能跨越的界限。

例如：「稱呼一位成年女性爲女孩，是不尊重的」或「『那樣的』評論冒犯了穆斯林。」請避免使用「你」來陳述，因爲這樣就像是在指責這個人是個偏執狂。

當人們覺得丟臉、受到攻擊或是被貼錯標籤時，他們就不太可能把你的話聽進去，或是改變他們的行爲。

這就是阿莉婭應付她的老闆泰德的方式——泰德一直叫她要多笑一點。於是阿莉婭跟泰德說：「當你這樣跟我說，我會覺得我需要裝一種樣子來讓你看得順眼。」阿莉婭很肯定泰德是個種族主義者，或性別歧視者（或者兩種都是），但是阿莉婭知道，如果她使用這些術語，那泰德會聽不進去。

明確表達你的意圖。你可以說：「我提出這個問題，是因爲我覺得可以跟你說這個，而且我希望我們能夠溝通，即使是敏感問題也沒關係。」這樣說也意味著，你知道有一些微型攻擊可能是無意中犯下的，因此讓你的同事感受到，你提出這樣的質疑，對他們是有好處的。這樣他們就不會覺得太丟臉，又可以反過來降低他們的防衛。

提前計劃可以提高你把你的意思有技巧地傳達出去的機率。「情境—行爲—影響」反饋模式提供我們一個有用的框架：

- 指出何時、何地發生特定行為（情境）：「在星期一的Zoom會議期間，我們正要準備結束的時候……」
- 然後，詳細解釋你所觀察到的，盡可能愈具體描述愈好（行為）：「我聽到你說，你擔心我們的新客戶不會鄭重對待艾倫……」
- 描述行為的後果（影響）：「……這讓我覺得很不妥，因為我認為你是在暗示，因為艾倫的年紀比較大，所以他會被認為跟社會脫節。」

✲分享資訊

如果你的同事不明白他們到底哪裡有冒犯到人，你可以提供一些資訊來更正他們的臆測。例如，如果他們只因看到一位女同事提早下班，就主張她在偷懶，你可以這樣說：「前幾天我看到一項有趣的研究，研究發現，當上班族媽媽離開辦公室的時候，我們會認爲她們是要去照顧她們的孩子。但是當上班族爸爸離開辦公室的時候，我們甚至都沒有注意到。你覺得我們遇到的，有可能是這種情況嗎？」（附帶一提，眞的有這項研究。）

你要避免讓自己變成被動攻擊，這一點很重要。你愈眞誠分享資訊——而不是試圖讓某人陷入有偏見的嫌疑，他們就愈有可能質疑他們自己的合理性。

丹尼爾在處理凱若的案子時，就是用這樣的方式。丹尼爾進一步說明：「我覺得我有必要步步爲營，因爲凱若是客戶，但是我也不能放任凱若毫不在乎別人的感受。」於是，丹尼爾直接而誠實對凱若表示他的想法，並且聚焦於解釋，爲什麼凱若的行爲是有問題的。

例如，當她詢問求職者的不當資訊時，丹尼爾的回答是：「我們不要求提供這些資訊，因爲我們不會根據這些資訊來做決定。我們的重點在於申請者的能力。」有時候，丹尼爾會表現得更堅決。

當凱若要求申請人提供照片時，丹尼爾的說法是：「請不要再要求我們做這種事了，這絕對不可以。」

✲ 預期你會遇到防禦

當你指出你同事的言行有偏見，最好的故事版本是，你的同事聽進去你說的話，並且感謝你的回饋。但是根據我的經驗，他們比較可能的反應是捍衛自己，至少一開始會是這樣。這就是凱若在丹尼爾指出她的問題時，出現的反應。有時候她會否認自己有冒犯的意思，她會說：「你一定是聽錯我的意思了。」

你有偏見的同事可能會有類似的反應，對你所說的話不以爲然，或是聲稱你誤會他們的意思了。但是如果造成別人的痛苦，那麼惹出是非的人是否出於好意，就無關緊要了。

如果他們指責你太敏感了，或者說他們無意造成任何傷害來爲自己辯護，請清楚說明他們的說法或是質疑，造成你什麼樣的困擾。你可以說：「你說出這樣的話，不管你是什麼意思，都讓我覺得你不重視我這個同事。」

如果你所指出的偏見行爲不是針對你的，堅持你的立場更是重要，就算有偏見的同事做出防禦性的回應，也不要動搖。丹尼爾說他跟凱若的互動，讓人感到很不舒服，特別是在她否認自己有任何不當行爲的時候。但隨著時間過去，他的勸告似乎起了一點作用，凱若現在比較少說出會冒犯人的話了，相比過去的情況好太多了。

✲組成聯盟

許多專家建議我們跟他人一起合作，來對抗有偏見的行爲。聯合你的團隊或公司成員，大家合力制定明確的協議，來回應微型攻擊。在令人不安但又模棱兩可的事情發生時，團隊裡的每一個人都有人可以諮詢意見，來協助確定是否需要採取行動。

當年有幾位在歐巴馬白宮工作的女性，當她們碰到會議上的男性人數明顯多於女性時，她們就是採取這樣的策略。爲了確保她們的想法不會被淹沒或是被忽視（或是想法被男性給偷走），她們達成協議採用放大策略。當一位女士提出一項重要觀點時，另一位女士會複誦這個觀點，並且把功勞歸於最初提出這個想法的女士。這迫使會議室裡的每個人都承認這項貢獻，並防止其他人把功勞偷走。[30]

研究指出，**以群體名義大聲說出不公正現象，這樣的做法更有效**，因爲這樣主其事者就不能把投訴視爲，來自「一位心生不滿的員工」。[31]如果其他人支持你，你可能也比較能夠安心提出問題。因此，請跟那些可能同樣對你同事的行爲感到不安的人接觸。

就算你不是有偏見的評論所針對的目標，你仍然可以和那些被針對的人結盟。如此一來，被低估背景的同事，如果注意到一些你可能一直沒注意到的偏見時，就可以求助於你。

✲即使是在私下發生，也要指出偏見

有一些微型攻擊，和其他偏見行爲是在背地裡發生。可能是來自另一個男人的性別歧視言論，或者是在跟經理同僚討論績效時的挖苦反諷。不要因爲這些事件是在私下發生的，就不去處理它。就算被針對的人不在場，或是他們沒有聽到冒犯性的言論，我們還是應該處理偏見行爲，這是很重要的。

如果在會議中有人說：「我們很幸運，團隊中有一位年長的女性讓我們循規蹈矩」，你可以藉由強調她的成就和技能來反駁：「嗯，她的年齡和性別似乎都不是重點，但我確實知道，自從她領導他們以來，產品線的利潤增加了二〇％。」

我們每一個人都有責任抓住每一個機會，創造一個更包容、更支持的工作環境，而不是等到可能受到傷害的人見證了不公正的時候，才採取行動。

好用的詞句

● **藉由提問，替自己爭取時間，評估意圖**

「當你說……的時候，你的意思是什麼？」

「你剛才的評論是什麼意思？」

「你那樣說，具體的意思是什麼，因為我不確定我是否理解？」

「那可能被理解錯了——你能解釋一下你的意思嗎？」

「你（那麼說）是根據什麼資訊？」

「你能多說說你那樣說，是什麼意思嗎？」

「你能澄清一下你所說的……是什麼意思嗎？」

「等等，我需要理解一下你剛才的話。」

● **處理意圖**

「我想這應該不是你的本意。」

「我知道你不會希望因為建議她應該多笑一點，而在無意中冒犯一個女人吧。」

「我知道你真的很關心公平，但是你的這種作風會破壞這些好意。」

阿莉婭終於讓她的老闆泰德明白她的感受，但那是等到他越過了另一條界限之後，才有這個機會。

在某次會議上，他們的團隊正在討論如何回應客戶的投訴，泰德認爲大家的反應過度，於是泰德說：「我們在擔心什麼？在擔心被處以私刑嗎？」一陣尷尬的停頓，阿莉婭迅速跟會議室裡唯一的另一個黑人交換了一個眼神。

她告訴我，當她想弄清楚應該說些什麼，而泰德正打算若無其事地繼續說下去時。她的一位同事開口了：「我覺得『私刑』的說法很不妥，我想我們需要談談剛剛發生的事。」

一開始，泰德試圖解釋他說的話沒有任何意義。但是在阿莉婭的團隊成員解釋了，爲什麼那種說法會引起反感之後，泰德深吸了一口氣，並爲他所說的話道歉，甚至還替自己曾試圖掩飾而道歉。

他們的會議到此結束，之後阿莉婭的幾位同事透過電子郵件，或是在她的辦公桌前駐足，關心她好不好。泰德避開她幾天，但最終還是提出想要見她。

泰德告訴阿莉婭，他現在明白，他說她很難懂，以及不苟言笑的評論，有多麼傷人。泰德希望未來在他有偏見的時候，阿莉婭能繼續讓他知道，並承諾他會努力學習。

阿莉婭受寵若驚，因爲原本她幾乎要放棄泰德了。她承認，如果他們的白人同事沒有指出他的話有過失，她不確定泰德是否會改變。究竟是什麼導致泰德轉變了觀點？這個答案對阿莉婭來說是不是還重要，其實她也不知道。但至少泰德不再阻礙她了，那才是阿莉婭最關心的。另一輪的組織變革泰德很快被調到另一個部門，而阿莉婭又有了新老闆。但泰德經常和她保持聯繫，甚至推薦她升職，而她也順利升遷了。

戰略備忘錄 有偏見的同事專用

必做——

- 仔細思考，你是否想站出來發聲，請權衡這樣做的成本和收益。
- 請了解如果你居於權力位置或是享有特權，你就有責任處理攻擊性言論並創造一個安全、有包容性的工作環境。
- 提出問題，藉此鼓勵有偏見的同事反思他們所說的話，並澄清任何誤解。
- 準備好一些詞句，如果你發現微型攻擊讓你猝不及防，這些詞句就可以派上用場。

避做——

- 假設你的同事不可能改變。
- 忽略仔細思考舉發微型攻擊的政治成本，尤其當你是被攻擊的目標時。
- 假設這個人知道他們在做冒犯別人的事，事實上他們可能完全不知道。
- 對種族主義、性別歧視或任何其他形式的偏見提出指控；這種做法會使得大多數的人生起防衛心，而且不太可能長期改變他們的行爲。

10 政治操弄者

「如果你不進步，你就會落後。」

歐文（Owen）原本以爲他的同事克拉麗莎（Clarissa）是挺他的。在歐文的第二個孩子出生後，他休了一個學期的陪產假。歐文在一所小型大學擔任英語系的系主任，克拉麗莎同意暫代他的職缺。

沒想到，在他開始休假幾個星期之後，他分別從兩位不同的同事那裡聽說，克拉麗莎有一次在會議上，說她希望在歐文「準備好卸任」或是「他決定不再回來」時，接任系主席的職位。這讓歐文有點緊張，因爲他絕對是打算回到自己的崗位上的，儘管他很高興如果他準備好要卸任，他會有一位稱職的接班人。

然而兩個星期後，克拉麗莎打電話來，說系上需要完成大學審查委員會的評估報告，但他們原本已經達成共識要延後進行的。歐文回憶道：「克拉麗莎一整個壓力過大。」這是個影響重大的審查，會決定這個系的資金來源，而且克拉麗莎必須面對學院裡的幾位資深的領導人。因此，他花了幾個小時跟她通電話，解釋需要做什麼，並且同意提供協助。

歐文說：「在那通電話裡，我攬下了四分之三的工作，但我馬上就知道，功勞該歸誰會是個問題。」克拉麗莎希望一切都要經過她，而且「已經把這份報告說成是『我的報告』了，還爲了『我需要完成的所有跑腿工作』在那裡唉唉叫。」

歐文建議，讓他還有其他參與準備這份報告的人透過視訊開會，希望在他們把報告提交給審查委員會之前，能把報告檢查過一遍。在會議上，克拉麗莎一開始就「把這份報告草稿說成是她的」。

當他們的一些同事反對報告的某些面向時，克拉麗莎回應說：「身爲系主任……」這種說法讓歐文覺得很不悅，因爲克拉麗莎沒有搞清楚自己只是「代理」系主任，還有「完成大部分的工作」的人實際是歐文。歐文對克拉麗莎失去信任，他覺得克拉麗莎是在玩政治遊戲，目的是讓自己的事業更上一層樓——而且是踩著他爬上去。

當然，每個人或多或少都必須參與辦公室政治。我們會相互競爭——爲了升遷、加薪、美好的任務以及高層的關注而競爭。我們必須鼓吹我們的想法、宣揚我們的成就，來確保支持和資金的挹注。但是，如果你的同事一心一意想要出人頭地而且不擇手段，你要怎麼辦？

當你碰到一個一心想要飛黃騰達的同事，他們可能會出現以下的行爲：

- 吹噓他們的成功。
- 過度搶功。
- 對當權者或是有能力幫助他們的事業發展的人逢迎拍馬。

- 表現得好像是他們在負責，即使實際上並不是。
- 愛八卦和散布謠言，特別是有關他們認為會擋住他們去路的同事的謠言。
- 推動他們自己的議程，就算代價是會犧牲團隊或公司目標。
- 囤積資訊讓自己顯得神通廣大。
- 藉著不邀請你參加會議，或是不跟你分享與你的工作有關的重要細節，故意妨礙你。

當我在思考這個原型時，經常會想到電視影集《辦公室》（*The Office*）裡的角色德懷特·舒魯特（Dwight Schrute）。他跟他的銷售夥伴吉姆（Jim）一直在進行一場沒完沒了，而且完全不會有結果的競爭。

他堅稱自己是「助理區域經理」，而不是「區域經理的助理」。他不斷對他的老闆麥克·史考特（Michael Scott）拍馬屁。當德懷特被賦予任何權力時（比如在我最喜歡的一集裡，由他來選擇公司的醫療保健政策），他會沾沾自喜，並且以此跟他的同事逞威風。雖然德懷特的角色有很高的娛樂性，但是很難想像有任何人會喜歡跟他日復一日一起共事。

那麼，對於把工作視爲勝者全拿的超級愛競爭同事，你要如何應付？你能信任他們嗎？你要如何避免被拖入他們的遊戲？你可以從他們操弄的方式中學到什麼教訓嗎？

這個原型和其他幾個原型之間有一些重疊——特別是被動攻擊型同僚（第六章）、缺乏安全感的管理者（第三章）以及自以爲無所不知的人（第七章）。你或許可以再看一下這些章節，汲取一些額外的背景知識及建議，協助我們思考如何跟玩政治的人打交道。

現在，讓我們來看看是什麼原因促使一個一心想要飛黃騰達的人，如此精打細算——有時甚至是心口不一。

▼為了個人利益操弄政治的背後原因

首先，所有辦公室都是充滿政治的。任何工作一定會牽涉到跟人打交道，而人主要是受情感驅動的，而不是靠邏輯。我們有相互矛盾的欲望、需求以及潛在的（通常是無意識的）偏見和不安全感。

跟別人合作，意味著我們必須針對相互衝突的動機進行談判，而且經常必須達成妥協。[1] 此外，我們的工作愈來愈需要依賴他人。研究人員發現，自從二〇〇〇年以來的二十年裡，主管和員工在協作活動上所花的時間，快速增加了五〇％，甚至更多。[2]

我們大多數的人都體認到操弄一些政治手段的必要性。根據全球獵頭公司Accountemps在二〇一六年的一項調查顯示，八〇％的人認爲他們的辦公室有辦公室政治存在，而五五％的人表示他們會參與辦公室政治。超過四分之一的受訪者表示，他們認爲「爲了個人利益而操弄政治」對於出人頭地是非常關鍵的。[3] 研究也支持他們的看法。大量的研究顯示，政治手腕與事業成功之間是有關聯的。[4]

重要的是，要了解是什麼原因讓你的同事這麼做（我在整本書一直都在提倡了解背後原因），並利用這些知識來促進你個人和組織的目標向前邁進，這在政治上是明智之舉。[5]

你可以機巧地運用你對於行銷同仁最關心什麼的通透程度，來說服他們支持你的計劃，或者用最有可能得到批准的方式，向你老闆的老闆展現你的想法。了解誰擁有權力和影響力，並善用你的網絡是必要的，甚至是人家都想要的技能，只要你在運用這些資源的時候，不是只有顧到個人利益，就沒問題。

但這可能不是你的同事正在示範演出的辦公室政治版本。

✲ 好與壞的辦公室政治

要區分可接受的辦公室政治操弄形式，以及危害更大的變種形式，並不是那麼容易。對某些人來說，送上司鮮花恭喜他們升官似乎是在拍馬屁；對其他人來說，這可能只是一種禮數。還有一些人可能會認爲這是一種聰明的政治舉動，因爲他們知道跟主管建立積極的關係，可能有助於前途。

爲了分辨什麼是恰當的政治手段，什麼是不恰當的，我會問自己：是否有人以犧牲他人爲代價來追求成功？如果答案是否定的，那麼這可能是讓他們的事業更上一層樓的精明手段。例如，在會議上發言，分享團隊計劃的進展，是提高你知名度以及提高聲譽的好方法。只要你不要打斷別人搶著發言，或者說另一個團隊的壞話，應該就不會造成傷害。

但是如果你的同事會故意占據會議的大部分時間，讓其他人沒有機會說出他們的想法，那就另當別論了。我在寫這本書的時候採訪過一個人，他是這樣描述他那位「高度善於操弄」的同事的：

他自己的議程總是最優先處理。他是個目標導向，也是個利之所趨的人。他可能會成為你身邊最成功的人，因為他會不惜一切代價得到他想要的。但是當你跟他處於對立面，戰爭就開始了。

他會說一些讓你聽了心生惶恐的話，或是試圖讓你跟其他同事對立。他總是會把故事編造成符合他的需求。

他可能會說：「我跟你說這些是因為我喜歡你，關心你。」但他說這些話的意思其實是在照顧他自己，而他需要你站在他這一邊。

到底是什麼原因，迫使人們做出如此不近人情的行爲？

✲稀缺性、不安全感以及權力

當然，不同的人會受到不同事情的激勵，但是你的同事會加入不擇手段的政治操弄行列，通常有幾個常見的原因，包括覺得資源有限所以非爭不可、不安全感作祟，或是感覺受到威脅，以及對權力或地位的渴望。

造成過度競爭的主要驅動因素之一，就是稀缺性，或認爲資源不夠多，沒辦法分給每一個人，所以要先搶先贏。如果每個人在工作上，都能得到他們想要的——他們夢寐以求的薪水、他們心愛計劃的所有預算、來自上級無盡的關愛——那麼他們就沒有必要加入政治操弄了。但是資源是有限的，因此我們經常被迫爲資源而爭。你的同事可能把焦點放在贏得這些資源上，希望藉此推動他們自己的議程，進而鞏固他們的地位。

密切參與辦公室政治的人之所以這麼做，有時候是因爲他們沒有安全感，或是覺得受到威脅。我的一個朋友曾經指出，在她任職的媒體公司裡，大多數玩政治的人，對於自身工作的技術面都不是特別擅長。

由於害怕暴露自己的無能，於是他們會耍一些卑劣的手段，例如對部門主管的所有建議唯命是從，還有試圖從同事那裡搶走客戶。（關於虛張聲勢如何經常被用來當做無能的掩飾，請參閱第三章的詳細介紹。）

最後，許多一心一意想要飛黃騰達的人，純粹是因爲他們對地位或權力的渴望所驅使。凱洛格管理學院教授喬恩．曼納（Jon Maner）因爲聽到一位朋友對壞老闆的抱怨得到啟發，因此開始去研究爲什麼有些人會暗中破壞他們的同事。

他和一名博士生發現，有些領導者會對自己的團隊成員搞破壞且樂此不疲，做法是限制成員們彼此溝通，或讓合作不良的人搭配在一起，好讓競爭對手看起來沒有能力勝任領導角色。這些「奮鬥者」（strivers）透過消除任何競爭，來鞏固自己的地位。

如果權力飢渴的領導者認爲自己的地位岌岌可危，而且覺得階級制度也不是很穩定的話，他們更有可能削弱他們的團隊。[6]換句話說，在一個充滿政治的工作環境中，大家都在尋求影響力，因此你的同事讓別人難堪的傾向，可能會變本加厲。

許多人玩這些遊戲是因爲對他們有幫助。他們保住了當上司的職位，得到拔擢，或者得到了他們想要的資金。但並不是每個玩辦公室政治的人，都能玩出好結果。

✲ 誰會去玩政治？

女性比男性還要有可能表示，她們不喜歡參與辦公室政治，而且也比較有可能發生研究人員所說的「政治技能缺陷」（political skill deficiency）。[7]這並不是在說明女性沒有政治常識，而是女性比較有可能會選擇退出，因爲跟男性相比，女性玩政治遊戲並不能爲她們帶來同樣的好處。

證據顯示，當女性和其他代表性不足群體的人，從事跟白人男性相同的政治行爲時，他們無法像白人男性一樣，藉此累積事業優勢。[8]在一項調查中，八一%的女性和六六%的男性表示，當女性被認爲「參與公司政治」時，她們會受到比男性更嚴厲的批判。[9]

這使得許多婦女和少數族群陷入了特殊的兩難困境。一方面，他們體認到如果想要完全遠離辦公室政治，但又希望可以有效完成工作，那是不可能的。另一方面，他們對於參與政治操作感到很不放心，因爲他們看到像他們這樣的人，如果眞的在辦公室政治中摻一咖時，通常沒什麼好下場。

在與抱持機會主義的同事打交道時，要牢記這種兩難的雙重束縛。他們可能因爲性別或種族，而擁有參與政治的特權和迴旋的餘地，或者他們可能因爲覺得自己只能在旁邊觀望而出現不當行爲。

✲ 虛擬工作環境會發生什麼？

Covid-19大流行大大加速了工作環境從實體轉向虛擬，這種潮流可能會讓你的同事的競爭變得更劇烈。由於在虛擬工作環境中，無法密切關注每個人或觀察誰在跟誰互動，或是誰有時間跟高層交流，因此可能會加深你的同事對於自己的地位的不安全感。

此外，由於經濟愈來愈衰退、愈來愈不確定，導致資源可能變得異常地有限，因此必須要去爭搶資源才行。

透過電子郵件和Zoom工作，也會讓你更難了解操弄政治的人在幕後做了什麼，所以他們才能脫穎而出。領導力顧問南希．哈爾彭（Nancy Halpern）開發了一種工具，可以用來衡量團隊的辦公室政治的健康狀況，她告訴我：「有太多的談話是在鏡頭外發生的，你無法知道是否有這些談話正在進行，以及何時發生。有時候，在會議期間，一位同事會突然出現在你的螢幕上，而你根本不知道是誰邀請他們的，也不知道他們被要求擔任什麼角色。」[10]

我確實有過這種經歷。而當我在線上會議期間使用私人聊天功能，跟一位有一段時間未見的同事打招呼，或稱讚某人的毛衣時，我會很好奇這時還有誰在進行私聊，以及他們在聊些什麼。

但是，在某些情況下，無知便是福。當你不必親眼看到你的同事跟你的老闆逢迎拍馬，或是聽到他們在別人背後說三道四，這可能會讓你跟他們相處起來比較容易一些。

＊八卦注意事項

八卦是一心想成功的人最常用的武器之一。他們通常會故意散布謠言，打聽消息，而且會精打細算看看是要把情報留給自己，還是傳出去（通常是爲了跟別人交換精彩的細節）。如果你成爲此類詭計的目標，因此讓你覺得很沮喪，這算是最好的情況，最糟糕的是危及你的前途。但是我們偶爾也都會八卦一下，雖然你可能會覺得你那位太過政治的同事愛八卦很討人厭，但是完全避開八卦不一定是明智的。

例如，如果你有一個原則，就是一概不參與八卦別人的事的討論，那麼你可能會錯失一些機會。聽大家聊辦公室的趣事，是了解你們公司正在發生什麼事的好方法——例如，哪個團隊最近達成了一筆大交易，或者有哪些措施可能會得到公司的CEO批准。[11]

但這是有代價的，尤其是當八卦的內容涉及人家的私事（例如談論某人的離婚）或是負面的（質疑同事執行工作的能力）。研究指出，負面的八卦會導致生產力下降、信任下降、分裂，更不用說傷感情了。[12]

因此我建議你，對於八卦也要問同樣的問題，就像你對於其他政治行爲會問的問題一樣：**你的同事散布八卦，是不是把快樂建築在別人的痛苦上？**

思考這個問題可以幫助你決定是否要一起加入八卦的行列。在確定要如何跟職場上不近人情的奮鬥者互動的方法之前，你還應該問幾個其他的問題。

▼要問自己的問題

如同我們要跟屬於任何原型的人應對一樣，重要的是，首先要分辨你那權力飢渴的同事有哪些弱點，因此導致他們出現這樣的問題。

✲哪些行為有問題？它們的問題有多大？

我們不想對野心有不公平的評斷或懲罰。如果有人一心一意要發展他們的事業——而你不是這樣的人——你們其實井水不犯河水。不要假設別人有不良意圖。相反地，想一想你的同事正在做的什麼事，讓你感到不悅。

是他們汲汲營營的作風讓人覺得看不下去嗎？或者，這個人是否對組織、團隊或你的事業，構成眞正的威脅？他們在搶別人的功勞嗎？撒謊？散布謠言？還是在犧牲別人？他們的行爲有什麼負面的影響？你或其他人如何因他們的行爲而蒙受其害？

觀察政治操作的頻率也很重要。南希．哈爾彭（Nancy Halpern）提出一個很棒的經驗法則，值得我們遵循：「如果他們只做過一次，就忘了吧，別計較。如果他們這種行爲做了兩次，就要開始注意。當他們第三次這樣做時，這就成了一種模式。」[13]例如，如果你發現你的同事撒了一個小謊，而且並沒有造成什麼嚴重的後果，那你或許可以忽略。但是如果再犯或是造成傷害，那就是該要採取行動的時候了。

✲掌權者關心什麼？

組織文化對於員工是否參與辦公室政治，以及他們是否因爲耍政治手段而獲得獎勵，都有很大的影響。

如果你是在一個競爭激烈的環境中工作，你的同事出現政治行爲可能不會被認爲不正常，尤其如果負責決定誰可以出人頭地的人，是一個自尊心很敏感的人，或者他們本身就是操弄政治的人，更是如此。

你可以看一下是誰獲得提拔和認可，是像你的同事這種試圖操弄這個系統的人嗎？

✲你應該參與更多的辦公室政治嗎？

有一個有點違反直覺的思考，就是如果你自己多施展一點政治手腕，你是否可以從中受益。如果你能增加自己的說服力，或是跟有影響力的領導人建立新的關係，會對你的團隊有所幫助嗎？或者，帶著一點事業狂的自信，是否可以幫助你去要求你應得的升遷，或是去尋求一份可以提高你的能見度的延展型任務（stretch assignment）？

當然，我們都希望我們的工作表現就能說明一切，但是大多數的辦公室並不是這樣運作的。因此，考慮一下你可以從你的同事那裡學到什麼。當然，你不應該跨越道德界限，或是採用你認爲逢迎巴結的策略，而是觀察他們是如何博得決策者的好感，並找出哪些策略值得你效法。

回答這些問題之後，你現在可以開始決定哪些策略最有機會可以改善你們的關係。

▼值得嘗試的策略

請記住，要求政治操弄者負起責任可能很困難，精確來說，這是因爲他們把工作上的重要關係打點得很好，而且知道如何讓自己看起來很不錯。

同時，他們也沒有什麼動力，去改變他們的作風，因爲自信爆表（正如我們在第七章中學到的）通常會讓他們走路有風。因此，與其試圖讓你的同事不要做得太過分，這可能是不切實際的，還不如讓自己擺脫這種糾葛。

✲不要被捲入

哪怕你只有一點點的好勝心（我知道我有），你都很可能會想在你同事的政治遊戲中，把他打趴。例如，當他們散布關於你的謠言時，你可能想轉身對他們做同樣的事。

但，千萬不要。參與不健康的競爭或是八卦（即使對象是一個愛八卦的人），也會對你產生不好的影響。你不會想要讓自己顯得度量太小，或是做出一些不符合你的價值觀的事。

艾綺拉（Akila）的老闆的上司拉傑夫（Rajeev）非常在乎他自己在組織裡的形象，而且經常爲自己找聚光燈。當拉傑夫誇下海口打包票，只是爲了讓自己看起來很有擔當，然後向團隊施加壓力，要大家實現他設定的不切實際的目標時，特別讓艾綺拉感到沮喪。艾綺拉承認，她偶爾會忍不住而反擊。

艾綺拉告訴我：「有時候，我會基於惡意，試圖藉由幾天不回應他，來『報復』他。但這種做法不但造成反效果，還讓我看起來很不負責任。」當拉傑夫因爲團隊無法兌現，他對公司高層做出的承諾，而突然爆炸時，艾綺拉努力保持冷靜，這是可以理解的。

「如果我是拉傑夫大喊大叫的對象，我應該要立刻試著爲自己辯護，但這只會讓拉傑夫更加激動。」所以艾綺拉把焦點放在，拉開她和拉傑夫之間的情感距離：「當情況變糟，拉傑夫試圖對我出氣時，我會去一個安靜的地方，藉著流淚或禱告來宣洩我的情緒。這並沒有辦法改變眼前的情況，但確實讓我感覺好多了。」

✲ 讓你的好表現廣為人知

正如艾綺拉所發現的，你的同事要的政治手段，會對你的聲譽或前途產生負面的影響，因此請找到有效且合乎道德的方式，確保對的人能夠了解你的成就。做法包括讓你的主管了解你計劃的最新情況，以及你是如何爲其他團隊貢獻時間、想法和努力，或者自願在全體員工會議上，分享你所領導的新措施概況。以我自己爲例，當我發現自己是以非正式顧問的身份協助一項計劃，而並沒有被正式指派任務時，我會三不五時向我的主管提及此事。比如：「到目前爲止，我很幸運能爲這些決策提供一些意見。」

而當這個團隊在部門會議上進行簡報時，我會問一些問題，藉此讓會議室裡的人知道我一直有在參與這項計劃。這些巧妙的做法可以增加我被看見的機會，也可以幫助我防止一些比較會玩政治手段的同事，搶走我的功勞。

當然，要自吹自擂並不是那麼容易——研究顯示，與男性相比，女性更不傾向於自我推銷，因爲她們經常因此受到懲罰。[14]因此你可以找一個了解你的貢獻的同事，這個人可以在會議上，或是當你的計劃出現在對話時，代替你發言。

你可以跟同事說：「我爲這份報告付出了很多心力，但有時候很難宣傳我做了什麼。如果你在會議上問我問題，我會感激不盡，這樣我就可以談一下這份報告的關鍵要點。」這種同事之間相互拉抬，對雙方都有利。你將因爲工作表現受到肯定，而你的同事則因爲好奇、敬業和無私，而提高他們的聲譽。

如果事業心很強的同事，試圖把你的功勞占爲己有，或者淡化你對備受矚目的新倡議的參與程度，那麼把你的工作記錄下來也會很有幫助——你可以記錄在給老闆的電子郵件，或是其他形式的有力證據上。書面記錄通常可以防止野心勃勃的事業狂對你搞鬼。

✲ 提供協助

向操弄政治的人伸出援手，可能會讓你驚訝地看到他們卸下武裝。他們習慣把每個人都視爲競爭對手，因此他們可能得不到很多慷慨襄助或是支持。

你可以建議一起合作一項計劃，或是提議針對他們所領導的一項倡議計劃提供腦力激盪，或者提供他們認爲有價值的資訊或見解。因爲**大多數的人都傾向於幫助那些曾經幫助過他們的人，以此做爲回報——這就是互惠法則**，所以你將因此博得他們的好感。

採取這種方法必須要留意一件事：要注意其他人是如何看待你的同事。在努力與這個人結盟的過程中，你不希望別的同事也把你視爲操弄政治的人。但是，如果你的名聲良好，大家可能會感謝你努力把一個惡名昭彰愛自我吹捧的人，轉變爲一個可以合作的人。

✲ 向他們請益

談判研究爲我們指出了另一種違反直覺的策略：向競爭心極強的同事徵詢意見。諮詢的問題可以無所不包，從回應難搞的客戶的電子郵件該如何措辭，到如何說服高層領導支持你的最新提議。不管你向他們尋求的是何種建議，都可以幫助你贏得他們的信任。

如果他們知道你很重視他們的意見，他們可能會開始把你看成是盟友，而不是競爭對手。研究顯示，尋求建議會讓你看起來可以合作，而不是要跟他們一較高下，還可以贏得別人的支持，甚至可能鼓勵他們成爲擁護者；如果你採納他們的建議，他們更有可能對你的成功，感到與有榮焉。[15]

諮詢這類同事的意見還有另一個好處，就是你可以透過問他們一些簡單的問題，比如說：「如果你在我的位置上，你會怎麼做？」，藉此輕推你的同事從你的角度看問題。

艾綺拉對於拉傑夫就是採取這樣的做法。如果她預期他們正在進行的計劃，將會遇到任何障礙，她會立即提醒拉傑夫，並詢問他的想法。艾綺拉告訴我：「藉著讓拉傑夫參與，我注意到拉傑夫對我變得比較友善一些，我認爲這個舉動讓拉傑夫覺得，我不是他的『敵人』。」

✲對態度逆轉提高警覺

如果爲求成功不擇手段的同事開始信任你，接下來請小心。跟他們站在同一個陣線，而不是互相對立，可能會讓人感覺如釋重負，但是要記得提高警覺。

他們可能會利用你來滿足他自己的需求，也可能會提供你關於其他人的消息，希望你能傳遞出去，或者他們其實是試圖藉著跟他人「相處融洽」，來讓自己看起來像個老好人。

請小心留意他們的意圖，你可以考慮直接詢問：「我有點困惑。你希望我拿這些消息做什麼呢？」或者「你告訴我這個的用意是什麼？」請用謙虛、眞誠、好奇的方式，提出這些問題，不要聽起來像是在指控什麼。

✲ 提出困擾你的事情

由於權力飢渴的同事很少是坦誠直接的人，因此毫不諱言地把他們帶給你的困擾說出來，可能會讓他們措手不及。而且，操弄政治的人就跟許多其他原型一樣，他們可能沒有意識到自己對他人的影響。

幫助他們觀照自己，可以讓他們了解別人是如何看待他們的，也可以鼓勵他們做出改變。在談話中，請保持你的語言中立，不要帶有情緒或是判斷。

當然，他們可能會否認他們從事有毒的政治活動。那沒關係。至少他們會知道你很清楚發生了什麼，而且知道你不是一個好對付的目標。

假如你擔心你的同事會利用你們的談話來對付你，說不定這些談話內容，會成爲謠言工廠的素材，如果是這樣的話，請略過這種策略，改採其他策略。

科克（Kirk）在一個軍事步兵單位的人事部門工作，他在審查他的部門的自我評估時注意到，他的一位同事伯納德（Bernard）把科克提出的一個想法，寫成是他自己的想法。

科克向我解釋說，那是一份幫助團隊在記錄工作時可以節省時間的報告，也可以說是一份「幫助我們避免重複工作」的報告。但是伯納德卻把那份報告列爲他在審查期間的成就之一。科克決定直接去找伯納德，問他爲什麼把這項變革，說成是他推動實施的。伯納德有點吃驚，但主要的反應是「顯得蠻不在乎，表現得好像功勞該歸誰，並不重要」。

科克覺得伯納德這種反應很奇怪，因爲他是那種「馬上就要確定大家知道他做了什麼，而且如果他的努力沒有得到肯定，就會變得非常任性的人。」

從那時候起，科克在回應伯納德的意見請求時，一定會把副本給其他人。科克解釋：「如果這是一個涉及我自己以外的單位的計劃，我會把密件副本給我在指揮系統中認識的上級。我必須保護我的貢獻。」這樣可以在這種竊取功勞的行爲還在萌芽階段，就把它扼殺掉，因爲當其他人都比較了解狀況時，伯納德便無法再自己居功了。

✲量身訂做應付政治性策略的好方法

在此我想談談政治操弄者經常使用的三種特定的策略：說謊、八卦還有竊取功勞。讓我們來看看針對每一種手段，你可以如何應對。

如果你遇到的是說謊行爲：如果你去跟一個經常說謊的事業狂正面交鋒，你們可能很快就會爲了誰說的是眞話而戰得不可開交。如果你能溫和地指出不實之詞，並提出反證，那就這麼做吧。一開始，先嘗試私下跟他們說。

例如，你或許可以發送一封電子郵件，這在之後也可以做爲你是出於善意的佐證文件，內容如下：「我很困惑，爲什麼您說，您的團隊不知道新功能的推出，正如您從以下這幾封連鎖電子郵件中看到的，我們之前在九月份有做過討論。」

這種做法可以溫和地揭露欺騙行爲，並明確讓他們知道你以後不會容忍他們說謊。如果你的同事對於這些一對一的互動，沒有積極的回應或根本沒有回應，那麼當他們在別人面前撒謊時，你就可以去找你的主管或糾正他們的謊言。

如果你遇到的是八卦行爲：只要有可能，當你聽到負面的八卦時，就打斷它。如果機會主義者說了一些可能會讓別人覺得受傷，或是有損別人名譽的話，請出聲制止。

當然，這需要勇氣，但即使只是制止過幾次，也會引起政治操弄者的注意。如果他們試著跟你咬耳朵，說他們覺得團隊裡的其他人如何如何，你可以這樣回答：「你告訴過他們，你有這種感覺嗎？」

或者更進一步，藉著提供相反的資訊來破除謠言。例如，如果一心只想著事業飛黃騰達的人，對於別的同事的表現，有不好的評價，或者當你們在談話中提到另一位同事時，他們翻了白眼，這時你可以提及在某個具體的時間，他所評論的人有什麼工作表現讓你感到印象深刻，以此反駁他們的評論。

如果你發現你的同事在散布的，是對你不利的八卦，請直接處理。要具體，不要指責。你可以說：「我曾多次聽說你對我主持這些會議的方式覺得不以爲然。你有什麼話想要對我說嗎？」同樣的，他們可能會裝傻，但至少你已經向他們表明你不會讓他們爲所欲爲。

如果你遇到的是竊取功勞的問題：如果你發現你那位一心希望事業飛黃騰達的同事，聲稱自己完成了某項計劃的全部工作，但其實他們根本就沒怎麼參與這項計劃，要處理這種行爲請從提問開始，大致如下：「我注意到你在談到這個計劃的時候，你說的是『我』，而不是『我們』。那是故意的嗎？爲什麼要這樣介紹？」

提出問題可以把舉證的責任，轉移給你的同事：他們必須解釋，爲什麼他們可以大言不慚地認爲功勞可以歸他們。

有時候竊取功勞是無心之過。因此，請考慮這樣的可能性，亦即你的同事可能意識到，也承認他們的錯誤，如果他們確實如此，請將談話的重點重新放在你們如何一起糾正這個錯誤。也許他們可以向小組發送一封電子郵件，感謝你的貢獻，或者你們兩個都可以跟你們的經理談一談，好好澄清事實。

如果你的同事很愛搶功是出了名的，請積極預防。你們可以預先針對功勞的分配方式達成共識。誰負責向高層團隊提出想法？誰負責有技巧地回答問題？誰負責向公司裡的其他部門發送新產品發佈的公告？

把這些協議寫下來，並且透過電子郵件跟參與計劃的每個人分享協議記錄，這麼做會很有幫助，而且這樣就沒有產生誤解的空間。

好用的詞句

你的同事不惜一切代價只求出人頭地的企圖心，可能會讓你瞠目結舌，這是可以理解的。就算你原本就預期某人會有不肖行為，也不代表真正遇到的時候可以臨危不亂。所以我準備了一些詞句，你在測試你的策略時，可以試用看看。

● 強調合作或提供幫助

「我們是在同一條船上。」

「我很樂意討論我們如何互相幫忙，以及如何幫助團隊或公司。」

「我不確定你是否意識到你在這些會議上的表現給人什麼印象。有時候你似乎只關心你的計劃和你的團隊，而不是整個大局。」

● 處理說謊行為

「我記得的情況不太一樣。我們能否回去查看一下我們的電子郵件、會議記錄或訊息，以確保我們掌握同樣的資訊？」

「我很困惑，為什麼你說我們推出的新功能是由你的團隊領銜主導的，正如你從下面的電子郵件所看到的，是由我的團隊負責的才對。」

● **處理八卦行為**

「這聽起來像在八卦。你是故意這樣說的嗎？」

「他們知道你有這種感覺嗎？」

「我知道你對我們目前採行的方法有些擔憂，我很樂意聽聽你的顧慮。」

「下次請直接來找我。」

● **處理竊取功勞的行為**

「我看到我的名字沒有在那份簡報上。請把簡報檔寄給我，這樣我可以在文件分送給他人之前，把我自己的名字加上去。」

「我注意到當你談到我們的計劃時，你說的是『我』，而不是『我們』。這是故意的嗎？為什麼你要這樣介紹？」

「我不太清楚我們的團隊是如何分工及處理這項計劃的。我們可以在下次會議之前，討論誰在做什麼嗎？」

「我們如何才能確保每個人都得到他們應得的功勞？」

✲度量示範

跟我們之前建議的一樣，你可以先以身作則，示範你希望從他人身上看到的行爲。譬如說，在會議上大方地把功勞頒給你的同事，並給予他們高度的評價。這麼做不但可以在你的團隊中建立信任以及正向性，還可以鼓勵其他人——包括你的問題同事——起而效之。

如果你對他們友善，那些喜歡暗箭傷人的同事，實際上可能會放鬆下來。而且，就算他們不爲所動，至少如果這類同事確實想要破壞你，你將會有盟友爲你撐腰。同時，請記得不要做得太過頭。例如，假設每一個替這項計劃枝微末節的部分盡了一點力的人，你都大加感謝，你就有可能被認爲很虛僞。請把你的肯定留給眞正値得讚許的人。

——…——

前面介紹過的歐文在休完陪產假後，回到學校，並且重返系主任的職位。克拉麗莎仍持續對他的位置虎視眈眈，但歐文決定不要讓克拉麗莎把自己搞得不開心。

事實上，克拉麗莎是最好的接班人，所以歐文把心力放在確保克拉麗莎在時機成熟時做好準備。歐文讓克拉麗莎參加大學校長辦公室的會議，而且在做決策時也會經常徵求克拉麗莎的意見。歐文藉著拉攏克拉麗莎成爲盟友，讓克拉麗莎知道他對她的成功很看好，並且讓克拉麗莎知道跟他競爭是不必要的。

當我在思考用哪一種方法，最能有效對付政治操弄者時，我就會想到《辦公室》（*The Office*）裡的吉姆如何和德懷特過招。他從不跟德懷特一般見識，總是能夠帶著幽默和俏皮來處理他們的關係。

當然，他會嘲弄德懷特，有時候甚至是惡作劇，但他會守住道德界限；他在他人身上找到慰藉，繼續做好自己的工作，甚至會在德懷特時而荒謬的行爲背後看見人性的光輝。

德懷特通常只顧著照顧他自己，但是吉姆知道，他也會眞心關心他的同事。跟那些似乎只顧自己的人相處，可能會讓人覺得很難應付，但如果你能記住他們也是人，事情就會簡單多了。

戰略備忘錄　政治操弄者專用

必做——

- 選擇合作，而不是進行報復。
- 尋找有效而且合乎道德規範的方式，確保大家知道你的成就。
- 用文字記錄誰在計劃中做了什麼，這樣你的同事就不會搶走他們不該得的功勞。

- 提供協助：建議一起合作一項計劃；提議為他們領導的一項倡議計劃提供腦力激盪；或者提供他們會覺得有價值的資訊或見解。

避做——

- 以為自己優秀的工作表現有目共睹，尤其是當你喜歡操弄政治的同事說你壞話的時候，你還是這樣認為。
- 跟他們一般見識，並想要在他們自己的政治遊戲中擊敗他們。
- 當他們試圖跟你結盟時，妳選擇死心塌地相信他們——請小心謹慎。

11 與人相處的九大原則

改變是可能的

談到跟同事的相處，我犯過錯還眞不少。我曾經在盛怒的情況下，拋出一堆負面攻擊式的嘲諷；也曾寄出一封很不客氣的電子郵件，想把信收回卻覆水難收。還曾經對一個我認爲不可理喻的人翻白眼。更曾經一邊對著同事的臉微笑，一邊想著：「我恨你！我不敢相信我必須對你笑，我希望你滾蛋。」而且，我承認，在我努力想讓事情變好，卻熱臉貼人家冷屁股時，我也會在同事的背後說三道四。

談到駕馭複雜的人際關係，我們都無法做到盡善盡美。但幸好我可以掌握一些特定的接觸點，這些接觸點可以說是幫助我破除舊習的關鍵概念，無論我是在跟一個完全符合八大原型之一的人，或是在跟一個無法分類的人打交道，都很好用。

接下來要介紹的原則，你應該會覺得看起來很熟悉——因爲這些原則曾經穿插在前面的章節裡。我在這裡特別把這些原則加以延伸、擴張，因爲我對於人際關係的復原韌性的見解，就是由這些原則共同打下基礎的。**我希望在你面對衝突時，這些原則能夠增強你的決心，並提高你的效**

率，**無論你是跟誰發生爭執，都能適用**。

我建議你在開始策畫要採取什麼步驟來應付難搞的同事之前，先閱讀這一章。例如，如果你正在跟一個被動攻擊型的同事進行攻防，你將會使用第六章概述的策略來擬定計劃。但是在你採取行動之前，請你也考慮這一章的建議。一旦你熟悉了這九大原則，就可以利用本章最後所提供的表，做爲快速參照，來測試你的策略的可靠性。

正如我們在第二章所學到的，當我們跟同事發生爭執的時候，我們的大腦在某些時刻常常會跟我們作對。在壓力大的時候——當我們感覺受到威脅時——即使是職場老鳥也會受到短期目標的刺激：「我必須在我的團隊面前表現得很好。」、「讓我擺脫這場談話吧！」、「我非贏不可。」、「我希望每個人都喜歡我。」在這種情況下，我們很容易忘記我們的行爲舉止應該如何才算得宜。

遇到這種時刻，如果你能回歸這些原則——並且經過深思熟慮，讓自己帶著萬全的裝備在人際關係的驚滔駭浪中航行——將可以幫助你實現跟同事和睦相處的長期目標。

▼九大原則

✲原則一：把焦點放在你能控制的事情上

寶拉（Paola）發現她的一位下屬佛朗哥（Franco）非常固執，所以她必須處心積慮讓他搞清楚狀況。他拒絕相信團隊裡的任何其他人有專業能力或是洞察力，可以對他的技術角色提供協助（典型的自以爲無所不知的小聰明）。

寶拉指出佛朗哥讓隊友困擾的行爲，包括使用高人一等的語氣，以及打斷別人等，而這些行爲也影響到佛朗哥自己的表現，因爲寶拉要求佛朗哥不要再出現這些行爲。但是佛朗哥並沒有聽從——佛朗哥似乎把寶拉的回饋意見當成耳邊風。

如果世界上有一種簡單的妙方，可以說服煩人的同事改變他們的作風，那麼我這本書應該會是薄薄的一本，不需要多加著墨。但事實上，事情哪有這麼簡單，**因爲很少有人會因爲別人希望他們改變，就去改變他們自己的行爲；他們只有在自己想要改變的時候，他們才會改變**。

在很多情況下，我都會想，如果我能跟對方解釋清楚，他們肯定可以理解才對。我們都幻想過，自己能說出或做出完美的事，迫使對手恍然大悟，意識到他們的做法大錯特錯，並且發誓要洗心革面。

但是，華頓商學院教授同時也是《逆思維》（*Think Again*）一書的作者亞當．格蘭特（Adam

Grant）說，**跟對方分享我們的邏輯，不一定能讓對方改變**。

他寫道：「我不再相信我有資格去改變任何人的想法。我所能做的，就是嘗試理解他們的思維，並且詢問他們是否願意三思。剩下的，就交給他們了。」[1]說得好，說得好！

就算寶拉是佛朗哥的老闆，她也沒有權力讓佛朗哥改變。於是，她把焦點放在她可以有什麼不同的做法。寶拉決定更常提供佛朗哥回饋意見，在他們每週進行的一對一會議中，花五分鐘的時間，指出他的行爲對於團隊以及他的效率有何影響。

然後，寶拉只能冀望她在方法上做出這樣的調整，可以促使佛朗哥改變態度。佛朗哥最後終於變得比較沒有那麼傲慢，雖然說他並沒有做出像她原本所希望的那麼多退讓，但是寶拉知道自己現在這樣做是對的，這樣讓她感覺好多了。

坦白說，我並不是那麼同意一句老生常談——「你無法改變另一個人。」因爲我看過許多專業人士，成功地說服一位被動攻擊型的同事，讓他們變得比較直接，或者說服一位扮演受害者的同事，勇於爲自己的失敗負起責任。

但是，如果你跟你的同事能不能好好相處，完全要看你有沒有辦法，說服他們成爲另一種人，那麼你要冒的風險就大了。因爲他們可能沒有能力去改變，或者他們可能不想要改變。**你眞正唯一掌握的控制權，就是控制你自己**。

✲原則二：你的觀點只是觀點之一

幾年前，我跟一位我姑且稱她爲卡拉（Cara）的同事一起工作。我們對於某一個計劃需要多久的時間，一直爭論不休。當我們問到各自的估計時間，我實在是太震驚了，因爲她預計這個計劃需要的時間，是我預估的時間的四倍。

但我當時不是想著：「哇，我們對這個部分的看法完全不同耶。」而是想著：「她瘋了！」我開始了我們的談話，深信她根本不可能是對的。而且，我能清楚看出她對我也有同樣的感覺。很顯然我們對於彼此的觀點各有評判，於是情況變得緊張起來。

關於困難對話，我們必須面對的現實之一，在於很少有客觀的「眞實」存在。我們各自帶著不同的觀點，和成套的價值觀來到職場。我們在所有事情上都可能意見不一，從開會遲到五分鐘是否可以被允許，打斷一直喋喋不休的人是否合理，到犯錯可以被容忍的適當後果爲何，都可能意見分歧。如果你認爲你在工作上，可以遇到一個意見始終跟你保持一致的人，那是不切實際的。

社會心理學有一個概念，叫做素樸實在論（Naïve realism），這個概念所解釋的，就是我們每個人的觀點可能有多麼不同。素樸實在論是一種傾向，亦即我們相信自己是客觀地看待我們周圍的世界，如果有人不是用同樣的方式看待世界，那麼他們就是無知的、不理性的，或是有偏見的。[2]

這個領域有一項研究，要求參與者輕輕敲打出一首大家耳熟能詳的歌曲的節奏，比如「生日快樂歌」，而聽衆必須試著猜測他們敲打的這首歌，研究者則觀察這時會發生什麼。

那些進行敲打的人認爲，聽眾大約五〇%的時間會猜對曲調，這實在大大的高估了實際的情況，因爲他們只有二・五%的時間猜對了。[3]一旦我們知道一些東西，比如一首歌的曲調，或是如何完美解決本季度的預算缺口，我們會很難想像其他人居然不知道。

素樸實在論跟另一個相關的認知偏差（cognitive bias）有關：亦即基本歸因謬誤（fundamental attribution error）。這是一種根據個人的認定來觀察他人行爲的傾向，並臆測他人的行爲跟他們的性格比較有關，而不是跟他們所處的環境條件有關。

因此，如果你的同事開會遲到，你可能會認爲這是因爲他們的生活沒有條理，或是不尊重他人，才會遲到；而不是因爲他們遇到塞車，或是參加了另一場會議。但是當涉及到我們自己時，我們的看法就剛好相反。譬如當你落後時，你可能會把焦點放在導致你拖延的所有情況，而不會想到可能是因爲你有致命的缺陷。

在跟同事打交道時，記住這兩個概念是很重要。你可能會做出一些不必然爲眞的假設。你和他們的觀點之間的鴻溝，可能會讓你覺得很難跨越，尤其是當你對於發生什麼事，以及誰應該受到指責，堅持己見時，更是如此。

你可能會花上幾個小時，去爭論誰的解釋才是正確的，但要在所謂的「事實」上達成共識，可能性卻微乎其微。這種策略通常徒勞無功，只會導致怨恨還有僵持不下而已。與其跳脫不出過去爭執的論點，還不如專注於未來應該有何發展比較好。

你跟你的同事不需要意見一致，才能和平共處。你們只需要充分尊重彼此的觀點，就可以決定你們前進的方向。我沒有說服卡拉相信她自己完全是錯的（我試過了），而是承認她的估算——根據她自己的經驗得出的結論——也是合理的。在我們的談話過程中，她提出的幾個觀點改變了我的想法。

由於我表現出願意改變心意的態度，因此她也以善意回敬。我們達成妥協——得出了一個她覺得野心有點太大，而我則認爲稍微有點拖得太久的時間表，但是我們彼此都可以接受。**我們需要的是可以前進的方向，而不是共享的世界觀**。

爲了避免浪費精力，我不再試圖想要說服我的同事用我的方式來看待事物，或是執著於一定要是正確的，或「眞相」是什麼，而是會把時間用在挑戰自己的觀點：

- 要是我錯了該怎麼辦？我的做法可以有何不同？
- 我要怎麼知道我所相信的是真的？我做了什麼假設？
- 具有不同價值觀以及不同經歷的人，將如何以不同的方式看待事物？

得出這些問題的答案，比不上練習問這些問題來得重要。問這些問題之所以重要，是因爲這樣可以提醒我自己：「我的觀點就只是，『我的觀點』而已。」其他人對事情有不同的看法，那沒關係。

✲ 原則三：覺察自己的偏見

我們跟同事的互動不只會受到我們的價值觀和經驗的影響，還會受到我們偏見的影響。甚至我們對「難應付的」行爲的定義，也會因爲我們帶到工作場所的偏見，而影響我們的定義。

接下來我要分享一個讓我有點難爲情的例子。我以前擔任顧問時，有一個客戶，那是一位黑人女性，我對於要不要拒絕她的想法很猶豫，因爲我擔心她會生氣。

她的一位下屬——那是一位白人女性——有一天在他們辦公室的走廊上把我攔住，並提到我似乎對她的老闆有所忌憚。她很友善，似乎是眞的很想知道，爲什麼我的行爲跟以往開會時不太一樣。

我不記得我到底說了什麼，但大致上，是跟不想讓客戶不開心有關。但我對於她的回答記得很清楚，她說：「她不會無緣無故對你發火。」我被迫反思，這才意識到，其實我曾經有好幾次看到我客戶的下屬挑戰她，而她平心靜氣地接受。

當然，她會說出自己的想法，而且不怕提出尖銳的問題，但是我從來沒有看過她生氣。我讓刻板印象——特別是「憤怒的黑人女性」這樣的形象——影響我的行爲。

我不僅因爲把她歸類爲某種刻板形象而傷害她，而且由於我自己想像的強烈反彈，而沒有做好身爲顧問的工作，我本來應該要提出新想法並挑戰現狀的。

到頭來，我猶豫要不要說出反對意見，其實根本跟我的客戶一點關係也沒有，而是跟我自己，還有我的偏見有關。偏見棘手的地方在於，我們常常沒有察覺到自己有偏見。

正如我在第二章所討論的，我們的大腦天生就會節省資源，因此大腦會走捷徑，迅速地把人、事、物歸類，並且根據種族、性別、性取向或階級的社會、社會學以及歷史結構，來指派那些類別的屬性。

例如某些群體被標記爲隨和的，其他群體被標記爲聰明的，還有一些群體則被標記爲具有威脅性的。談到如何處理難解的困難關係，有兩種特定類型的偏見特別有助於我們理出頭緒：**相似性偏見**（affinity bias）和**確認偏見**（confirmation bias）。

相似性偏見是一種無意識的傾向，指的是我們傾向於跟像我們一樣的人往來。換句話說，我們會被具有相似的外表、信仰和背景的人所吸引。當我們的同事跟我們不一樣時——也許是在性別、種族、民族、教育、體能、工作職位方面——我們可能比較不願意與他們共事。這就是爲什麼當我們跟同事處得不好時，要問自己：「偏見在此扮演了什麼角色？有沒有可能因爲我們在某些特定的方面不同，所以我沒有把情況看清楚？」

還有另一種經常滲透到職場關係的偏見，就是確認偏見。這是一種會把事件或證據，解釋爲印證既有信念的傾向，這種偏見會跟同事煩人的特質起交互作用，作用的方式主要有兩種。首先，如果你對同事的看法是負面的，你就愈可能把他們的行爲，解釋爲你對他們負面認定的進一步證據——像是他們不夠格承擔任務、不友善，或者他們只關心自己。

其次，如果你開始相信你的同事屬於八種原型之一，或者完全非我族類，那麼他將愈來愈難替自己證明你錯了。你已經先有預設的看法，所以你會在一個被你認定爲混蛋的人身上，找出「很像混蛋」的行爲。

那麼你要如何破除這些偏見呢？你有幾件事可以做：

- **了解你的偏見**。你可以進行線上測驗，以便對於自己對隱藏偏見的敏感性有更好的了解，這是一個很好的開始。有很多這類的線上測驗可供選擇。我喜歡「內隱計劃」（Project Implicit）中的一項測驗。內隱計劃是一個由哈佛大學、華盛頓大學以及維吉尼亞大學的研究人員所發起的非營利組織。
- **探索不同的觀點**。市面上有很多你可以做的練習，可以協助闡明隱含的假設。你可以聽播客節目或是閱讀跟你不同的人所撰寫的文章和書籍。你也可以透過自己的研究，或是參加你所在地區的教育活動，來了解不同的文化。像這樣的練習也可以幫助你了解自己享有的特權，或者是否因爲你的性別、種族、性取向、宗教信仰等等，而占有種種優勢。
- **請求協助**。當你跟同事發生衝突時，請諮詢你信得過的人——願意反駁你的意見的人——藉以反思你看待這種情況的方式，有沒有可能不公平。你甚至可以明確詢問：「我的偏見在此扮演了什麼角色？」
- **質疑你自己的解釋**。自己扮演自己的「異見總司令」（devil's advocate），反覆地問自己有沒有公正地看待有爭議的情況。你可以使用我在第七章和第八章談到的「翻轉測試」（flip it to test it）的做法：如果你的同事是不同的性別、種族或是性取向，你還會做出同樣的假設嗎？或者還會願意說出同樣的話，或以同樣的方式對待他們嗎？

我在檢查我自己對於那位黑人女性客戶的反應時，用的就是最後這一種策略。如果她是白人女性、白人男性，甚至是黑人男性，我還會假設她會「生氣」嗎？答案很明確：不會。

如果我的客戶是男性，我可能會把相同的行爲解釋爲「熱情」或「堅定」，或者最差可能就是「粗魯」。但是我並不會把它想成「憤怒」。

這對我來說，是一種重要的練習，可以讓我認識到自己有缺陷的邏輯，並設法超越這樣的邏輯。並不是說我的偏見會就此消失，而是我能夠更小心地監控我的偏見。

✲原則四：不要讓情況演變成「『我』對抗『他們』」

在意見分歧的時候，我們很容易把意見不同的兩派想成兩造雙方，甚至是交戰中的敵人。許多有關如何解決爭議的建議，都使用「對方」這個詞，這意味著有人反對（某事）或是反對你。我在我的上一本關於衝突的書裡，措辭上用的就是「對方」，但是我後來認爲這種心態是有害的。

如果掉入「我反對你」，情況就會變成兩極對立。有人很難相處，有人不難相處；有人對，有人錯。正如我在第二章所解釋的，這種說故事的模式屬於我們的大腦對於憤怒、恐懼、痛苦或防禦等負面情緒的一種自然反應。

「受害者與反派角色」的敘事可能大快人心，但其實我們自己這邊很少能做到毫無過失。如果我們想跟同事好好相處，我們需要採用一種不同的心智模型。亦即不要把情況看成是兩造對立的局面，而是去想像在這種情況下有三個實體存在：你、你的同事以及你們之間的關係，像是你們必須共同做出的決定，或是你們需要一起完成的計劃。

或者可能是更籠統的東西：像是你們之間持續的緊張關係，或是由於計劃出錯而產生的敵意。無論情況屬於哪一種，採行這種做法都可以把人與問題分開，或許你在之前已經聽過這樣的建議；這是哈佛談判計劃針對如何處理困難的對話的核心原則之一。[4]

安德烈（Andre）跟他悲觀的同事艾米莉亞（Emilia）之間一直處於拉鋸狀態。他覺得每當他提出一個新的想法時，艾米莉亞都會列出一長串的理由，來說明這個新想法為什麼絕對行不通。安德烈告訴我，有很長一段時間，他把他們兩個視為對立的雙方，他想像她的頭頂上烏雲密布，而他自己的頭上則有燦爛的陽光。

這種視覺化的做法強化了他對事情的看法，但是對於他跟艾米莉亞的相處並沒有幫助，尤其是當情況演變成每次談話前，他都要為攻防戰做好準備之後，更是如此。

所以他試圖改變腦中的圖像，把他們之間的關係，描繪成一個蹺蹺板，當他們發生意見相左的時候，他們兩個人都要選擇如何求取平衡，以利繼續前進。這種思考有助於改變他的態度。他不再把艾米莉亞視為對手，而是把她視為合作對象。

你可以考慮要為自己選擇什麼樣的圖像，來代表你和你的同事之間令人不安的人際關係。例如，你可以想像自己跟另一個人坐在桌子的同一側，共同解決一個問題——你們不健康的互動。沒有人希望在工作上樹敵，因此請拋開對立的想法，想想看如何讓你的同事一起來解決問題，這在本質上是協作而不是互鬥。

✲原則五：依靠同理心以不同的方式看待事物

「試著從他們的角度來看」，你以前可能聽過這樣的建議。我不知道你怎麼想，但是當我跟缺乏安全感的老闆，或是過於政治化的同事打交道時，我最不想做的，就是考慮他們的感受。對於很愛被動攻擊、任性或刻薄的人，我爲什麼要去關心他們的感受？

維吉尼亞大學教授加布麗埃．亞當斯（Gabrielle Adams）在她的研究中發現，我們認爲自己受到輕視的程度，經常比輕視者原本的意圖還要嚴重。覺得自己被同事冤枉的人，會高估冤枉他們的人想要傷害他們的程度。[5] 正如亞當斯向我解釋的：「我們會覺得他人的行爲超乎了普通的目的，總是充滿了某種企圖。」[6]

值得注意的是，雙方都會有這種傾向。亞當斯在另一項研究中發現，「踰矩者」和「受害者」雙方都容易把彼此設想成最壞的。正如她總結的，我們都會對彼此的傷害意圖、造成的傷害有多大、問題有多嚴重，以及對方覺得多麼有罪惡感等，做出錯誤的歸因。[7]

如果你告訴你自己，你那玩政治遊戲的同事，想要搶走你的功勞因此不值得你同情，這麼做不僅可能對你的同事不公平，而且會把你推進無法自拔、報復或其他無益的反應，而不利於找出如何跟對方好好相處的方法。

最好先暫且相信你的同事是無辜的。先假設他們的小動作的背後，是有一些理由的（即使你並不認同）。他們可能在想些什麼？他們想要達到什麼樣的目的？他們承受了什麼樣的壓力？他們正在經歷什麼其他的事——在工作上，還是在家裡？

替傷害行爲找一些有同情心的解釋（即使可能不是百分之百正確），這麼做可以給你一些空間——降低受到威脅的感受——好讓你可以深思熟慮做出回應。

這是我從我女兒的身上一再學到的教訓。在她九歲的時候，有一次我們的車正行駛在離我們家不遠的高速公路上。當我們因爲前面的交通狀況而放慢行車速度時，有兩名摩托車騎士快速地在車道之間穿梭。

他們以每小時一四五公里的速度（甚至可能達到一六〇公里），呼嘯而過，而且兩個人都沒有戴安全帽。我認爲這是一個給我女兒機會教育的好時機，所以我開始斥責摩托車騎士：「我眞不敢相信他們居然騎得這麼快，而且沒有戴安全帽！那樣太危險了。」

然後，我的女兒加入了我的陣容，也是一副被激怒的樣子。「他們是成年人了，他們更應該要了解這樣不安全！」我笑了，爲她學到了一些安全知識而感到欣慰。沉默片刻之後，她說：「媽咪，或許他們正要去買安全帽。」

我可以九九%確定那兩個騎摩托車的人，不是要去買安全帽，但是我女兒的話給了我們完美的提醒：發揮大方的精神，試著從對方的角度看待緊張的局面。而且，無論是不是眞的，她的觀察讓談話輕鬆起來，也軟化了我們對那些騎摩托車的人的立場。

提醒一下：從同事的角度來看待敵對的情況，確實需要消耗心理資源，所以千萬要小心，不要過於專注在替別人設想，而忘記考慮你自己的需求。在你把關心的焦點轉移到同事的身上之前，請先好好疼惜自己，爲自己目前的處境加油打氣。（有關在衝突中自我照顧的重要性，請參閱第十四章，以了解更多的資訊。）

✲ 原則六：了解你的目標

當你想要試著解決你和同事之間不健康的動態關係時，重要的是要先弄清楚自己想要的是什麼。先確定你的目標爲何，這樣有助你避免被捲入任何戲劇性的情況，並且可以幫助你把注意力放在有建設性的策略上。

你是想要讓一個停滯的計劃向前推進嗎？還是想要完成你們一直在共同努力的倡議，並繼續前進？或者，你希望擁有健康的工作關係，而且能夠長長久久？還是只求在跟他們互動後，不會覺得那麼生氣或沮喪？或是希望你的同事不要再阻撓你成功？

我建議你把自己想要實現的目標（無論大小）都列出來，然後圈出其中最重要的一個、兩個或三個目標。如此一來，你的潛意識還有你的意識將會根據你的意圖雙管齊下，決定你要如何採取行動。

例如，如果你的目標是不要跟悲觀的同事陷入沒完沒了討論，而不是幫助他們覺察他們唱反調是如何拖垮團隊的，當目標不同，你的行動決策就會跟著不同。

你可以把你想要達成的目標縮小一點。通常，**先把焦點放在建立有功能的關係，這樣就夠了**。如果你能夠做到當你看到他們的名字出現在你的收件匣，你不會起雞皮疙瘩，或者不會因爲滿腦子都在想他們的事，而讓你晚上睡不著，那就值得敲鑼打鼓慶祝了。設定一個最低限度的目標——比如「我和家人一起吃晚飯時，不要想到這個人」，這樣的目標設定絕對沒有問題。

你的目標可能同時有好幾個。例如，如果你跟缺乏安全感的老闆正在爭論應該跟高層領導團隊報告哪些測量指標，而他寄了一些言詞激烈的電子郵件給你，挑戰你在網路分析方面的經驗，那麼你的目標可能包括：

①提出一組你們兩個都可以接受的統計數據，並且要②確保高層領導團隊了解你的專業知識。你還可以設定一個目標，就是在重要的會議之前，減少跟你的老闆進行激烈的意見交換。重點在於，不要讓隱藏的議程（動機）害你偏離正軌。

例如，當你要處理太過政治化的同事的問題時，你可能會說你的目標是希望不必再擔心他們會對你搞破壞。但你眞正想要的，其實是讓他們付出代價：被炒魷魚，或是讓他們嘗嘗他們害你承受的那種痛苦，或者是讓組織裡的每一個人都認爲他們是不誠實的操弄者。

不可告人的動機通常會讓你們的互動染上其他色彩，導致你出現過於挑剔的言詞，或是高人一等的語氣，有損你實現既定目標的能力。

了解你的祕密（或者不是那麼祕密）的動機，是很重要的，因此請連同你的其他目標一起，大聲把它們說出來或是記錄下來。然後請試著把你所有的不良意圖放在一邊，無論這些不良意圖看起來有多麼合理。

當你決定好你的目標之後，請把它們寫在紙上。研究告訴我們，對自己的目標進行生動描述或圖解的人，實現目標的可能性是其他人的一．二倍到一．四倍；而由你親手記錄下來的目標，也更有可能達成。[8]在你跟同事互動之前，你可以先參照你記錄下來的目標，這樣你就可以專注在你的目的上。

✲原則七：避免八卦

「這個禮拜脾氣特別暴躁的，是我，還是葛麗塔（Greta）？」

工作不順時，我們可能會因爲五花八門的原因去找別人幫忙。你可能會想確認一下，你沒有誤解一封語意含糊不清的電子郵件，所以請人幫忙看一下這封信。也可能因爲你想推動停滯不前的跨部門計劃，所以需要找人幫忙確定你需要尋求哪些人的支持。或者，你是希望能消除疑慮，而找救兵。例如，當你的同事說：「沒錯，葛麗塔確實脾氣暴躁，發生什麼事了？」你會因此鬆了一口氣：**不是只有我這樣認爲**。

上述這種類型的閒聊，如果內容涉及難相處的同事，無論是透過網路還是面對面進行，都可能特別複雜。這類閒聊名符其實，就是：八卦。

在第十章，談到如何處理你那爲求成功不擇手段的同事愛八卦的問題，我指出在謠言工廠打聽消息的好處。職場八卦對於同事關係的維繫，以及資訊的互通有無，扮演重要的角色。當你發現瑪麗娜（Marina）也注意到財務部門的麥可（Michael）很難合作時，就會培養出一種彼此有連結的感覺。

如果你進一步發現，不是只有你們兩個希望麥可在團隊裡可以跟大家通力合作，或是希望他找到另一份工作，那麼這種連結就會變得更加緊密。你們基本上已經形成了一個內部的小組，你們掌握其他人（尤其是麥可）所沒有的消息。你的看法在這個小組內也得到驗證，所以你會因為覺得自己「是對的」，而你的腎上腺素和多巴胺也會因此而大量分泌。

有一個關於八卦的祕密：研究指出，八卦實際上可以嚇阻人們做出自私的行爲。假如團隊成員知道，他們若是不合作或是粗魯無禮的話，其他人可能會把他們講得很難聽，這樣我們從一開始便可以防止他們行爲不端。[9]

雖然我認爲，直接跟某人明講他們做了什麼，以及傷害了誰，會是一種更好的方法，但是研究確實顯示，把某人的事拿來八卦，可以間接懲罰他們，還可以警告其他人跟他們一起工作的隱患。[10]

這麼說來，是不是表示你應該在同事的背後議論紛紛？等等，別那麼快下結論，因爲這麼做也是有危險的。首先，在背後議論別人會讓你更容易受到確認偏差的影響。

譬如說，前面提到的財務部門的麥可，有時候可能會讓人覺得生氣又無力，然而一旦你開始和你工作上的朋友談論這件事，未來你就更有可能把麥可的行爲解讀爲負面的。

此時，偶爾的失誤會開始被繪聲繪影成一種固有的特徵，於是「麥可很難搞」的故事情節，變成一種自我實現的預言。當其他人對於某個同事的特定故事都買帳時，想要改變這樣的敘事就難上加難。

此外，八卦通常也會反映出八卦者的缺點。因此八卦別人也許能讓你立即得到你所尋求的認可，但是你可能也會因爲不專業而得到臭名——或者最終被貼上「你才是那個難搞的人」的標籤。

因此，在你開始散布謠言，說你的老闆有多麼無能，或是跟你們部門的暴君一起工作有多麼令人難以忍受之前，請先考慮你的目標。無論你是爲了改善你們的關係、讓自己感覺好過一點，還是希望即使遇到阻力也要把工作完成，都要請你先問問自己，散布八卦對情況是利還是弊。

尋求他人協助，好讓你對自己的感覺找出頭緒，或是確認自己是不是跟別人一起把事情看清楚，這些做法是完全合情合理的。但是請謹慎選擇你要交談的對象以及你要分享什麼——請尋找有建設性、能爲你著想的人，他們會在不同意你的觀點時勇於給你建議，並且會酌情判斷。

✲原則八：透過實驗找出有效的方法

世界上並沒有一種標準答案或是萬無一失的方法，可以讓你那自以爲無所不知的同事不再表現得高人一等，或者可以讓你的被動攻擊型同事用更直接的方式跟你互動。

在這本書中，我分享了一些行之有效的策略，但是你要嘗試哪些策略，以及該如何應用這些策略，需要取決於具體的情境：包括你是誰、對方是誰、你們之間關係的性質，還有你工作場域的規範和文化等。

改善關係的工程浩大，可能讓人覺得難以招架。這絕非易事！但是，如果你一開始就先想好兩、三個想要測試的做法，這樣你就會覺得駕馭起來容易得多。

通常，小兵可以立大功——小行動也會產生大影響。你可以設計一個實驗：先確定你想要採取哪些不同的做法，然後設定一段時間，在這段期間去測試你的方法，然後看看它的效果如何。

例如，如果你想要改善跟負面攻擊型同事的溝通，你或許可以決定在兩個星期內，都忽略他們的語氣，只關心他們話中的潛在資訊。不要以爲這樣就可以解決你們之間一切的問題，而是把它當做一項測試，承認你可能會學到一些東西，就算你學到的是這項策略行不通，也是一種收穫。然後，著手進行另一個實驗，並且隨著時間慢慢調整你的做法。

請不斷更新嘗試的方法，而且要捨得放棄那些沒有產生效果的策略。如果你想要透過在會議後發送電子郵件，確認每個人都同意要做的事，藉此解決同事事後沒有按照約定去做的問題，但結果並沒有阻止你的同事在會議上說一套，事後做一套的情況，那麼請不要期待重複實驗可以得到不同的結果。

像這樣的情況，我們就需要衝突專家珍妮佛・哥德曼－魏茲勒（Jennifer Goldman-Wetzler）稱之爲「有建設性、打破模式的行動」，這是一種「目的在於打斷過去的衝突模式」的簡單行動。[11]換句話說，你可以嘗試一些你以前沒有嘗試過的東西，甚至是其他人可能意想不到的事。

＊原則九：保持好奇心態

當我們要面對的是跟同事之間負面的動態關係時，我們很容易告訴自己：「情況永遠會是這樣」或「我爲什麼應該期望他們會改變？」或是「我們就是處不來。」

我不會告訴你，爲了挽救出問題的關係而去做你必須做的事會很有趣，甚至可能很愉快，但是安於現狀或是悲觀對你都沒有幫助。相反地，你應該抱持一種好奇的心態。

研究指出，在工作上保持好奇心好處多多——這些好處會讓我們更容易找到解決衝突的方法。例如，好奇心經證實可以幫助我們避免陷入確認偏見，還能防止我們對他人形成刻板印象。此外，好奇心還可以幫助我們避免陷入杏仁核劫持（amygdala hijack），因爲我們會比較能夠用具有創造性的方法，來應付艱難的情況，而且比較不會有防禦心和攻擊性。[12]

抱持好奇的心態，也有助於打破我們自己跟自己說的故事，特別是如果我們可以從自行推出不討喜的結論，轉變爲提出眞正的問題，這時更能展現好奇心對我們的幫助。

例如，當你的同事伊莎貝爾（Isabel）又開始把另一位同事的建議批評得體無完膚，這時你不是告訴自己：「又來了，伊莎貝爾又在唱反調了。」、「除了唱反調，她不知道還可以做什麼其他事嗎？」而是可能這樣問：「她怎麼了？」、「這個模式感覺很熟悉，但我過去錯過了（行爲背後的）什麼訊息嗎？」、「她爲什麼會這樣？」

如果你假設自己有一些東西要去學習，並相信負面的動態關係是可以扭轉的，這兩者都是抱持成長心態的表現。當然，當你感到沮喪時，要保持那種心態並不是那麼容易。**試著在你要掉進無效的思考模式的時候，把自己接住，然後請退後一步，改變你的思考框架**。

不要認定「伊莎貝爾就是……的人」，而是試試看這樣想：「伊莎貝爾可能相當消極，但這只是對她的一種看法。」

你可能還有哪些其他的選擇，可以用來了解她這個人？想想跟她一起工作的其他人。是否有人眞心喜歡跟她一起工作？你可以試著從那個同事的角度，來看伊莎貝爾。你可以去尋找伊莎貝爾的行爲跟你的預期相反的反證或實例——例如，她採取積極或中立立場的時候。

培養成長心態的另一種方法，是提醒自己回想以前你或其他人確實發生改變的經歷。想一想你以前在工作上或其他地方的例子：曾經和另一個人一開始處得並不好，或者相處過程中遇到難關，但是後來克服了。依靠以往的這些經驗，來挑戰本性難移這種先入爲主的觀念。你過去是怎麼堅持下來的？是什麼幫助你迎刃而解？

此外，還要把焦點放在你希望改善你們關係的目標實現之後，你能從中獲得什麼。你需要展望未來，設想如果你實現了你的目標，你會有什麼不同？你的工作生活將得到何種改善？建議你將你在本章前面寫下的意圖，張貼在你隨時可以看得到的地方，藉此提醒自己成功的感覺和樣貌。這麼做不僅可以幫助你解決當前的困境，還可以提高你在工作上遇到其他棘手關係的應變能力。

——⋯——

解決衝突可能是一段顚簸的旅程，而你的一些實驗可能會敗得一蹋糊塗。你甚至可能覺得情況變得更糟了。但是，請不要失去希望，改變是可能的，關係並非永遠一成不變的。

正如著名的阿根廷治療師薩爾瓦多．米紐慶（Salvador Minuchin）所說的：「堅信不移是改變的敵人。」[13]正因爲你無法確定你和你的同事未來會如何，所以你應該反過來保持好奇心。這樣可以讓你擺脫定型心態（the fixed mindset）——這種心態可能會讓你無法找到意想不到的問題解方。

無論你要應付的是哪一種類型的難相處的同事，還有，無論你決定下一步要做什麼，把這九項原則牢記在心，將可以提高你建立更穩固、更令人滿意的工作關係的機率。

▼九大原則總結

一旦你準備好要採取一些步驟，希望藉此跟難相處的同事處得更好，你可以利用後面的列表，來仔細檢查你是否帶著正確的心態，以及你所選擇的策略是否可以爲你的成功助一臂之力。

如何跟同事和睦相處的九大原則

原則一：把焦點放在你能控制的事情上

- 不要浪費時間試圖說服你的同事改變；人想要改變的時候，就會自主改變。
- 相反地，請把焦點放在你可以有什麼不同的做法上。

原則二：你的觀點只是觀點之一

- 承認你和你的同事不會永遠都是意見一致。
- 請忘掉相互指責；團結起來尋找前進之路。
- 問問自己：如果我錯了該怎麼辦？我正在做什麼樣的假設？

原則三：覺察自己的偏見

- 了解自己的偏見，這樣你就可以發現偏見何時會影響你們的互動，或導致你不公平地解釋你同事的行動。
- 留意你何時可能會陷入相似性偏見，傾向被具有相似的外表、信仰和背景的人所吸引。
- 避免確認偏見，這是一種會把事件或證據解釋為印證你既有的信念的傾向。

原則四：不要讓情況演變成「『我』對抗『他們』」

- 想像衝突中有三個實體存在：你、你的同事，以及你們之間的關係。
- 運用正面的、協作的視覺想像（像是你和你的同事坐在桌子的同一側），而不要浮現爭來搶去的圖像，以提高扭轉不健康關係的機率。

原則五：依靠同理心以不同的方式看待事物

- 請暫且相信你的同事是無辜的，問問自己：「以最包容的態度來看，你對他們的行為會有什麼解釋？」
- 假設他們挑剔的行為背後，是有一些道理的（即使你並不認同這些理由）。

原則六：了解你的目標

- 明確知道對於你們的關係，你想要達成的目標是什麼。
- 把目標寫下來並且經常參照這些目標。
- 提防任何不可告人的動機，這些動機可能會損及你們好好相處的機會。

原則七：避免八卦，並經常做到

- 請克制在同事背後說三道四的衝動。
- 請仔細選擇你要一起談論情況的人；請找出有建設性、會為你設想、會挑戰你的觀點，而且會酌情判斷的人。

原則八：透過實驗找出有效的方法

- 想出兩、三件你想測試的舉止，小行動也會產生大影響。
- 請不斷更新嘗試的方法，並要捨得放棄那些沒有產生效果的方法。
- 嘗試一些你以前沒有嘗試過的東西，甚至是其他人可能意想不到的事

原則九：保持好奇心

- 抱持成長心態；相信你有東西要學，而且關係是可以改變的。
- 把焦點放在你希望改善你們的關係的目標實現之後，你能從中獲得什麼。

PART 3
保護你自己

12 當所有方法都失敗時，不要放棄

我要跟你實話實說。我在本書所介紹的策略，有的時候會失靈。因爲有時候，你就是沒有辦法說服一個自以爲無所不知的人，承認他們自己的作風太傲慢，更不用說讓他們願意改變；沒辦法，誰叫老闆這麼器重自負的他們呢。

或者，無論你再怎麼用心良苦，你那位有偏見的同事，還是拒絕了解他們的評論對別人有多麼冒犯。或者，團隊中的悲觀主義者如此固守他們負面的行事作風，很明顯地，改變對他們來說，根本是不可能的。

如果你一直堅持不懈，努力採取一些措施，希望跟同事好好相處，但卻看不見進步的跡象，那麼在你認輸之前，你還可以做一些事。

我接下來要跟你介紹的這些策略，雖然無法神奇地扭轉局面，但是這些策略可以幫助你保護你的事業和名聲，並且可以讓你有辦法繼續待在這份工作，而不會失去理智。

在下一章，我們將會討論如何避免常見的錯誤，以免讓情況變得更糟糕。在第十四章，我將跟你分享一些建議，告訴你**如何維持整體的幸福感**，**以及如何在各種衝突中突圍**，**讓自己愈挫愈勇**。

如果你一直苦無進展，可能就是該要嘗試以下介紹的某種或多種策略的時候了：設定界限並限制你的參與；記錄你的同事的踰矩行爲，還有你自己有功的事蹟；把問題向上呈報給有權力的人；以及，如果沒有別的方法可以奏效，就繼續前進。

首先，讓我們談談你要如何跟惱人的關係有所切割。

▼建立界限

你可能聽過一個老掉牙的笑話：有一個男人去看醫生，抱怨說他的手肘會痛。醫生問他什麼時候會痛，那個人回答說：「當我這樣把手肘彎起來的時候。」醫生說：「那你就不要像那樣彎你的手肘了。」

同樣地，如果跟你的問題同事互動，會讓你覺得壓力很大，那就少跟他們互動吧。但話說回來，要跟一個每天一起工作的人劃清界限，並不是那麼容易，尤其如果你們彼此的工作，有很大的相互依賴性，更是如此。然而，也不是完全不可能。

作家兼治療師內達拉．格洛弗．塔瓦布（Nedra Glover Tawwab）在她的著作——《設限，才有好關係》（*Set Boundaries, Find Peace*）一書中說：「**人們會根據你的界限來決定怎麼對待你。**」她把這裡的界限定義爲——幫助你在人際關係中感到安全和舒適的期望和需求。[1] 當你必須跟難相處的同事打交道時，所謂健康的互動限度該如何拿捏？

首先，你要想辦法讓自己對這些人的依賴程度降到最低。如果你跟客戶持續發生衝突，你可以向你的主管解釋情況，並推薦一位跟你具有相同資格的同事，替代你處理這個客戶的問題。如果你跟財務部門的某個人的互動有問題，你可以在該團隊找一個新的聯繫窗口，跟他們建立關係。

如果你的老闆就是問題的所在，你可以請調其他部門的工作；首先你要在組織裡培養更廣泛的網絡，並跟你可能想加入的團隊裡的人建立連結。

專門研究快樂學的蜜雪兒．吉倫（Michelle Gielan）曾經介紹一種限制互動的策略，稱爲「兩分鐘演練」（two-minute dri l）。她建議我們可以問問自己：你到底需要從不合作的同事那裡，得到什麼東西？一個消息？還是他們對專案計劃的認同？要從他們那裡得到你需要的東西，最少需要多少時間？

如果你知道他們可能會做一些讓你很惱火的事，譬如講你們共同老闆的壞話，你有辦法先準備好怎麼回應他們嗎？你要如何才能讓你們的互動盡可能簡短、正面呢？[2]

如果有一位悲觀的同事，動不動就在你的辦公桌前停下來，或是很容易在視訊通話時，拉著你抱怨個不停，那麼你就要先準備好一些說詞，好讓你用來結束對話，像是：「我需要爲我的下一個會議做準備了」，或是「我保證我會盡快回覆這封電子郵件。」

塞巴斯汀（Sebastian）就是這樣應付的，塞巴斯汀之前在一家科技公司擔任工程師，那裡的一位同事蓋布瑞（Gabriel）持續不斷惹他生氣，只要他們兩個單獨在餐廳，蓋布瑞都會抱怨其他的工程師。

塞巴斯汀表示，在那些對話中，蓋布瑞要不是說某人徹底無能（九五%的時間是這麼說的），就是說某人實在是太厲害了（只有五%的時間是這麼說）。蓋布瑞甚至還說過這樣的話：「這永遠行不通，因爲他們全部都是白痴。」塞巴斯汀經常看到蓋布瑞在會議上唱反調，因此讓整個團隊的心情低落。

塞巴斯汀試圖協助蓋布瑞變得有建設性一點，因此他向蓋布瑞說：「也許這次會奏效也說不定」或者「我相信在適當的情況下，蘿莉（Laurie）也可以有一些貢獻」之類的話。但是蓋布瑞的回答始終如一：「你實在是一個理想主義者。你以後會看到這些人，到底是怎麼回事，到時候可別說我沒有警告過你。」

最後塞巴斯汀決定減少跟蓋布瑞在一起的時間。只要有可能，他就會避免跟蓋布瑞一起執行計劃。塞巴斯汀是這樣描述的：「我偶爾會徵求蓋布瑞的意見，因爲他有寶貴的見解，而且我需要讓蓋布瑞覺得自己被接納，這樣他才不會突然對我不利。但是當我確實請求他的協助時，我會竭盡全力確保不需要其他人一起合作。」

塞巴斯汀在此採用的策略，被稱爲「工作型塑」（job crafting）。在這個過程中，你可以主動重新塑造自己的角色，讓它變得比較有意義、比較不會覺得自己被掏空，而且研究顯示，這個過程可以帶來較高的工作滿意度並提升幸福感。[3]

這種策略有多種形式可供採用：**任務塑造**（task crafting）——在過程中改變你在工作上所承

擔的任務的類型、範圍或數量；**認知塑造**（cognitive crafting）——在過程中改變你解釋或思考你正在從事的工作的方式；**關係塑造**（relational crafting）——在過程中調整你在工作上要跟誰互動。[4]

雖然關係塑造這一項跟處理令人討厭的同事的相關度最高，但是上述三種方法都可以幫助你把工作還有你的注意力，從麻煩的同事身上移轉開來。

首先，你要考慮所有可以讓你跟他們相處的時間，降到最低的方法，還要思考如何跟那些可以爲你注入活力、激勵你、支持你的人增加合作的機會。

另外，對於讓你避之唯恐不及的人，請找出跟他們溝通最有效的方式。透過電子郵件跟他們交手，會比較容易嗎？或者在電話裡速戰速決，事情會比較不那麼複雜嗎？弄清楚用什麼方法對你來說壓力最小，並堅守明確的界限。有時候簡單拋出：「我比較希望我們透過電話解決這個問題。」就可以解套。

如果你沒有辦法讓自己少跟難相處的同事接觸，你可以試著讓你們互動的基調變得輕鬆一點。想辦法把你們的互動變成一種遊戲。例如，看看你能讓像蓋布瑞這種，冥頑不靈的悲觀主義者，說出幾次正面的話或露出幾次微笑？當你成功達陣，記得把它當成一個小小的勝利。這是一種可以讓你在保持情感距離的同時，重新獲得控制感的小技巧。

▼記錄他們的踰矩行為以及你的成功

把不良行爲記錄下來，這個做法很有用，尤其是在你需要向有權處理的人，證明你的同事帶來眞正的傷害時，特別有幫助。對於每一種可能的冒犯行爲，記下行爲發生的時間、地點、具體行爲（說了什麼或做了什麼）、行爲人是誰，以及當時在場的人。

而且，不要只記錄同事的行爲；還要註記你自己說了什麼，以及做了什麼做爲回應。如果領導者看到一種行爲模式，而且知道你（也許還有其他人）已經採取一些措施來處理這個問題，他們會更願意進行干預。

做這些可能要費心費力，但是隨著時間，維持這樣的記錄有助於呈現這些不良行爲是一貫的、有破壞性的，而且是持續在發生的。也要把你的功勳記錄下來，這樣你的功勳才不會因爲你的同事，或你們之間的緊張關係，而被貶得一文不值。

把你正在做的事，還有你提出的任何想法，或所做的努力，列成一份清單並隨時更新。並定期跟你的老闆分享你的成果，即使只是透過每週一封簡短的電子郵件也無妨。

不要認爲這是在自我吹捧，這是爲了替你自己在公司的價値提供佐證。如果你的同事是一個自以爲無所不知的小聰明，老是想要搶你的風頭，那麼這就是一個特別重要的策略。

你還要想辦法讓組織裡的其他人，知道你出色的工作表現。你要設法向其他部門或公司更高層級的人介紹你自己，方法可以是自願參加跨職能計劃，或是加入掌握權力的高層主管的核心專案。培養新的人際關係可以讓你有機會多方展現你的才幹，還能很理想地破除你的同事散布關於你的任何假消息。

我有一個朋友很聰明地持續在一本日記本上，列出她正在做的工作，以及任何值得注意的成就。她一開始這麼做，是爲了對抗一位悲觀同事所帶來的負面感受。但她發現，每當她必須完成公司交辦的自我評估，或與高層主管會面並希望能談談她自己的工作成果時，這樣的記錄就很好用。

▼向上呈報給有權力改變的人

你永遠都保有一個選項，就是把問題向上呈報給組織裡更高層級的人，像是你的老闆或是其他管理者，他們可以提供你建議，也可以直接向難相處的同事反應，甚至可以在他們的行爲踰矩時，教訓他們一頓。

但無論是在何種情況下，採取這個行動都是一個險招，尤其是當難纏的同事就是你的老闆時，更是如此，所以要小心謹慎權衡取捨。

你可以思考一下，把問題向上呈報會讓你看起來很惡劣嗎？如果同事發現你背著他們向上報告，或是動用有力人士，是否會有進一步破壞你跟同事關係的風險？你訴求的對象會相信你，或是站在你這一邊嗎？

如果你眞的去找某人談論你同事的行爲，請儘量避免變成是在抱怨。你要明確表達你這麼做，不是出於嫉妒或是想要報復。在跟別人討論同事的行爲時，你要把討論定調爲：**你是爲了跟同事建立良好的工作關係而努力，並不是要找藉口出賣他們**。

如果你在打交道的人擅長向上管理，而且可能擁有強大盟友的政治操弄者，那麼記住這一點尤其重要。另外，請準備好跟訴求對象說明，到目前爲止，你自己爲了解決這個問題所做的一切努力。

你可以把同事製造的問題，跟具體的業務結果連結起來這樣會很有幫助。你要用領導者會關心的方式，來說明他們如何損害團隊的績效，並且要提供大量的證據來支持你的主張。這就是精細的記錄可以派上用場的地方。如果你對事件的描述可以得到證實，那就更有說服力了，所以最好能確認其他人也目睹了負面行爲，並且願意在需要的時候，站出來挺你。

你還應該考慮你要向上呈報給誰，以及他們有權或有動機可以做什麼。誰是你可以去找的「對的」人，或是「對的」部門？他們會樂於幫你嗎？他們會很謹慎嗎？他們是否有辦法或是有權威，可以跟難相處的同事提供回饋意見？

他們是否有充分的動機採取行動呢？求助於其他人不見得能夠奏效，尤其是當他們無力或是不願意處理你的同事的行爲時，更是如此。還有，如果他們幫你解決了問題——也許是非公開進行——這樣你就無法培養將來處理類似問題所需的技能。

如果是去人資部門尋求協助，有用嗎？《拒絕混蛋規則》（*The No Asshole Rule*）一書的作者鮑勃・薩頓（Bob Sutton）警告說，希望人力資源部門，甚至法律部門會迅速採取行動，其實是錯誤的期待。

讓我們認清事實——在處理跟同事的棘手關係時，很少聽到有人會跑去找人資部門求助，並眞的得到有意義的幫助（儘管確實發生過）。正如薩頓告訴我的：「在大多數的公司裡，人資並不是你的朋友。他們設在那裡，是爲了保護機構。」[5]因此你要提前進行調查，了解你們人力資源部門過去是如何處理類似情況的。如果人力資源部門幫不上忙，那麼去找認識你和對方的人，向他們尋求協助，可能會有比較幸運的結果。

在你去找潛在的盟友之前，無論他們是你的老闆，還是你老闆的老闆，人資代表或其他人，想想他們過去對於類似情況的反應。他們有提供好的建議嗎？如果他們曾經出手協助，他們有堅持到底嗎？他們是讓事情變好，還是變糟？這些問題的答案將幫助你決定把問題擴大，是不是一個好主意。

▼你應該離職嗎？

因爲跟某人發生衝突而離職，顯然是一種極端的反應，而且這也不是我會草率推薦的策略。但有時候，這麼做是合理的。認爲自己受到惡劣對待的人裡面，大約有八分之一的人，會因爲這種不文明的行爲而辭職。[6]對於辭職，我有兩種想法。

一方面，我意識到並不是每一個人都能這樣做。有時候，由於財務或是後勤因素，無論你跟同事的互動變得多麼不正常，你都不可能離職。你可能有貸款要付，或是有依賴你的福利和薪水的家庭成員，或者你是在一個很少釋出職缺的產業工作。

如果你很痛苦，但又覺得自己還不能辭職，那就設定一些參數來決定你要在這個工作待多久。**把這個當成隧道盡頭的光，看著這束光，會讓你更能夠忍受離開之前的時間。**你或許可以告訴自己：「我會堅持撐四個月，如果這三件事在這段期間沒有改變，我就會開始四處投履歷。」**關鍵在於避免感覺自己被困住了，因爲這樣只會讓你更加痛苦。**

另一方面，如果你已經試遍所有其他選擇，包括爭取高層領導的協助，或是探索公司內部可能的職務變動，那就問問自己是否值得再堅持下去。正如一位受訪者告訴我的：「由於精神折磨，以及對我的健康的影響，所以我不得不辭職。」沒有人應該在工作上遭受像這樣的痛苦。

我問鮑勃·薩頓，如果有人在充滿挑戰的關係中，有著難以承受之重，因而覺得喘不過氣，這時他對離職有何看法。**他說辭職是一個重要性「被低估」的選擇，我堅信辭職有理。**

薩頓表示：「在跟有毒的人打交道時，恆毅力的重要性被高估了，就平均而言，人們太晚決定辭職了，通常都是等到嘗到苦果之後。」他指出辭職的好處之一，就是你可以去嘗試不同的事。薩頓也提出，我們確實會認爲「別的地方的草一定會比較綠」（前方有更好的機會），尤其是當你感到痛苦不堪的時候。

幾年前，薩頓離開史丹福大學，接受加州大學伯克萊分校哈斯商學院的一份工作，希望這份工作能帶給自己更多的機會，並且希望能就此從一些不健康的動態關係中解脫出來。但是，才不過一年之後，他就回到了史丹福大學，接受工學院的一個職位，並且減薪三〇%。

他說：「我現在認爲自己是『那邊的草比較黃』俱樂部的一員。我是許多離開原雇主後又吃回頭草的人之一，因爲新的經歷告訴我，我原本所擁有的，其實並不是那麼糟糕。」

有時候去試試水溫是一件好事，因爲你可以看看自己在不同的環境中，是不是眞的會比較快樂。如果可能的話，你可以追隨薩頓，並且在你現在的雇主那邊，替自己留一條後路——有一些選擇總是好的。

如果辭掉你的工作對你來說，有務實的可能性，那麼在跳槽之前，請先考慮一下你想要做什麼。在可行的情況下，最好是爲了別的目的而離開——像是爲了去找一個比較正面的組織文化——而不是只爲逃離惡劣的處境。

哈佛商學院的鮑瑞思・葛羅伊斯堡（Boris Groysberg）和羅賓・亞伯拉罕斯（Robin Abrahams）的研究指出，倉促離開是人們在換工作時，最常犯的錯誤之一。

他們寫道：「通常，當求職者在他們目前的工作崗位上，做得非常不開心，以至於他們迫切希望趕快離開，卻尚未規劃好自己日後的職涯發展，只希望從一個地方，跌跌撞撞地再跑到另一個地方。這時候他們會爲求職施加人爲的緊迫性，而不是等待眞正合適的工作機會。」[7]

所以，在爲自己賭一把之前，請先仔細想好幾個問題：如果你離開，你的狀況究竟會好轉多少？請記得要具體一點。在你離職之後，你打算用你的時間和精力做什麼？如果你還沒有其他工作在排隊等著你，這點尤其重要。再者，你希望在新環境的人際關係中，有何收穫？

請記住，辭職並不是非要即知即行，當然也不應該一時衝動。給自己一些時間，讓你的履歷更漂亮，同時擴大你的人際網絡，並且跟可能支持你的離職決定的人交談。

然而，在某些衝突非常嚴重的情況下，快刀斬亂麻才是最好的做法。例如，**危及你的身心健康或失去良好聲譽，都是不值得的**。**只有你能決定什麼時候該要適可而止了**。

請記住，本章介紹的所有策略都是要等到萬不得已時，才採用的最後一招——亦即唯有在你出於善意，試圖改善你跟同事的工作關係，卻都未能扭轉局面時，才出此下策。

還有一些策略我會建議你要不惜一切代價，避免採用——因爲它們只會讓情況變得更糟糕——我將在下一章介紹。

13 很少奏效的策略

它們只會讓情況變得更糟

對於遇上難纏的同事的人，我最喜歡問他們一個問題，那就是：「如果你能爲所欲爲，你會怎麼做？」我建議他們先把財務考量、社會規範以及任何不良的後果，先擱在一邊。答案五花八門，從實用到逗趣，再到有點嚇人的答案都有——有很多人想對著討人厭同事的臉，一拳揍下去！許多人幻想戲劇性地離職，還有一些人只想直接告訴同事他們自己確切的感受，不用拐彎抹角。老天爺知道我在遛狗的時候，腦子裡冒出了多少邪惡報復的念頭。我之所以問這個問題，有兩個原因。

首先，我希望大家廣泛思考他們可能可以如何回應，而且通常在沒有限制的情況下，他們反而有可能找到一個，眞的能奏效的策略也說不定（但可不是在某人的臉上揍一拳）。

再者，這可能是宣洩挫折很有用的練習。我記得幾年前我跟我的母親一起自駕時，我注意到她用一種奇怪的方式在動她的手，而她的眼睛則盯著她的手看，看起來好像很痛苦。於是我問她發生了什麼事。當時，她正代表三十幾個非營利組織，在康乃狄克州州議會進行遊說。在這段日子裡，她的生活充斥著具有挑戰性的對話，她有源源不絕關於遊說者、客戶和立法者的故事，這些人都符合許多本書所介紹的原型。爲了回答我的問題，她舉起她的一隻手，笑著告訴我：「這位是立法者。」

她解釋，她跟她用手所扮演的立法者，正在進行一場，她知道他們本人永遠無法眞正進行的尖叫比賽而這正是她宣洩情緒的方式。

我將在第十四章，針對像這種正向的應對機制進行更多的討論，但首先，我想看看我們有時候會忍不住採用一些，雖然我們都知道它們不會奏效，或反而可能弄巧成拙比較沒效的方法。

關於這些策略以下有一些相關描述，請避免採用以下說明的策略，以免讓事情變得更糟。採用這些策略可能會讓你在短期內減輕痛苦，但是最終無論是對你、對其他人還是對你的組織，都是後患無窮。

▼壓抑你的情緒

當你感覺已經試遍了一切的方法，拿某位同事沒轍了，這時候好意的朋友和同事，可能會告訴你要嘛「忽略」，要嘛「忍受」，同時繼續你的生活。如果你眞的放得下，這可能是個好建議。但我們常常在下定決心什麼都不要做之後，實際的結果卻是做了這個，又做了那個，可能是對情況感到很鬱卒，也可能是一直在講這件事，讓我們的夥伴的耳朵聽到快要長繭，或者變成被動攻擊。**壓抑我們的情緒對你沒什麼好處。**

《情緒靈敏力》（*Emotional Agility*）一書的作者蘇珊・大衛（Susan David）寫道：「壓抑你的情緒——當你覺得難過時，決定什麼都不說——可能會導致不好的結果。」[1]她解釋說，如果你不把你的感受表達出來，它們很可能會在你意想不到的地方跑出來。

心理學家把這種情況稱爲情緒洩漏（emotional leakage）。你是否曾經在工作上度過令人沮喪的一天之後，對你的配偶或是孩子大吼大叫，而你的沮喪根本跟他或她無關？

當你壓抑自己的感受時，你反而可能會以意想不到的方式表達你的情緒，要不是語帶諷刺，就是在完全不同的情境脈絡下爆發。壓抑情緒與記憶力差、窒礙難行的人際關係，以及生理成本（如心血管健康問題）有關。[2]換句話說，忍氣吞聲通常不會減輕你的壓力程度，而是讓你的壓力變得更大。

壓抑負面情緒，會有把負面情緒發洩到無辜的旁觀者身上的風險，然而這並不是要避免壓抑情緒的唯一原因。《好日子革新手冊》（*How to Have a Good Day*）一書的作者卡洛琳・韋伯（Caroline Webb）指出，雖然你假裝你沒有對難相處的同事感到生氣，你背後的意圖可能是好的——也許你想維持這份關係——但對方可能還是會感覺得到你的憤怒。

卡洛琳這麼說明：「由於情緒傳染，他們或許沒有意識到你對他們其實懷有負面情緒，但這樣的情緒仍然會對他們產生影響。即使是在遠距工作環境中，你的被動攻擊性也會顯現出來。」[3]

研究顯示，不是只有你曾遭受壓抑情緒對身體造成的影響。如果你隱藏憤怒或沮喪，你周圍的人的血壓也可能會升高。[4]他們可能無法確切知道你的感受和想法，但是他們同樣會表現出潛在的緊張。

▼報復

對於虐待行爲，還有另一種讓人忍不住想去做的回應，就是以牙還牙。如果你的被動攻擊型隊友在會議上說的是一套，但事後做的完全是另一套，爲什麼我們不能以其人之道，還治其人之身呢？或者，如果你的悲觀同事把你的想法批評得體無完膚，那麼在他們提出新的建議時，你爲什麼不能讓他們下不了台呢？

不幸的是，把自己降低到跟他們一樣的層次通常是行不通的。你會強化互相對立的感覺，而不是給這樣的動態關係一個改變的機會。報復，通常會讓你看起來很惡劣。或者，更糟的是，違反了你的價值觀。

爲了避免自己被（可以理解的）報復欲望給牽著鼻子走，請許諾一定要把你自己的價值觀，當成你的行爲準則。有時候，把你的價值觀寫下來會很有幫助。你在乎的是什麼？什麼東西對你來說最重要？

如果你不確定，你可以考慮檢視一組普世的價值觀，例如社會心理學家謝洛姆・施瓦茨（Shalom Schwartz）跟他的同事所創建的一套價值觀，看看哪些價值觀能夠引起你的共鳴，並按照重要性依序把它們條列出來。然後，當你想出了一個計劃，要用來應付缺乏安全感的老闆或是有偏見的同事，請參考這份清單，確保你所選定的策略符合你的價值觀。

價值	說明
自我導向	思想與行動的獨立——選擇、創造、探索。
刺激	生活中令人興奮的事、新奇與挑戰。
享樂主義	為了個人的快樂或感官上的滿足。
成就	依照社會標準展現能力，以取得個人成功。
權力	社會地位和聲望，對於人和資源的控制或支配。
安全感	社會、人際關係以及自我的安全、和諧與穩定。
傳統	尊重並接受傳統文化或宗教所提供的習俗觀念。
仁慈	維護及促進與個人有頻繁接觸的人的福利。
普世性	理解、欣賞、寬容及保護所有人類和自然的福祉。

資料來源：改編自謝洛姆．施瓦茨（Shalcm H. Schwartz），〈施瓦茨基本價值觀理論概述〉（*An Overview of the Schwartz Theory of Basic Values*），《心理學與文化線上讀物》（*Online Readings in Psychology and Culture*），第 2 卷，第 1 期（2012 年 12 月），https://doi.org/10.9707/2307-0919.1116。

▼羞辱

在我跟符合八種原型之一的人交手時，我常常會幻想發送一封電子郵件給認識他們的每一個人，讓大家都知道他們是個混蛋。我的（有缺陷的）邏輯是這樣的：如果冤枉我的人被羞辱得夠慘的話，他們就會被迫改過自新。

《拒絕混蛋守則》（*The No Asshole Rule*）一書的作者鮑勃．薩頓（Bob Sutton），爲我們總結爲什麼這麼做行不通：「要讓某人變成一個混蛋，或是讓他們討厭你，最可靠的方法之一，就是稱呼他們爲混蛋。」[5]那是因爲羞恥的感覺很少能夠激勵我們表現得更好；更常見的影響是，讓我們惱羞成怒、變本加厲。

我喜歡布芮尼．布朗（Brené Brown）對於羞恥和內疚所做的差異區分，還有它們相較之下不同作用，所做的解釋：

> 我相信內疚是有其適應性、有幫助的——它所乘載的是我們已經做了或是沒能去做的事，那件事違背了我們的價值觀，並讓我們感到心理上的不適。而我把羞恥定義為相信我們有缺陷，因此不值得被愛以及有所歸屬——因為某件我們經歷過、做過或沒能去做的事，讓我們不值得有所連結——因而產生的一種極度痛苦的感覺或經歷。
>
> 我不相信羞恥會有幫助或是有效。事實上，我認為羞恥更有可能成為具有破壞性、傷害性的

行為根源，而不是解決方案或是矯正方法。我認為對於失去連結的恐懼，會讓我們變得有危險性。[6]

讓你的同事覺得他們自己好像是個壞人，或是爲他們貼上標籤，指稱他們是種族主義者、混蛋，或是說自己扮演受害者，這些做法都不太可能改善你們的關係。

同樣地，把難相處的同事去人性化也無濟於事。把傷害我們的人妖魔化，這麼做很容易，但是憎恨他們，只會讓你們彼此對立。相反地，請確保你在過程中的每一步，都提醒自己，你是在跟我們的人類夥伴交流，而不是在跟機器人或大魔頭打交道。正如韋伯跟我說：「把他們視爲有弱點的人——就像你一樣——可能是緩和緊張局勢有力的第一步。」[7]

▼希望你的同事會離開

許多人都指望自己能夠比難相處的同事堅持得還要久，並且把焦點放在讓情況可以撐得下去，直到對方被解僱，或是跳槽到另一份工作。但是要小心，不要把所有的雞蛋都放在「最後他們一定會消失」的籃子裡。

薩頓警告說，有時候「除掉害群之馬」對於改變根本的問題幾乎沒什麼用，尤其是當你的同事討人厭的行爲得到組織文化的認可時，更是如此。他說，要防止不文明行爲，通常需要改變其他東西，比如「獎勵制度、誰會被拔擢以及獲得獎賞、會議如何進行，以及人們承受的工作壓力」這類的東西。

幾年前，有一家健康保險公司的人力資源主管，請我針對如何進行艱難的對話，幫他們的員工進行培訓。她解釋說，這家公司有一個層級非常分明的組織文化，而且公司很難讓大家有話實說，尤其是很難讓大家提出挑戰現狀的想法。

九年前，該公司進行了一項調查，結果顯示員工認爲這是一個非常重視「命令與控制」的工作環境。由於公司決心改革，因此由高層主管領導了多項文化變革的計劃，並且延聘素來以重視協作、減少獨裁的風格而聞名的新領導人。這些領導人還讓他們的團隊成員大換血，因此在這九年當中，幾乎八〇%的員工都替換過了，其中包括領導團隊中大部分的人。

但是當他們再次進行文化調查時，卻得到幾乎完全相同的結果。苦惱的人力資源主管告訴我：「就好像這裡面有什麼東西作祟，卻讓你摸不著頭緒。」

有時候問題不在於個人，而在於允許，在某些情況下甚至是激勵敵對，而不是勉勵合作的組織本身，但公司文化往往很難改變。你希望難相處同事離職的夢想可能會實現，但是這並不能保證組織文化一定會發生轉變，或者你會跟那些同事的接替者相處融洽。

終歸一句話，你最好現在就嘗試跟你的同事創造可以共事的條件，而不是希望他們離開後，事情會有所改善。

你永遠都有辦法迴避這些有缺陷的反應嗎？答案是否定的，因爲沒有人是完美的。但是，如果你發現自己試圖裝出一副勇敢的樣子，想要把那位有挑戰性的同事擊垮，或是等著別人替你擺脫他們，這時請你深吸一口氣。然後針對你正在交手的特定原型，去看看本書爲該原型所概述的策略，或者回去參考第十一章所概述的九項原則，並且試著把事情釐清。

那些沒有建設性的方法常常會讓人躍躍欲試。但是如果有一顆輪胎爆胎了，你無法藉著把其他三顆輪胎的氣也漏掉來解決問題。如果你嘗試了你選擇的第一個策略（或多個策略），卻被三振出局，那就試試看其他的策略，或者尋求協助。

也許你的老闆、朋友或雙方的同事可以提供一種新穎的解決方案。關鍵是要堅持下去；**請記住，即便是小小的改進，也會帶來大大的不同。**

14 好好照顧自己

你的幸福是最重要的

我是梵咒（mantra）的愛用者。我會把我喜歡的口號寫在便利貼，貼在我的桌上。當我要處理一個困難的專案或是寫一封棘手的電子郵件時，我會對自己把口號大聲唸出來。

在我遍尋不著一句適當的金句時，我會傳簡訊給朋友，問說：「可以借我一句適合今天的吉言嗎？」這種情況還蠻常發生在我身上。

嚴格說來，mantra是在冥想期間重複使用的一個單字、一個片語或是一個句子，幫助冥想者集中注意力，並保持覺察。但我的用法略有不同，我是利用mantra對自己複誦「這一切都會過去」，或「凡事有始必有終」，或者「你只能控制你能控制的」，藉此提醒我自己在緊張的互動中，保持冷靜，並且讓自己能夠正確看待問題。

我們都可以多多使用像這樣的推力，來提醒我們什麼是重要的，並且讓我們遠離杏仁核劫持，特別是當我們在跟一個被動攻擊型的同事，或者打定主意要攻擊你的老闆交手時。

當我們踏上處理工作衝突之路，很少會遇到坦途。有時候，你爲了修復關係所做的善意努力，卻得不到同事的回報。或者你會想知道，爲什麼你總是必須成爲「團體裡面最成熟、最負責的人」。又或者你看見了進步的一絲微光，你和同事的相處開始融洽起來，只不過一些組織變革或緊張的專案壓力又把他們打回原形。

這就是爲什麼一路上照顧好你自己，是非常重要的。**無論你是剛剛開始處理負面的問題，還是多年來一直在努力改變這些事，你的健康和幸福永遠都應該被優先照顧**。

在這一章，我要跟你分享一些如何維護你的心理健康的策略——包括使用一些口號。我希望我在這一章所提供的建議，能夠讓你不會因爲不健康的關係而受到傷害。

▼控制「可以控制的事」

被惡劣的處境困住的感覺很糟，沒有人喜歡這種感覺。因此，就算你無法改變每一件事，也要採取一些措施來增強你的控制感。把心力集中在你確實有能力影響的事情上，無論這些事看起來有多麼微不足道。

你可以控制的事，可能都是一些相當基本的事。**也許你沒有辦法要求你的同事應該如何對待你，但是做一些可以增強你的防禦力的事，則是你可以決定的**，像是睡一晚好覺、吃得好、運動以及花一點時間待在戶外。我知道要一一做到這些基本事項，有時候可能會讓人覺得吃不消；因爲一天的時間永遠不夠用。

但是不要忘記，小兵可以立大功，所以你可以從小事做起，專注於一個領域的進步，無論是增加有品質的睡眠，還是更堅持進行一項日常的鍛鍊，都是很好的開始。

當你對於如何運用你的時間和精力的自由度愈高，你就愈不會感覺自己被困住。我的一個朋友在一家醫療保健非營利組織工作，她的老闆是一個缺乏安全感的人，對她所做的一切都進行微觀管理。

她之所以能夠容忍她主管的行為，是因為他們是遠距工作，所以她或多或少可以控制他們何時互動以及如何互動。而且，她的老闆永遠不會未事先通知就經過她的辦公桌。

另外，她覺得她可以忍受她主管的缺點，是因為她很喜歡這份工作，這份工作給她的彈性是在她的兩個兒子還小的時候，她所渴望的。但是隨著兩個孩子逐漸長大，她愈來愈受不了她的主管。然而身為家裡的經濟支柱，她卻無法斷然辭職，於是她試著去找一個同樣能給她所有她想要的福利和彈性的職缺，但是一開始並沒有任何替代選擇。

遇到這種情況，她並沒有兩手一攤，毫無作為，而是從小事做起，採取她所謂的「咖啡約會攻勢」。她開始邀請朋友和熟人出去喝咖啡——包括虛擬的，還有面對面的。她不知道這些談話，會把她指引到什麼地方，而她心中對於新工作或新公司也沒有具體的想法，但是邁出這一步，讓她有一種能掌握未來的感覺。

每次談話結束時，她都會問同一個問題：「你認為我還應該見其他什麼人嗎？」她透過一份試算表追蹤這些意見交流的內容，並附上每次會議的記錄，並註記她被推薦給誰。

就在這個實驗邁向一年，在三十七次的咖啡約會之後（哇！），早期跟她一起喝咖啡的某個人跟她連絡，說他的公司有一個職缺。她順利得到這份工作。離開那位缺乏安全感的經理，讓她大大地鬆了一口氣。

談到恢復我自己的控制感，我的辦公桌旁貼了一張便利貼，上面有一段從我朋友凱瑟琳的女兒的學校借來的金句。在每一天的開始，他們都會一起背誦這段文字：

我的身體很平靜。

我的心地很善良。

我是我的大腦，還有我的心的主宰。

當我為了一封討人厭的電子郵件而覺得心煩不已，或為了準備展開一場艱難的對話而奮戰，在那樣的日子裡，我就會大聲朗讀這段金句給自己聽。這是一個很好的提醒：**即使感覺自己好像迷失在龍捲風的混亂之中，但是在某些事情上，我依然擁有掌控權。**

▼有效發洩

在第十一章，我談到為什麼最好避免散布難相處的同事的八卦。但是，我並不是要建議你完全避免討論衝突事件。發洩可以是一種健康的舒壓方式。跟你信得過的人，自信地分享你的感受，有助於防止負面情緒滲入你跟其他同事的互動，或是你的其他生活。

或者，你也可以考慮以書寫的形式來發洩情緒。多年來，我的朋友、領導力專家艾米・仁蘇（Amy Jen Su）一直在分享寫日記如何幫助她整理思緒。我現在也養成了這樣的習慣。

打開你的電腦或手機上的記事本或空白的文件檔，花你預設好的一段時間，比如四分鐘到五分鐘，描述一下你對於艱難處境的感受。對於你要寫下什麼東西，不要想太多；只需要把你想到的一切——好的、壞的和醜陋的，記錄下來就好。

之後回過頭來參考你寫好的內容，可能會對你有幫助。留意你的情緒在這段關係中，是如何發生變化的，這樣可以讓你有一種進步的感覺。反過來說，把你寫好的筆記刪除或是忘掉它，也會讓你覺得很痛快，因爲這是一種把情況拋在腦後繼續前進的象徵性動作。

▼建立微型文化

在職場上，即使只有一份關係是負面的，也會讓你的工作生活蒙上陰影。但是如果你仔細觀察，你通常會發現有一些志同道合的人，他們同樣對正向的互動感興趣。情緒智商專家安妮・瑪琪（Annie McKee）稱之爲創建一個「微型文化」（microculture）。

與其讓有毒的關係支配你的工作體驗，還不如先確定你需要什麼，才能讓你在工作上覺得有收穫、覺得開心，然後跟一些致力追求相似目標和價值觀的人，建立一個聯盟。

正如瑪琪所寫的：「你可能無法單槍匹馬改變整個組織的文化。然而，你可以做的，就是自己動手，去創建一種有共鳴的微型文化。在你自己的團隊裡，你有最大的機會可以成功。當你是團隊的領導人時，這件事情就會更容易，但你是否處於一個有權力的職位並不是最關鍵的核心。」[1]

擁有一群支持而不是破壞你的人，可以抵消一個討人厭的同事對你造成的影響。

我之前訪談過一個人，當她意識到自己跟一個沒有安全感的老闆的動態關係不太可能改變時，她自我應許，要替那些與她互動的人，營造一個功能更健全、支持性更高的工作環境：「我發誓要保護在我手下工作的人，並問自己：我要怎樣才能爲他們創造一個安全的空間，可以讓他們有效率地工作？」

這對她來說意義重大：「我想創造一個地方，可以讓其他人喜歡來這裡上班，而這對我也有同樣的效果。我不再害怕跟老闆的互動，而是期待去上班，還有期待見到我的團隊。」

▼工作以外的生活

無論因爲何種原因，工作快要把你拖垮時，如果有其他地方可以讓你把心力放在那裡，而且可以讓你找到成就感，總是一件好事。喬治城大學教授克莉斯汀．波拉森（Christine Porath）的研究指出，工作之外的多采多姿，與工作上的躊躇滿志密切相關。

波拉森解釋道：「把你的個人生活掌握好。尋找嗜好、建立社群，經營跟朋友家人的關係，你將會把一個更強大、更有復原韌性的自我，帶到工作中。如此一來，負面的人和負面的互動，就不會讓你偏離軌道太多。」

她針對在工作場合遭受不文明對待的人，所做的一項研究中，那些回答自己在非工作活動中表現活躍的人，他們的健康程度也相對提高了八〇％，在工作上的幹勁提高了八九％，並且在處理同事虐待行爲的滿意度上，也提高了三八％。[2]

對此，艾米·仁蘇的看法一致：「讓自己跟好人在一起。健康且可提供你支持的關係，是自我保健的重要組成……**不要因爲工作而讓你忽視生活中最重要的人**。利用白天的休息時間，或者是你的通勤時間，打電話給朋友和親人，並在工作之餘抽出大量時間，來培養人際關係。」[3] **當你覺得快要被難相處的同事搞垮時，這些連結可以給你支持的力量**。

▼培養人際關係復原韌性

通往和睦相處之路往往坎坷難行，因此當你遇到障礙時，你需要有反彈的力量。當你遇到悲觀的同事把你們的會議變成一個抱怨大會，或是一個自以爲無所不知的人，讓你在老闆面前覺得自己很渺小，這時你需要利用你的情緒儲備，幫助你不屈不撓。

要怎麼替自己準備好情緒儲備呢？方法之一就是想想你的過去。我們差不多可以肯定，你在生活中一定有過失敗、挫折，或是擔心你欠缺成功所需的東西的時候。你當時做了什麼才讓自己挺過難關？你遵循了什麼步驟？那時有誰支持你？提醒自己，即使你當時覺得情勢對你不利，但你還是成功克服了挑戰。

如果你的同事讓你覺得你對自己的工作似乎不在行，請回想一下讓你感覺自己受到重視的時刻。找出正面的績效評估，或是再去看一看你的讚美資料夾（參見第三章）。透過一些努力，你甚至可以在不健康的動態關係本身，找到一線希望。

也許你會從中學到一些有用的東西，或者藉此磨練出一些技能，可以幫助你駕馭未來可能碰到的棘手關係。這個過程被稱爲「尋獲益處」（benefit finding），研究顯示，揭開負面事件背後的正面意義，可以鍛鍊你的復原韌性，提升你的幸福感、你的健康狀況，以及你應對挫折的能力。[4]

對我來說，在一些金句的加持下（這是一定要的），在腦海中牢記大格局，可以補充我的情緒儲備。以下是我最喜歡的幾個金句：

- 我看世界的方式，跟我周圍的人不太一樣，但這沒有關係。
- 每個人都在經歷一些事，但我們都有不同的方法來應對不確定性、悲傷和壓力。
- 別人可能承受著我不見得看得到，也無法完全理解的壓力（而且可能完全不甘我的事）。
- 拿我們受到的挑戰和苦難來比較，對我或任何人都沒有幫助。

• **目前我們都在盡力做到最好，而我們都可以做得更好。**

其中有幾個金句是我多年來透過治療學到的。工作場所心理健康專家凱莉．格林伍德（Kelly Greenwood）說，當人們在處理工作上棘手的關係時，他們通常會把跟治療師談話視爲最後的手段，但她認爲，跟治療師對談是「應該在更上游就發生的事。」

如果你感到心煩意亂、懶洋洋、生氣或易怒；睡不好或是睡得太多；要依靠酒精或食物來安慰自己；或是因爲跟難相處的同事的互動問題，而退出你原本喜歡參加的朋友往來和活動，有以上情況時，請特別注意。

這些可能是精神健康狀況出問題的跡象，例如憂鬱或焦慮，這些問題可能因爲工作場所的因素而被引發。但是，格林伍德說：「你不需要出現可診斷的失調問題，才能從治療中獲益——標準應該單純看你對自己的心理健康是否感到滿意。」[5] 訓練有素的心理師可以協助你制定策略，讓你用來解決衝突，以及找到維持幸福的應對機制。

▼自我同情心

我在這本書裡談了很多，建議你對難相處的同事要有同理心。但是把焦點放在另一個人身上，有時候會讓你沒有注意到自己的需求。請確保你也把同理心留給你自己。你可以對自己說：**覺得受傷沒關係，或者我是誰不是由這個人的信念來塑造的**。在這些時刻，對自己發揮同情心，可以幫助你保持心念集中。

與其糾結在你爲什麼無法改善人際關係，或是責備自己臉皮不夠厚，還不如好好善待你自己。研究已經證實對自我慈悲有許多好處，包括會有更強烈的欲望想要成長與改進，還會有更高的情緒智商以及更強韌的復原韌性。同時也會讓你對他人更有同情心。[6]

德州大學教授同時也是自我同情的頂尖研究人員克莉絲汀．娜芙（Kristen Neff）把自我同情（self-compassion）定義爲具有三個要素。[7]首先是**覺察自己的負面情緒**。爲了承認負面情緒的存在，你可以告訴自己：現在情況很艱難，或者我覺得很緊張。

其次是**感受到共同的人性**，或是感受到其他人也面臨類似的障礙。提醒自己，**我不是唯一一個必須處理具有挑戰性的關係的人**，**我並不孤單**。

第三是**善待你自己**，有很多方法可以善待自己。你可以問：**我現在需要什麼？或者，在這個地方我可以——爲我自己——做點什麼**？

如果這對你來說是新的方法，你可能需要練習。你可以在一天的開始或是休息的時候，進行短暫的冥想，即使只有五分鐘也沒關係——進行三次深呼吸，並依次反思自我同情三要素的每一個要素。

或者，你也可以寫一封信給自己。我們通常對別人比對自己更友善，所以想像你正在寫信安慰一個跟你面臨類似挑戰的朋友或家人。寫完後把這封信重讀一遍，幾天之後再回來看這封信，或者當你需要另一帖自我同情的安慰劑時，你就可以重讀一遍。

▼情感上保持距離

在第十三章，我談到爲什麼壓抑情緒並不是一種聰明的應對機制，因爲無論如何，你的情緒都可能會流洩出去。然而，有一種情感分離的做法很有效：就是不要那麼在乎。

如果你的功能障礙模式（the pattern of dysfunction）根深蒂固，那麼你會需要花一些力氣，才能讓自己不要那麼在乎。金句或許可以給你一些幫助，找一句簡潔的口號來提醒你，不要一直去想你在工作上的棘手關係。

也許你可以告訴自己，這跟我個人無關；這會過去的；或者，把心力放在重要的事情上，而這個無關緊要。

或許，你也可以嘗試把眼光放遠一點，來看待這種情況。在一時衝動的時候，跟同事之間充滿挑戰的動態關係，可能會讓你覺得心力交瘁，但是你可以問問自己，一個星期後、一年或五年後，你會怎麼看待這種情況。它還會不會像現在這樣，讓你覺得天快要塌下來了？還是會讓你覺得這好像只是遙遠的記憶？

如果你發現自己很難跟衝突保持情感上的距離，而且很容易在腦海裡，一遍又一遍地重播那些讓人心煩意亂的遭遇，建議你替自己設定時間限制。你可以在計時器上，設定十分鐘或是十五分鐘，允許自己在這段時間回想當時的情況，直到鬧鐘響起；然後就把注意力轉移到其他事情上。不要輕易允許你的同事占據你的心靈空間，那可是價值連城呢！

當你必須跟麻煩人物互動時，請花點心思想想你在互動之前和之後，可以做什麼事。例如，如果你知道自己接下來要跟施虐者相處一段很長的時間，那麼你在早上，可能就可以開始做一些能夠有效地讓你打起精神的事。

《廣播快樂》（*Broadcasting Happiness*）的作者蜜雪兒．吉倫（Michelle Gielan）有一個讚美文件夾，類似於我在第三章所描述的做法。在她必須跟抱怨成性的人打交道之前，她就會瀏覽一下記載著美好事物的筆記，甚至是看看孩子的照片，讓自己進入「正確的思維空間」。

同樣的，經歷折磨人的互動之後，你可以做一些事來幫助自己減壓。你可以傳簡訊給朋友、散散步或是聽聽音樂。選擇一些你知道可以改善你的情緒的事，而且還可以抵消跟同事交手所帶來的負面影響。這種做法可以幫助你平復心情，而且正如基倫所說的，可以讓你「做好戰鬥準備」，以備下次應戰之需。

我還有另一種擺脫情緒的絕招。我必須承認，這不是上上策，但我發現，對於最令人不堪其擾的情況，這招很管用。我會提醒自己，每天早上我那位讓人痛苦不堪的同事醒來時，他都還是原本那個「讓我們的互動如此令人擔憂，令人不悅導致身邊的人都不快樂」的他。而我醒來時，我也還是我自己。

▼接受現狀

所謂擁有人際關係的復原韌性，有一部分在於能夠接受我們不一定能擁有我們想要的關係，以及我們無法跟所有人都相處融洽。即使你試著用同理心和善意說出你心裡的話，別人也不見得會樂意接受。

雖然你極力替某人設想，但他們可能並不領情。我還有最後一段金句要跟你分享。在我已經盡了最大的努力，卻仍然無法跟我的同事和睦相處時，這段話對我很有幫助。

這段話是我的一位老朋友吉諾（Geeno）教我的。幾年前的一個夏天，我的家人舉辦了一場才藝表演。那是一年一度的傳統，孩子們和一些大人使出他們的渾身解數，無論是彈奏烏克麗麗、雜耍、讀一首詩還是模仿獵豹，樣樣都來。

那次吉諾跟他的搭檔表演了一首歌。他們說，他們是從一位老朋友那裡學來這首歌。他們的那位朋友是激進仙女組織（Radical Faeries）的成員，這是個組織鬆散的酷兒活動附屬團體，致力於挑戰現狀及稱頌怪癖。

結果，這首歌很像是一大段的口號。歌詞很簡單，只有幾行。吉諾和他的夥伴唱了一遍，然後帶領我們大家一起唱。我們一遍又一遍地唱著最後一句歌詞。

有時人們會生你的氣……沒關係。

有時人們會生你的氣……沒關係。
有時人們會生你的氣……沒關係。

無論你是要求一位自以爲無所不知的同事不要再打斷你，還是跟某人解釋爲什麼他們的言論帶有冒犯性，所以不能僅用無心之言帶過，你做這些事都可能會惹人家不高興，甚至生你的氣。**但那沒有關係**。彼此不同意是我們在跟他人互動時不可避免的，也是正常、健康的。當我們踏上追求和睦相處之路，我們的目標不在於這一路上的每一步，都讓你覺得自在、舒服；而是以強化你們的關係爲終極目標，並且在這個過程中好好照顧你自己。

我幾乎每天都在複誦吉諾教我的那首歌的歌詞。因爲這就是使用口號的主要用意——即使我們對某樣事物有深入的了解，我們還是可以運用一點提醒。

▼請記住：一切都是關於「我們」的關係

我一直很幸運。我有一份很長的名單，上面列的這些人，都是跟我共事愉快的人，而且我還跟他們建立了有意義的關係。

而過去跟我的關係不太和諧的人，也有一份名單，謝天謝地，還好這份名單很短。只不過，屬於後面這個類別的那些人，在我腦海裡的形象特別鮮明，尤其是當我深陷其中的時候，更是揮之不去。

但是，只要我提醒我自己，特定的人際關係災難，只代表職場關係的一小部分而已，我就會覺得舒服多了；我會更有信心，工作也可以做得更好，而且無論是在工作上或是在工作之外的生活，我都能過得很精彩。

理想的情況下，參考我在書中提供的建議，你將可以把一個原本相處起來讓你猶如芒刺在背的同事，變成合作夥伴甚至是朋友。但更務實的目標，是單純去改變動態關係——讓它變好——這樣這份關係才不會給你帶來太多糾紛，你才有精力把工作做到做好。

實際要怎麼做呢？首先，你要先認清工作關係的重要性，理解爲什麼棘手的關係老是在你的腦海裡揮之不去，然後仔細審視你自己，理清你自己的問題。藉著探索你同事的動機，並嘗試改變策略來推動一些進展，幫助自己想出一種讓你感覺切合實際的方法。

當然，你還需要決心、創造力還有包容接受的心態，特別是當事情沒有按照你所希望的方式發展時，保持開放的心態更是重要。

當你踏上這段旅程，不要忘記，從頭到尾都必須優先考慮你自己、你的健康，還有你的事業。我們很容易深陷於跟同事的衝突之中，把時間都花在他們身上。但不要忘記，你的幸福永遠是最重要的。

我們都希望能自信而冷靜地處理跟他人的摩擦，這種能力不只是一種工作技能而已，也是一種生活技能。我們經常跟別人意見相左，這沒關係。只要我們在意見相左時，能夠抱持尊重、同情與厚道的態度，分歧就能爲我們帶來新的想法、更牢固的連結，以及令人眼睛一亮的坦誠相待。這不正是我們大家都想要的嗎？

雖然要達到這種境界不是那麼容易，但請相信，我們都有可能在工作和其他方面建立更美好的關係——這是我們值得擁有的。

※全書注釋請上天下雜誌出版官網查詢

附錄
弄清楚你的同事符合哪種原型

有時候，你可以明顯看出你的同事是屬於八種原型中的哪一種。例如，你馬上就可以知道你是在跟一個悲觀主義者打交道，因爲他們頭上的烏雲如影隨形。或者，你的老闆擺明了就是在搶你的功勞，因爲他們沒有安全感，而且不確定他們自己是否具備成功扮演自己的角色所需的條件。

但更多時候，人們的行爲撲朔迷離。或許你的同事某一天才剛對你進行被動攻擊，到了隔天卻以受害者身分出現。人們有可能——而且很常如此——屬於好幾個類別。你的同事有可能是多種原型的混合體（或者我敢說，混得一蹋糊塗）。

如果你想找出最適合你的情況的建議，請查看下表所列的常見行爲，並且將符合你的同事的描述標註出來。然後參考相關行爲對應章節的策略，幫助你因應具體的情況。

類型	對應章節	常見的行為
缺乏安全感的老闆	第三章	・過於在意別人對自己的看法。 ・長期苦於無法做決定（或堅守某種決定），即使所做的決定會帶來的影響很小，也無法拿定主意。 ・經常改變計劃或是會議的方向，特別是在掌握權力的人的建議下進行改變。 ・抓到機會就凸顯他們的專業知識或資歷，特別是這麼做常常是多此一舉；更糟糕的是，這種作為可能包含括貶低他人，好讓自己看起來加倍重要。 ・試圖控制團隊或計劃的一切，包括人員要在何時、何地甚至如何完成工作。 ・要求每一個決定和每一項細節都必須得到他們的批准。 ・不允許團隊跟其他部門的同事或是高階領導者互動，試圖藉以控制資訊和資源的流動。
狂抱怨的悲觀者	第四章	・抱怨會議、抱怨高層領導、抱怨其他同事，抱怨任何一件事。 ・公開宣稱一項新倡議或是一項新計劃注定要失敗。 ・抱持「我們已經試過，但失敗了」的心態，特別是在談論創新或是新工作方式的時候。 ・立即指出一項戰略或是策略的風險。 ・即使新聞或是會議內容大部分是正面的，也要找一些負面的話來說。

永遠不會順利的受害者	第五章	·為自己感到難過，並期待他人也有同感（我好可憐哦，有人有同感嗎？） ·對出錯的事規避責任，並且把責任推卸到其他人身上，或是歸咎於外部因素。 ·拒絕建設性的回饋，並且以他們為什麼不能有錯為由找藉口。 ·拒絕建設性的回饋，找盡藉口推託為什麼不能由他們來承擔責任。 ·以抱怨和「我慘了」的態度讓其他人受累 ·陷入負面情緒的泥淖中 ·預測失敗，尤其預測他們自己的失敗。
被動攻擊型同僚	第六章	·在答應如期完成（工作）後，故意忽視最後期限。 ·承諾發送一封電子郵件，卻從來沒有送出。 ·對你粗魯（例如，在會議中忽視你或是打斷你），然後當你直接面對他們時，卻又否認有任何問題，聲稱「這都是你自己胡思亂想」或是「我聽不懂你在說什麼」。 ·肢體語言投射出生氣或悶悶不樂，但堅持說他們沒事。 ·暗示他們對你的工作不太滿意，但拒絕出面把它講出來，或給你直接的回饋。 ·把侮辱偽裝成恭維。例如，「你可真是一派輕鬆！」實際上可能意味著「我認為你很懶惰」。 ·在意見不一致時扭曲你的話，好讓你看起來就是那個有問題的人。

類型	對應章節	常見的行為
自以為無所不知的小聰明	第七章	・表現出「只有我說了算」的態度。 ・壟斷談話、拒絕被打斷，以及大聲蓋過他人說話。 ・把自己的想法定位為比較優越。 ・拒絕聆聽或拒絕理會批評或回饋。 ・以高人一等的語氣說話。 ・解釋其他人已經理解的事情。 ・很少提問或表現出好奇心。 ・偷走或不分享團隊成功的功勞。 ・不請自來加入對話。
媳婦熬成婆的施虐者	第八章	・直接或間接指責你對工作的承諾不夠。 ・訂下近乎不可能達成的標準。 ・指派你不必要的或是不適當的「白忙工作」，或是學術界所謂的「不合理的任務」（illegitimate tasks）。 ・驕傲分享他們在職業生涯中做出的犧牲，並相信你也應該做出類似的犧牲 ・貶低你的成就，尤其是跟他們的成就相比的時候。 ・否定休假的必要性，或是非工作承諾（nonwork commitments）的彈性。 ・將負面特徵歸因為特定世代的屬性（「千禧世代懶惰而且享有特權」或是「Z世代非常脆弱；哪怕只是一點點的不舒服他們都無法應付」）。

		・否認系統性障礙的存在，例如性別偏見或制度性種族主義（「我能夠做到。我不確定為什麼你不能。」）。 ・聲稱他們的虐待行為是一種品格塑造的練習。
隱晦的偏見者	第九章	・評論一種正面的特質，就好像他們對於你居然有這種特質感到很驚訝（「你實在太會說話了！」）。 ・把發生在多數群體成員身上時被認為可以被接受的行為，標記為負面的或是不專業的（「你可能會想消消你的怒氣。」）。 ・假設由於你的身份，因此你對於某件事無能為力或是不感興趣（「我懷疑她是否會想要參與那個計劃，她還有家庭照顧呢。」）。 ・使用一些帶有貶低意味或是暗示一種假的熟悉程度或親密感的詞句或字眼（「甜心」、「兄弟」、「姊妹」等）。 ・基於刻板印象或是否認某人的個人身份而做出的臆測（「你的年紀看起來還不到可以當經理。」）。 ・表現得好像偏見或歧視並不存在（「我看人不看膚色的。」）。
政治操弄者	第十章	・吹噓他們的成功。 ・過度搶功。 ・對當權者或是有能力幫助他們的事業發展的人逢迎拍馬。 ・表現得好像是他們在負責，即使他們並不是。 ・愛八卦和散佈謠言，特別是有關他們認為會擋住他們去路的同事的謠言。

類型	對應章節	常見的行為
		・推動他們自己的議程，通常以犧牲團隊或公司目標為代價。 ・囤積資訊讓自己顯得神通廣大。 ・藉著不邀請你參加會議或不跟你分享與你的工作有關的重要細節，故意破壞你。 ・藉著不邀請你參加會議，或是不跟你分享與你的工作有關的重要細節，故意妨礙你。

謝辭

我必須承認，我很喜歡看書裡的致謝辭。有時候，當我拿起一本新書，我甚至會先翻到謝辭。我之所以會有這種小小的痴迷，部分是因爲我知道作者獨自坐在房間裡寫書的畫面，很少符合現實。

沒錯，你會有無數個小時自己盯著螢幕，但也有無止盡的對話討論與查證確認，還有草稿的權衡，以及來來往往的訊息連絡，所有這些造就了一本書的誕生。影響最後成品的人實在是太多了——通常多到無法一一列舉，其中甚至有幾位可能會被作者遺忘了。

所以，歡迎來到本書中我最喜歡的部分！

首先，感謝每一位寫信給我、接聽我的電話或塡寫調查表的人。感謝他們跟我分享他們碰到難相處的同事的經驗，而那常常是痛苦的經驗。他們分享的這些故事以及當中的各種脆弱，在在推動了我對本書內容的思考，對我的各種想法的刺激，是我剛開始寫這本書時，所想像不到的。

即使是編輯也需要編輯！我的幾位編輯同事參與了這本書的誕生過程。凱特．亞當斯（Kate Adams）以敏銳的編輯眼光還有高超的用字技巧，爲整本書注入了活力。撰寫一本書是一系列艱難的決定，包括內容要包含什麼、刪減什麼，以及如何構建某些東西，而凱特在整個過程中的每一步都沒有缺席。

妮可・多里斯（Nicole Torres）支持我對八大原型的研究，並在我信心開始動搖的初期，便適時地扮演啦啦隊幫我加油打氣。阿曼達・克西（Amanda Kersey）針對非常初期的原型大綱，提出了又聰明、又有見地的問題（這是她的超能力）。霍莉・福賽斯（Holly Forsyth）將大量散亂的附註整理得井然有序。

謝謝傑夫・奇歐（Jeff Kehoe）。打從我跟他描述這本書的概念的那一刻起，他就對這本書還有我充滿信心。他的從容不迫還有自信篤定的引導，幫助我安然度過許多作家在寫作過程中，會經歷到的各種「絕望之谷」。

感謝我的經紀人吉爾・安德森（Giles Anderson），感謝他在整個（漫長的）出版過程中給予我的支持。當我打電話給他，跟他說我的手稿需要再延長一點時間，他會告訴我，我並不是唯一這樣要求的人——他的幾位作者在那一週也提出了類似的要求！他很有耐心，也很客氣，而他的忠告正是我在關鍵時刻所需要的。我很幸運有他站在我這邊。

我要大力感謝艾莉卡・圖克斯勒（Erica Truxler）、艾莉森・比爾德（Alison Beard）、霍莉・福賽斯（Holly Forsyth）、莫林・荷斯（Maureen Hoch）、莎拉・莫蒂（Sarah Moughty）和達戈尼・杜卡奇（Dagny Dukach）在關鍵時刻即刻救援，讓我有餘裕撰寫這本書。

艾美・伯恩斯坦（Amy Bernstein）在我最需要的時候，給了我一些簡潔有力、鞭辟入裡的讚美（這是她的超能力）。在我過去兩年寫這本書的時候，《哈佛商業評論》（*Harvard Business*

Review）的整個網路團隊都很體諒我的行程安排，給我很大的彈性。你們是我能遇到的最棒的同事。我保證，沒有一個原型是根據你們界定出來的。

我很幸運，在我還沒有著手進行這本書之前，就認識了哈佛商業評論出版社團隊，他們的專業、熱情以及奉獻精神一直讓我印象深刻：艾迪（Adi）、艾利克斯（Alex）、愛立欣（Alicyn）、愛麗森（Allison）、安妮（Anne）、布萊恩（Brian）、考特尼（Courtney）、戴夫（Dave）、艾瑪（Emma）、愛瑞卡（Erika）、菲莉西亞（Felicia）、珍（Jen）、瓊（Jon）、喬丹（Jordan）、茱莉（Julie）、凱文（Kevin）、林希（Lindsey）、瑪琳達（Melinda）、瑞克（Rick）、賽爾（Sal）、史考特（Scott）、史帝法尼（Stephani）、蘇珊（Susan）還有維多利亞（Victoria），很榮幸認識你們。

感謝所有接聽我的恐慌來電、幫忙審閱章節、給我寶貴建議，並且一路爲我加油打氣的朋友們：艾美・根瑟（Amy Genser）、艾米・仁蘇（Amy Jen Su）、艾莉・非殷拉斯（Ellie Feinglass）、格雷琴・安德森（Gretchen Anderson）、凱薩琳・貝爾（Katherine Bell）（多次說服我打消壞主意）、麗莎・傅雷泰格（Lisa Freitag）（替每個原型寫說明標語）、馬克・莫斯科維茲（Mark Moskovitz）、梅根・波伊（Megan Poe）、穆里爾・威爾金斯（Muriel Wilkins）和露奇卡・圖爾施揚（Ruchika Tulshyan）（她比我早幾個月寫書，卻總是願意跟我慷慨分享她得之不易的智慧）。

凱莉・博伊德（大家叫她潘恩斯（Pants））不只是我終生的朋友、不可多得的旅行夥伴，更是最優秀的同事，同時也是艾美・嘉露（Amy E. Gallo）團隊除了我以外的唯一成員。感謝你爲了我、我們的事業還有這本書所做的一切，無論大小，我都銘記在心。

最後但並非最不重要的，就是要感謝那些我視爲家人的人——要嘛是因爲我們有共同的基因，要嘛是因爲我們夠親近，感覺我們就像家人一樣。你們一次又一次讓我知道，我們可以選擇我們想要的關係樣態。感謝我的媽媽貝蒂・嘉露（Betty Gallo）爲我和我的兄弟克里斯（Chris）營造了這個奇妙的家庭。她爲我們示範了：你的工作固然很重要，但是對於人的關心更重要。

達米恩（Damion），你從來沒有懷疑過我能做得到，就算我真的做不到。哈珀（Harper），你每天都在教我所謂的成爲一個體貼的、善良的人意味著什麼。

我想你，但丁（Dante）。

國家圖書館出版品預行編目(CIP)資料

不內傷、不糾結，面對 8 種棘手同事／艾美・嘉露（Amy Gallo）著；
朱靜女譯. -- 第一版. -- 臺北市：天下雜誌股份有限公司，2023.11
336面；14.8×21公分. --（天下財經；BCCF0507P）
譯自：Getting Along : How to Work with Anyone (Even Difficult People)
ISBN 978-986-398-926-4（平裝）

1. CST：人際關係　2. CST：人際衝突　3. CST：衝突管理

177.3　　112013845

天下財經 507

不內傷、不糾結，面對 8 種棘手同事

Getting Along : How to Work with Anyone (Even Difficult People)

作　　者／艾美・嘉露（Amy Gallo）
譯　　者／朱靜女
封面設計／葉馥儀
內文版型／葉若蒂
內頁排版／菩薩蠻電腦科技有限公司
責任編輯／盧羿珊、張齊方
天下雜誌群創辦人／殷允芃
天下雜誌董事長／吳迎春
出版部總編輯／吳韻儀
出 版 者／天下雜誌股份有限公司
地　　址／台北市 104 南京東路二段 139 號 11 樓
讀者服務／（02）2662-0332 傳真／（02）2662-6048
天下雜誌 GROUP 網址／ http://www.cw.com.tw
劃撥帳號／ 01895001 天下雜誌股份有限公司
法律顧問／台英國際商務法律事務所・羅明通律師
印刷製版／中原造像股份有限公司
裝 訂 廠／中原造像股份有限公司
總 經 銷／大和圖書有限公司 電話／（02）8990 -2588
出版日期／ 2023 年 11 月 1 日第一版第一次印行
定　　價／ 450 元

書號：BCCF0507P
ISBN：978-986-398-926-4（平裝）